GEORGES LAFENESTRE

MAITRES ANCIENS

ÉTUDES

D'HISTOIRE ET D'ART

SCULPTURE ITALIENNE
PEINTURE MILANAISE — BERNARDINO LUINI — VAN DYCK
DESSINS DE MAITRES ANCIENS — COLLECTIONS DE CHANTILLY
LES DEUILS DE L'ART — LE SALON DE PARIS

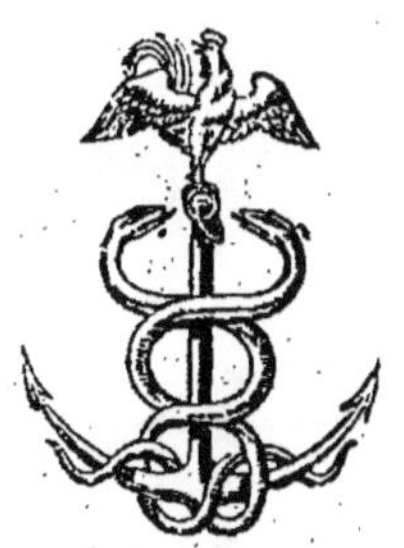

PARIS

LIBRAIRIE RENOUARD

H. LOONES, SUCCESSEUR

6, RUE DE TOURNON, 6

M DCCC LXXXII

MAITRES ANCIENS

ÉTUDES

D'HISTOIRE ET D'ART

GEORGES LAFENESTRE

MAITRES ANCIENS

ÉTUDES

D'HISTOIRE ET D'ART

SCULPTURE ITALIENNE

PEINTURE MILANAISE — BERNARDINO LUINI — VAN DYCK

DESSINS DE MAITRES ANCIENS — COLLECTIONS DE CHANTILLY

LES DEUILS DE L'ART — LE SALON DE PARIS

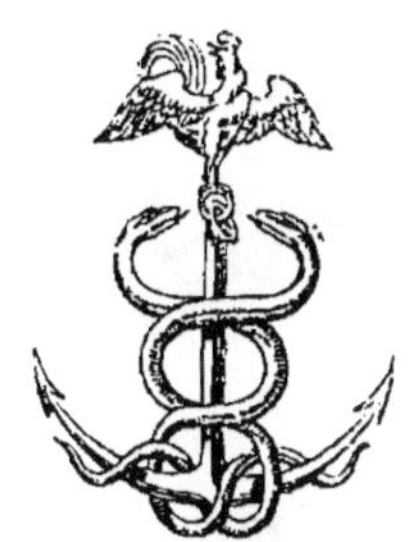

PARIS

LIBRAIRIE RENOUARD

H. LOONES, SUCCESSEUR

6, *RUE DE TOURNON*, 6

M DCCC LXXXII

A LA MÉMOIRE

DE

CHARLES BLANC

MON CHER MAITRE

Qui aima le Beau et chercha le Vrai.

G. L.

TABLE DES MATIÈRES

LA
SCULPTURE ITALIENNE

AUX XIIIe ET XIVe SIÈCLES

Le sentiment de la beauté plastique, qui trouve son expression directe dans les arts sculpturaux, s'était déjà considérablement affaibli, chez les peuples antiques, en passant de la race poétique des Hellènes à la race guerrière des Latins. L'avènement définitif du christianisme au quatrième siècle lui porta le dernier coup. La religion nouvelle, en maudissant la nature extérieure comme pernicieuse et corruptrice, détourna peu à peu ses adhérents d'une contemplation dont les jouissances éphémères et vaines les exposaient aux tortures de l'éternelle damnation. Les dieux de marbre, les déesses de bronze, les héros de porphyre, dont la foule éclatante avait, durant huit siècles, peuplé les villes en fête, descendirent l'un après l'autre de leurs autels dans la boue, et de leur gloire dans l'oubli. Ce qui ne fut pas brisé par la haine fut anéanti par l'indifférence. Quand les Barbares, à l'Occident, quand les

Iconoclastes, à l'Orient, eurent accompli côte à côte leur stupide besogne, la nuit du moyen âge put s'étendre sur l'Europe. L'antiquité gisait, broyée et salie, sous un tel monceau de ruines, que ses ennemis les plus acharnés purent oublier qu'elle avait vécu.

L'épouvantable période qui s'étend depuis l'invasion jusqu'à l'an Mil, ne fut pas moins funeste aux arts plastiques qu'à toutes les autres activités, nobles ou délicates, de l'intelligence. Dans cette bagarre ténébreuse et sanglante où la postérité n'entrevoit à distance que des éclairs de glaive, des flambeaux d'orgie, des lueurs de villes en flammes, et n'entend monter vers les cieux que l'universelle et stérile lamentation des peuples épouvantés, la Muse des belles formes et des attitudes sereines, la Muse, exilée et maudite, pouvait-elle songer à reparaître ? L'Italie, son dernier séjour, ne l'eût pas reconnue. Dépouillée par ses empereurs, saccagée par ses envahisseurs, violée dans tous ses sanctuaires par ses propres habitants, la dominatrice du monde avait perdu jusqu'à son propre souvenir. Quand ses nouveaux maîtres voulurent des palais pour leur cour et des églises pour leur Dieu, ils n'y trouvèrent le plus souvent personne qui les pût bâtir, ils durent demander des plans à ces Grecs dégénérés en qui survivait, du moins, une dernière étincelle de la grande flamme.

La seule activité nationale qui ait persisté se concentre dans les provinces subalpines. Un certain nombre d'ouvriers, fuyant devant l'invasion lombarde (sixième siècle), s'étaient réfugiés dans l'*Isoletta Coma-*

cina, petite île du lac de Côme. Sous les ordres d'un vaillant seigneur, Francione, ils y résistèrent longtemps aux sommations des chefs barbares. Forcés de se soumettre, ils ne le firent qu'après avoir obtenu pour leur corporation des privilèges importants (590). Les *Maestri Comacini*, devenus les *Francs-maçons*, se répandirent bientôt sur tous les points du territoire, comme les seuls possesseurs de la tradition en l'art de bâtir. D'une étude incomplète des monuments romains, combinée avec des réminiscences byzantines, naquit entre leurs mains l'architecture grossière, imposante et bizarre, qu'on est convenu d'appeler l'*Architecture lombarde*. Pavie, Vérone, Monza, tous les sièges importants de la domination étrangère virent s'élever dans leurs murs des monuments dans ce style. Les cathédrales de ces trois villes, San Zeno de Vérone, San Michele de Pavie, furent construites par les maçons de Côme; leur ornementation brutale, maladroite, presque sauvage, fait mesurer dans toute son étendue le désastre qu'avait subi, dans ce Milanais autrefois si fier de ses villes de marbre, le sentiment antique des formes sculpturales.

Aucun désastre ne pouvait être plus complet. Il fallait créer l'art à nouveau, de toutes pièces, à force de tâtonnements, d'incertitudes, de maladresses, comme si l'Égypte, l'Assyrie, la Grèce, l'Étrurie, n'avaient point existé. Il fallait recommencer, ainsi que les peuples primitifs, par l'adaptation inhabile et incohérente des formes les plus simples, géométriques, animales, végétales, à la décoration externe ou interne des monuments. Un symbolisme religieux, toujours terrible, parfois subtil, présidait aux combinaisons effrayantes, monstrueuses ou grotesques de ces formes. A peine voyait-on çà et là, péniblement, timidement, apparaître la figure humaine sous ses aspects les plus hideux, dans ses attitudes les plus farouches. L'effort pour la dégager de ce chaos est incertain, sans suite, bien lent. Un bas-relief au-dessus du portail de la cathédrale, à Monza, le *Baptême du Christ* (608), les fonts baptismaux de la cathédrale à Cividale (738), un bas-relief représentant *Une Procession* sur le mur de Santa Maria di Beltrade, à Milan (879), quelques fragments à Parme, dans le dôme, à San Quintino et San Alessandro, les sculptures du porche de San Zeno, à Vérone (exécutées par maestro Pacifico, Guglielmus, Nicolaus, Briolottus, Adaminus, du septième au onzième siècle), ne confirment que trop l'état languissant de l'art dans ces âges désolés entre les mains des maçons de Côme.

La grande secousse de l'an Mil arracha enfin le monde chrétien à sa torpeur. Les peuples, étonnés de vivre, reprirent peu à peu leur sens, comme au sursaut d'un mauvais sommeil, et le goût de l'activité physique et intellectuelle rentra dans leur âme avec l'habitude d'un plus long espoir. Les cités septentrionales de la Péninsule, échappées par surprise à la tyrannie légale des Césars germains, devinrent, en un matin, guerrières, commerçantes, industrielles. Quand les empereurs d'outre-monts voulurent reprendre leurs droits, ils se heurtèrent à des murailles solides, et se brisèrent contre des poitrines héroïques. Barberousse, écumant de rage, dut baisser la tête sous la sandale du pape, et signer l'existence des républiques (traité de Constance, 1167). C'est l'heure glorieuse de l'Italie. Cathédrales et palais publics s'élèvent alors de tous côtés, sur le sol libre, lancent dans le ciel leurs beffrois sonores. Une forêt de tours bariolées, de clochetons ajourés, d'aiguilles ciselées pousse, d'un commun élan, tous ses jets vigoureux au-dessus des enceintes massives. La haine de ses rivales rase une ville en quinze jours, l'amour de ses citoyens la relève en six mois. (Milan, Crémone, Lodi, etc...) Toutes les villes maritimes, Venise, Pise, Gênes, sont les premières à l'œuvre. La piraterie vient en aide au commerce, le brigandage se multiplie, afin de glorifier le Très-Haut. Peu de scrupules sur les moyens, pourvu qu'on s'enrichisse, qu'on grandisse, qu'on bâtisse.

La destruction à l'extérieur est compensée par la construction à l'intérieur. D'un saccage sort une église, chaque assassinat vaut un autel aux saints. Les Sarrasins, les Grecs, les voisins au besoin, paient les frais de l'architecte, remplissent la caisse des consuls. En 1065, Pise, à court d'argent, fait mettre Palerme au pillage pour continuer sa cathédrale. En 1071, le doge Domenico Selvo oblige, par une loi, toute galère vénitienne à rapporter de chaque voyage une certaine quantité de matériaux bruts ou de fragments antiques destinés à l'embellissement de Saint-Marc.

La sculpture, proprement dite, tient d'ailleurs une place encore très restreinte dans ces constructions. La tradition romaine y maintient, avec rigueur, l'emploi des surfaces planes et des profils vigoureux, qui répugnent aux déchiquetures trop vives et aux ornementations trop brisées. Le ciseau des *tailleurs de pierre* ne s'exerce qu'autour des chapitéaux, des corniches, des portails, des baies de toute espèce, où les entrelacements traditionnels de chimères bizarres se mêlent aux fleurons de l'Orient et aux losanges de Byzance. A la fin du douzième siècle, on ne connaît encore qu'une tentative sérieuse d'émancipation. Le Baptistère de Parme, couvert de bas-reliefs par son architecte, Benedetto Antelami, fait pressentir un retour prochain vers l'intelligence des formes. Les sujets les plus divers, épisodes de la Bible, scènes de l'Évangile, groupes champêtres, mystiques allégories, y sont enfin traités par un ciseau maladroit mais naïf, qui s'efforce ingénument de reproduire des créatures réelles. Antelami, le premier, a remis le pied sur un terrain solide, au sortir des éblouissements vagues du symbolisme, mais ses élèves l'imitent, sans y rien voir; une fois encore, l'art reste en chemin.

Un coup de génie, plus décisif, allait pourtant ouvrir les yeux si obstinément fermés. Il éclata à Pise, sur la grande place de cette ville pillarde où les fragments de sculpture antique s'entassaient, depuis deux siècles, sans être compris. Un jeune architecte les regarda, les étudia, les imita. Il les compara avec la nature, y re-

connut leur origine, mais les trouva plus parfaits
qu'elle. Ce jour-là, Nicolas, à Pise, fixait la destinée artistique de l'Italie, comme un siècle plus tard, par un
mouvement d'inspiration pareille, Dante Alighieri, à
Florence, devait fixer sa destinée poétique.

Nicolas de Pise est une des individualités les plus
puissantes qui aient traversé le monde des arts. Dans
le treizième siècle qu'il remplit de son activité, l'agitation matérielle et morale de la Péninsule sembla atteindre son paroxysme. La lutte acharnée qui s'élevait
de nouveau entre l'Empire et le Sacerdoce, et les pré-
cipitait furieusement l'un contre l'autre, entraînant au
combat toutes les jeunes républiques, suscita des deux
côtés une multitude d'hommes extraordinaires, prodigieux par le vice ou surhumains par la vertu, types de
cruautés ou modèles d'abnégation, sans pareils dans le
fanatisme, sans rivaux par l'intelligence : Frédéric II
et Innocent IV, saint François d'Assise et saint Dominique, Ezzelino de Padoue et saint Thomas d'Aquin.
Nicolas mit tour à tour au service des empereurs, des
républiques, des papes, son talent d'architecte. Dès sa
première jeunesse, il est à Naples, emmené en passant
par Frédéric ; il y construit le *Castel Capuano* et le
Castel dell' Uovo. De Naples, il remonte à Padoue, y
donne les plans de *San-Antonio*, puis revient en Toscane. A Florence, *Santa Trinità, San Michele in Borgo,
San Niccolo*, à Arezzo *San Domenico*, à Volterra la *Cathédrale*, à Cortona la *Pieve* et *Santa Margherita*, attestent la fécondité de son imagination. Par la combinai-

son savamment variée, suivant le pays et le site, des éléments romans, byzantins et gothiques, il inaugure dans toutes ses constructions un style puissant, naturel et clair, qui correspond à merveille aux besoins complexes de l'esprit contemporain.

Quelques traditions l'ont fait naître en Apulie, dans les provinces occupées successivement par les Grecs et les Normands, les Sarrasins et les Hohenstaufen. Les documents écrits sont contraires à cette assertion : son berceau est à Pise, dans une famille siennoise. Néanmoins, il put connaître fort jeune les monuments du onzième et du douzième siècles, plus nombreux dans les provinces méridionales que dans le nord de la Péninsule, qui portent l'empreinte directe et vive du génie oriental. Quand il partit pour Naples, il n'avait pas seize ans; rien d'étonnant qu'il y ait pris pour les ornementations riches et les décorations polychromes un goût précoce, développé plus tard par la vue de Venise. Si la sculpture apulienne était plus hardie et plus libre, elle n'était d'ailleurs guère préférable, comme exécution, à la sculpture de son pays.

Le bas-relief qu'il fit, à son retour, pour le portail de la cathédrale, à Lucques, la *Descente de Croix*, mit du premier coup une distance énorme entre lui et ses contemporains attardés dans la routine traditionnelle, Gruamonte, Adeodatus, Rudolfinus, Biduinus, Robertus, dont les reliefs grossiers se voient encore dans les églises de Pise, Lucques et Pistoïa. Néanmoins, de 1233 à 1260, après cet essai de jeune homme, incomplet encore et timide, on ne lui voit rien produire. Soit que ses travaux d'architecte eussent absorbé toute son activité, soit qu'il ait voulu étudier de plus près les ouvrages romains ou grecs, avant d'entreprendre une œuvre plus considérable, il était déjà sur le retour de l'âge lorsqu'il commença la célèbre chaire du baptistère, à Pise, qui servit de point de départ à l'art italien. Le *Tombeau de saint Dominique*, à Bologne, la *Chaire de la cathédrale de Sienne*, la *Fontaine publique*, à Pérouse, les *Sculptures de l'Abbaye*, à Viterbe, suivirent d'assez près cet important ouvrage. Par une fortune inattendue, Nicolas, avant de mourir, répandait ainsi, sur tous les points de l'Italie, des modèles nouveaux pour les sculpteurs, comme il avait, dans sa jeunesse, élevé dans les mêmes contrées des spécimens de constructions pour les architectes. Par lui, la Toscane prenait, sur le mouvement des arts dans la Péninsule, la haute main qu'elle conserva durant quatre siècles. La plupart des grands artistes toscans furent des voyageurs infatigables, dont l'influence s'exerça au dehors plus encore qu'en leur propre patrie. Pise, Sienne, Florence, furent tour à tour le foyer toujours brûlant où vinrent se rallumer les convictions prêtes à s'éteindre. Quand Nicolas mourut (vers 1278), Giotto venait de naître.

L'histoire des élèves de Nicolas est l'histoire d'un apostolat. Pendant un siècle, on les voit, sans relâche, prendre et reprendre leur bâton de voyage, quitter Pise, la commune patrie, pour s'en aller convertir les grands centres de la vie italienne à ce culte retrouvé de l'éternelle beauté. Giovanni, le fils de Nicolas, s'installe de bonne heure à Naples ; plus tard, il remonte au nord, et développe sur sa route, à Pérouse, à Sienne, à Arezzo, à Pistoïa, à Prato, les principes hardis de l'enseignement paternel avec un infatigable enthousiasme. Arnolfo di Lapo se charge de Rome, d'Orvieto, de Florence. A la génération suivante, Balduccio sera l'éducateur des Lombards, Andrea Pisano celui des Vénitiens. Jusqu'à la fin du quatorzième siècle l'école pisane est partout, travaille pour tous, suffit à tout.

Dès que les disciples de Nicolas se sentirent libres, ils se développèrent, d'ailleurs, suivant un même principe, mais dans des sens bien différents. L'héritage laissé par le maître, qui demeura commun, c'était l'intelligence, désormais rendue au monde, de l'art antique, dans son harmonie auguste, dans sa simplicité puissante. La pensée du sculpteur, arrachée aux chaînes étroites du dogmatisme, pouvait désormais se mouvoir à l'aise dans le vaste champ des observations extérieures et des interprétations personnelles. Aucun des élèves de Nicolas ne l'oublia. Le problème magnifique, autour duquel devait graviter l'art moderne, fut posé, précisé, accepté par tous avec une admirable décision. Dès lors, tous les artistes de la Péninsule, architectes, sculpteurs, peintres, marchent par mille chemins vers un même idéal. Fondre la grâce chrétienne dans la majesté païenne, exprimer les passions les plus délicates et les plus subtiles de l'âme inquiète du

moyen âge au moyen des formes claires et harmonieuses de l'antiquité, illuminer de la foi des anges
des corps parfaits et beaux semblables à ceux des
héros disparus, reprendre, en un mot, à l'humanité
antérieure son imagination vivace et sa raison solide, sans renoncer ni à ces extases sublimes ni à ces
admirables pitiés enseignées aux peuples nouveaux par
le Christ, telle sera désormais la préoccupation complexe et grandiose qui agitera l'esprit de tous les artistes. Trois siècles de labeur opiniâtre, de tentatives
inégales, de tâtonnements périlleux, n'égaleront qu'à
peine l'habileté technique à la hardiesse intellectuelle,
l'exécution à la conception, la main à l'âme, de façon
à rendre possible l'épanouissement calme et majestueux
des génies définitifs, où s'incarne complètement la Renaissance, Léonard de Vinci, Raphaël, Corrége, Titien
ou Michel-Ange. Néanmoins, devant l'œuvre de Nicolas
Pisan, devant celle de Giotto, on peut déjà prévoir
ces grands avenirs; tant ces esprits sincères avaient
puissamment embrassé du premier coup l'espace entier
ouvert devant eux, tant ils avaient nettement compris
les ressources de leur art, son étendue, ses limites !

Les sculpteurs italiens, comme plus tard les peintres,
vont donc se séparer en deux camps, non pas ennemis,
mais toujours rivaux, suivant leur tempérament, leurs
milieux, leurs convictions. Chez les uns dominera
l'amour de l'antiquité, chez les autres, le sentiment
chrétien ; chez les uns s'exaltera l'idéalisme, chez les
autres se développera le naturalisme. La séparation,

entre les deux tendances, chez aucun ne sera d'ailleurs complète, ni assez tranchée pour que l'effort s'isole trop, et partant soit perdu. La grande unité, créée par Nicolas, subsistera dans toute sa force au-dessus de ces divergences individuelles, toujours prête, il est vrai, à se dissoudre dans l'éparpillement des activités locales, mais toujours rétablie avec autorité par la volonté virile de nouveaux hommes de génie, jusqu'à ce que l'Italie, épuisée par sa fécondité, surmenée par ses passions, tombe de nouveau en proie à l'invasion barbare, et s'affaisse, dans la honte, pour ne plus se relever.

Du vivant même de Nicolas, la scission éclata dans les œuvres de son propre fils. Giovanni Pisano, esprit indépendant, poussa, de son côté, en avant, mais dans le sens expressif, spiritualiste, dramatique. S'arrachant avec résolution au calme majestueux où se tenait son père, à l'imitation trop exclusive et trop directe de l'antique, il se lança résolûment à la poursuite de l'idéal plus complexe, mais plus élevé, qui vivait dans les âmes agitées de ses contemporains. Soit qu'il ait fait voyage au pays d'outre-monts, soit qu'il ait eu commerce avec des architectes d'Allemagne ou de France, il donna une place importante à l'élément ogival, dans tous ses ouvrages d'architecture. Le *Campo Santo* de Pise, *Santa Maria della Spina*, sur l'Arno, dans la même ville, la *cathédrale de Sienne*, celle *de Prato*, attestent la variété de ses conceptions, tour à tour grandioses et charmantes. La tradition romane,

la tradition septentrionale, la tradition orientale s'y mêlent et s'y soutiennent dans des proportions diverses,
qui firent de ces monuments autant de types spéciaux
offerts utilement à l'étude des générations suivantes.

Dans la sculpture son influence ne fut pas moins
décisive. Il y porta la liberté complète, la vie expressive, la poésie ardente qui manquaient encore. Le
premier, il osa tailler dans le marbre des figures complètement nues, agencer des groupes de plusieurs personnages, rechercher le mouvement dramatique. La
chaire de Saint-André à Pistoïa marque une étape
presque aussi intéressante dans l'histoire de l'art italien
que la chaire de Saint-Jean à Pise. Giovanni Pisano
est le véritable père de cette famille nombreuse d'artistes, émus et chercheurs, qui imprimèrent à la
sculpture de la Renaissance, son caractère le plus vivant et le plus poétique, Jacopo della Quercia, Ghiberti,
Donatello, Michel-Ange.

Arnolfo del Cambio, son condisciple florentin,
montra dans ses nombreux travaux une originalité
presque aussi vivace, une imagination non moins
active. Comme architecte, il donna à sa ville natale
une splendeur inattendue, en lui trouvant sa forme
d'art spéciale, en élevant, coup sur coup, la *Santa
Maria del Fiore* et le *Palais-Vieux*, les églises de *Santa-
Croce* et d'*Or San Michele*; comme sculpteur, il a mé-
rité la reconnaissance de ses successeurs, en créant à
Orvieto, dans le *tombeau du cardinal de Braye*, le modèle type de ces belles sépultures, dont l'heureuse or-

donnance sera respectée en Toscane pendant plusieurs siècles. Pour la première fois, on trouve là, aux pieds de la Madone et de son divin enfant, l'image exacte du mort endormi sur sa couche de pierre, à l'ombre des courtines légères, que des anges silencieux entr'ouvrent de chaque côté avec précaution et soulèvent en souriant. Conception monumentale et touchante, qui répondait aux besoins les plus divers de l'âme, chez les Italiens de cette époque, à toutes leurs croyances religieuses, aussi bien qu'à leurs instincts d'art, et qui satisfaisait leur imagination chaleureuse éprise de poésie en même temps que leur intelligence positive amie de la réalité.

Néanmoins, la direction du mouvement ne passa définitivement aux mains des Florentins qu'après l'apparition de Giotto. L'avènement de ce grand homme fut, dans la sculpture aussi bien que dans la peinture, l'avènement de l'esprit de Florence, esprit à la fois très poétique et très lucide, très ouvert et très judicieux, aussi éloigné des rêveries confuses que répugnant aux basses trivialités. Dante Alighieri dans la poésie, Arnolfo di Cambio dans l'architecture, Giovanni Villani dans l'histoire, Giotto dans la peinture, apparurent tous à la fois, comme les prophètes enthousiastes d'une civilisation nouvelle, et la flamme audacieuse de leur raison, étincelant, claire et subtile, au milieu des ténèbres encore compactes du moyen âge, illumina d'un seul coup, devant l'Italie hésitante, le chemin glorieux qu'elle devait gravir.

Andrea Pisano naquit peut-être à Pise, ainsi que son nom l'indique, ou du moins y étudia de bonne heure, à l'école de Nicolas ; c'est à Florence qu'il vécut et qu'il travailla. Son association fraternelle avec Giotto déplaça tout à fait les centres de l'activité artistique en Toscane, permit à Florence d'attirer vers elle tous les sculpteurs de Pise aussi bien que tous les peintres de Sienne, et prépara la fusion de ces deux écoles isolées en une école commune plus complète et plus forte. Avec Andrea s'introduisit, dans la sculpture, le naturalisme, élevé et poétique, dont Giotto fit son principe. Dès ce jour, les peintres et les sculpteurs marchèrent, côte à côte, d'un pas égal, qui leur permit souvent d'associer leurs efforts, et les exposa parfois à confondre leurs buts. Tant que dura, néanmoins, l'autocratie intelligente de Giotto, tant que sa pensée, si nette et si ferme, demeura vivante au milieu de ses élèves, il n'y eut dans la marche des deux groupes ni une hésitation ni un recul. Andrea Pisano et lui avaient compris d'une façon si claire l'étendue et les moyens de leurs arts respectifs, que le progrès y fut constant jusqu'à la moitié du quatorzième siècle.

Andrea Pisano, dont l'activité fut très multiple, a laissé à Florence deux chefs-d'œuvre, les bas-reliefs du campanile de Giotto, les portes de bronze du baptistère. Dans les premiers sont retracés, en groupes ingénus et saisissants, les épisodes divers de la vie primitive, tels que la *Construction de la première cabane*, le *Culte des étoiles*, l'*Homme domptant le cheval*, l'*Homme fai-*

sant des lois, la *Femme pétrissant les vases de terre*, la *Femme filant à la quenouille, Noé trouvant le vin, Tubal inventant la forge*, etc., etc. Ces bas-reliefs hardis et poétiques établissent l'alliance féconde de la tradition et de l'observation, de la forme antique et du sentiment personnel, de la beauté extérieure et de la grandeur morale. Les mêmes qualités de conception et d'exécution se retrouvent, à un degré supérieur, dans les vingt panneaux de bronze qui composent la porte méridionale de San Giovanni, et représentent les épisodes de la vie du saint, en des reliefs très nets et très clairs, d'une ordonnance tout à fait grandiose, d'une facture presque héroïque. Les maladresses d'une main encore inhabile n'enlèvent rien de son magnifique aspect à cet ouvrage, dont l'ensemble, en définitive, reste plus monumental, dans sa simplicité, que la fameuse porte du paradis, la porte merveilleuse et exquise de Ghiberti, où la minutie patiente du travail, la complication pittoresque des compositions, ne charment l'œil étonné du spectateur attentif, qu'au détriment de l'harmonie première et de l'unité générale.

Andrea Pisano, comme son maître Nicolas, eut la bonne fortune de voir sa doctrine portée, par ses élèves, sur presque tous les points de la Péninsule. Lui-même séjourna, croit-on, à Venise. Sous son influence, Filippo Calendario, l'architecte du palais des Doges, le complice de Marino Faliero, pendu à la même époque que son doge, en 1354, aurait exécuté les cu-

rieux chapiteaux des colonnes fortes et trapues qui soutiennent le splendide édifice, du côté de la Piazzetta.
Le choix des sujèts y est plus varié, plus libre encore
que dans les bas-reliefs de Florence ; les scènes de la
Bible et de l'histoire ancienne, de la vie rustique et de
la vie familière, s'y entrecroisent et s'y mêlent à des
décorations purement végétales ou animales, avec une
aisance harmonieuse qui donne déjà un caractère particulier à ces premières tentatives de l'art vénitien,
fécondé plus d'une fois par l'influence de l'Orient ou
de la Toscane, mais conservant toujours son charme
national, plus extérieur, plus abondant, plus sensuel.

Une altération, dans le même sens, de la tradition
pisane, sous l'influence du tempérament local, ne tarda
pas à se faire sentir en Lombardie après le passage de
Balduccio, appelé à Milan par Azzo Visconti. Les tombeaux magnifiques de saint Pierre Martyr, à San
Eustorgio de Milan, de Visconti lui-même (aujourd'hui
dans la galerie de Trivulzi), de Lanfranco Settala, à
San Marco, ouvrirent la voie à un grand nombre d'artistes indigènes. L'art sculptural prit un caractère plus
décoratif, mieux en rapport avec la vie déjà fastueuse
des [Lombards et avec leur fréquentation des artistes
ultramontains, ainsi qu'on peut le voir dans l'*Arca de
Saint-Augustin*, à Pavie, et *les tombeaux des Scaliger*,
à Vérone.

Ainsi de tous côtés, dans les provinces subalpines,
les yeux s'ouvraient peu à peu au sentiment de là
beauté plastique par l'expansion de la belle lumière

allumée à Pise. L'Ombrie recevait en même temps l'enseignement d'une école de seconde main créée par Nicolas de Pise dans le Siennois, mais qui suivait aussi sa route particulière, demeurant plus fidèle aux idées dogmatiques et poursuivant volontiers une expression plus mystique. L'architecte du dôme d'Orvieto, **Lorenzo Maïtani**, paraît en avoir été le chef et l'inspirateur ; l'histoire nous a transmis des noms en grande quantité sans qu'il soit possible d'assigner à chacun sa part dans la décoration collective de l'immense édifice. Deux d'entre eux, **Agostino di Giovanni** et **Agnolo di Ventura**, se sont presque seuls assurés une renommée spéciale en sculptant, dans l'église d'Arezzo, seize bas-reliefs sur le tombeau de l'évêque-soldat Guido Tarlati. L'influence de Giotto s'y fait très résolûment sentir dans l'équilibre ingénieux des compositions et la vérité expressive des attitudes ; Vasari n'hésite pas à lui faire honneur des dessins originaux.

Vers la dernière moitié du quatorzième siècle, l'enthousiasme, jeté dans les esprits par Nicolas de Pise et Giotto, s'affaiblit et disparut peu à peu, au milieu des calamités de toute sorte dont l'Italie se sentit accablée. Les pestes épouvantables et les discordes civiles qui décimèrent la Toscane, déterminèrent un affaissement momentané des âmes, dont la trace est visible dans la plupart des ouvrages, littéraires ou artistiques, de cette époque. En vain les derniers élèves d'Andrea Pisano soutinrent la tradition du maître avec une énergie constante et une heureuse fortune. Les germes semés, dans le terrain fécond, par ses fils Nino et Tommaso, et surtout par le puissant architecte de la Loggia, le peintre effrayant du Campo Santo, Andrea Orcagna, ne devaient lever et fleurir qu'après un grand repos, sous les pieds d'une autre génération. Le tabernacle d'Andrea Orcagna, à Or San-Michele, termine la liste des chefs-d'œuvre qui sont dus à l'école, saine et forte, des *Sculpteurs-architectes*.

Quand Orcagna mourut, vers 1370, la tradition pisane parut mourir. Elle n'était que silencieuse. Abandonnée par les constructeurs de monuments, condamnés pour quelque temps à l'oisiveté, elle s'était réfugiée dans les boutiques étroites des orfèvres florentins, et s'y préparait, par des travaux patients, une merveilleuse transformation. C'est sur le Ponte-Vecchio, entre les mains des fins ciseleurs et des joailliers ingénieux, que nous verrons renaître, pour la seconde fois, bien différente d'elle-même, la sculpture italienne, devenue florentine, avec des agréments nouveaux de délicatesse ingénue et de grâce juvénile, avec un goût plus pénétrant et plus vif pour l'expression poétique de la réalité vivante, avec une passion désormais avouée et toujours grandissante pour l'agilité dans les mouvements, la variété dans les attitudes, la beauté dans les formes, l'intelligence sur les visages !

(1870)

LA
PEINTURE MILANAISE

Dans le grand désordre et la triste nuit qui suivirent, en Italie, la chute de l'empire romain, la ville de Milan, siège d'un épiscopat vénéré, capitale active d'un royaume barbare, semble avoir eu le privilège de conserver, presque seule, quelques traditions de l'art antique. On ne cessa jamais d'y bâtir, d'y sculpter, d'y peindre. Dans quelle grossièreté les sculpteurs étaient retombés, on le peut voir à la basilique de Saint-Ambroise et dans les églises de Pavie, construites aux ${IX}^e$ et Xe siècles ; néanmoins, le fameux *Paliotto*, ouvrage d'un certain Wolvinius, donné à l'église Saint-Ambroise par l'archevêque Angilbert II (824-835), et quelques autres pièces remarquables d'orfèvrerie prouvent que les arts décoratifs s'y maintinrent toujours à une certaine hauteur. De la même époque datent les mosaïques grandioses qui ornent l'abside de la célèbre basilique, et peut-être les peintures environnantes représentant la série des évêques milanais. L'existence ininterrompue d'une école de peinture en Lombardie est d'ailleurs prouvée par le témoignage de Paul Diacre et par le traité du moine Théophile, *De omni scientia Artis pingendi*, qui s'ouvre par ces mots : *Incipit tractatus Lombardicus.*

Quoi qu'il en soit, les rares vestiges de cet art, à la fois vieilli et enfantin, qui sont parvenus jusqu'à nous, ne nous en donnent pas une haute idée. C'était un art grossier, de pure pratique, tout en formules traditionnelles, que nul ne songeait à élargir. Pour réveiller l'esprit milanais, il lui fallut le contact du libre génie florentin représenté par son premier missionnaire, le plus hardi, le plus passionné, par le grand Giotto, que sa destinée laborieuse et errante poussa successivement à toutes les extrémités de l'Italie pour lui faire allumer partout, de ses mains d'apôtre, la vive lumière de la Renaissance. C'est en 1336 que Giotto entra à Milan, accompagné de ses meilleurs élèves, sur le pressant appel d'Azzo Visconti, qui le chargea de décorer son palais seigneurial, admirable monument dont la description nous a été conservée par le chroniqueur Galvano Fiamma. Vers le même temps y arrivait un autre Toscan, le sculpteur pisan Giovanni Balduccio, élève d'Andrea Pisano, pour y élever le tombeau de S. Pierre martyr, dans l'église Sant'Eustorgio. Dans les trois arts à la fois, peinture, sculpture, architecture (car Balduccio, comme Giotto, était aussi architecte), le génie toscan, rappelant les artistes à l'étude de la vérité par l'intelligence de l'antiquité, prenait donc, du premier coup, possession du terrain nouveau qui s'offrait à lui avec l'autorité exclusive qu'on s'accoutuma de subir jusqu'à la fin du xive siècle.

Déjà pourtant, à Milan, dans cette première période, sous le caractère général d'imitation giottesque, apparaissent çà et là dans les rares peintures d'église qui ont échappé à la destruction quelques traits particuliers dus au tempérament local qui, en se développant, deviendront la marque de l'école : par exemple, un goût très déterminé pour les colorations fortes, un peu tristes, quelquefois lourdes, et pour les figures réelles, d'une expression plus vive que noble, d'une tournure souvent épaisse et d'une allure mal dégagée. Dès les premières années du xve siècle le naturalisme milanais se distingue assez nettement du naturalisme de Florence, si spirituel, si souple, si alerte, aussi bien que du naturalisme de Padoue, plus fortement empreint du souvenir de la statuaire antique et plus constamment épris des couleurs claires. C'est de Padoue, cependant, que lui vint la grande impulsion par Vincenzo Foppa, élève de Squarcione, condisciple d'Andrea Mantegna, le plus célèbre des vieux maîtres de Milan et le véritable fondateur de l'école. L'existence de Foppa paraît avoir été laborieuse; son influence fut considérable ; ce fut lui qui, sous les principats de Filippo Visconti et de Francesco Sforza, marcha à la tête des peintres du pays déjà fort nombreux, si l'on en juge par la liste de ceux qui travaillèrent à la décoration du château de Milan, Giovanni della Valle, Costantino Vaprio, Vincenzo Civerchio, Ambrogio et Filippo Bevilacqua, pour ne citer que les Milanais d'origine. Vincenzo Foppa accentua la manière des Padouans dans le sens qui convenait à ses protecteurs et à son entourage ; il rechercha l'expression vivante et réelle en poursuivant avec moins d'ardeur l'idéal antique ou chrétien. Par son goût pour les recherches techniques et précises, par sa passion pour l'anatomie et la perspective, il imprima à la peinture milanaise un caractère de rigueur scientifique qui fit son originalité et sa force, et qui lui permit, à la décadence, de résister plus longtemps que telle autre à l'envahissement du maniérisme. Il est à remarquer, en effet, que la plupart des peintres de Milan, avant comme après le passage de Léonard de Vinci, furent des spéculatifs et des érudits, non moins préoccupés de la théorie que de la pratique, passionnés pour l'enseignement autant que pour l'exercice de leur art. Les traités de Foppa sur la perspective et l'anatomie servirent, dit-on, à Raphaël ainsi qu'à Albert Durer. Il n'est, pour ainsi dire, pas un de ses élèves ou de ses successeurs, pendant deux siècles, qui n'ait tenu à consigner, dans des manuscrits, presque tous par malheur perdus ou inédits, les résultats de sa propre expérience.

Doit-on être surpris qu'avec des habitudes d'esprit si ouvertes et si actives le groupe des artistes milanais se soit montré de bonne heure hospitalier pour les étrangers, et qu'il ait attiré à lui les illustres artistes des États voisins ? Des causes morales d'un ordre plus élevé que l'intérêt personnel et les protections princières durent certainement agir sur tous ces Toscans et sur tous ces Ombriens qui tour à tour s'installent à Milan, y donnent la fleur de leur génie, et s'y transforment eux-mêmes, sous les influences locales, aussi heureusement qu'ils ont transformé par leur action personnelle les artistes indigènes. Évidemment, l'art se développait là tout à l'aise, dans un milieu des plus favorables ; deux Florentins, Michelozzo Michelozzi, constructeur d'un palais pour les Médicis en exil, Antonio Filarete qui fit les plans du Grand Hôpital, et surtout l'Urbinate Donato Bramante, en firent successivement l'expérience. Comme peintre aussi bien que comme architecte, ce dernier, pendant un séjour qui dura vingt-quatre ans (de 1476 à 1499), eut une action considérable. Malgré la disparition de ses peintures, on peut, en examinant celles de son maître Fra Carnevale, et celles de son élève favori, Bartolomeo Suardi, dit le Bramantino, s'imaginer quel genre de qualités, chères aux Ombriens, il introduisit à Milan : la clarté dans les compositions, la fraîcheur dans le coloris, la délicatesse dans l'expression, l'élégance dans les détails, en un mot le charme et la grâce.

Lorsque le beau florentin Léonard de Vinci vint, en 1483, offrir ses services au duc de Milan, Lodovico Sforza, il se présentait donc, on le voit, sur un terrain bien préparé. Entre ses studieuses habitudes et les tendances des peintres milanais, il y avait une conformité préalable qui permit à son génie ouvert et expansif d'entrer immédiatement en une généreuse commu-

nication avec eux, aussi bien pour s'assimiler leurs
qualités locales que pour leur inculquer celles qu'il
apportait de Toscane. Sans les détourner violemment
de leur voie traditionnelle, il se mit de suite ou plutôt se trouva naturellement à leur tête et les entraîna
par les charmes réunis de son génie et de sa personne
vers un idéal plus élevé. Attaché comme eux aux
études scientifiques, pénétré comme eux de respect
pour la réalité et la vie, fondant comme eux la grandeur de l'art sur l'amour de la nature, il possédait
de plus qu'eux le sens profond de la beauté expressive. Il leur apprit donc à mettre l'observation naturaliste au service d'une imagination émue et ravie et
leur révéla, avec plus de clarté encore que Bramante,
les grâces du corps humain et les enchantements de la
lumière. Il saisit, enfin, le premier, sur les lèvres en
fleur des belles Milanaises, ces douceurs mystérieuses du
sourire féminin qu'avaient dédaignées ses austères prédécesseurs, plus attentifs aux irrégularités typiques.
La *Joconde* est une œuvre essentiellement milanaise ;
du jour où resplendit ce merveilleux visage, tous les
peintres du pays en furent éclairés ; c'est à cette lueur
charmante qu'ils travaillèrent pendant plus d'un
siècle, et les plus dégénérés d'entre eux, s'ils brillèrent
une heure, ne brillèrent que par ses derniers reflets.

Quant aux disciples immédiats du grand homme,
ils se pénétrèrent si complètement de son génie qu'ils
se confondent presque avec lui dans l'éclat d'une gloire
collective. Quelle escorte aimable et dévouée que celle

de tous ces jeunes gens, beaux et ardents, qui ne le quittent pas durant sa vie et qui lui restent fidèles après la mort! Salaino, Melzi, Marco d'Oggione, absolument voués à son culte, ne travaillent guère que sur ses dessins ; d'autres, pour l'avoir seulement approché, Solari,. Cesare da Sesto, Luini, Bazzi le Sodoma, quoique d'esprit plus libre et de goût plus curieux, emportent partout, conservent partout, à Paris comme à Rome, à Sienne comme à Milan, même à côté de ce Raphaël qu'ils admirent comme un dieu, la marque ineffaçable du premier enchantement qui ravit leur adolescence.

Toute l'école milanaise subit donc l'ascendant irrésistible du grand Florentin ; mais, dans un autre groupe, l'évolution ne se fit pas sans peine. La plupart des élèves des vieux maîtres, de Foppa et de Civerchio, protestèrent contre cette importation de la grâce souriante, qu'ils jugeaient dangereuse pour l'avenir de l'art, jusqu'alors rigoureusement maintenu dans les voies de la sévérité chaste et de la noblesse austère! Ils se défiaient de ces compositions subtiles, de ces physionomies séduisantes, de ces attitudes recherchées, de ces perpétuelles tendresses, prévoyant, de beaucoup trop loin sans doute, mais avec une certaine perspicacité, les raffinements de maniérisme où pourrait conduire un jour ce style enchanteur. Parmi les amis et les élèves même de Léonard, plusieurs, tout en l'imitant, partageaient ses défiances, maintenaient fermement vis-à-vis de lui les traditions locales du dessin rigoureux et du style accentué ; tels sont, par exemple, B. Zenale, son compagnon de travail à Santa Maria della Grazie, et même Beltraffio, qu'il chargeait, en son absence, de diriger son académie. D'autres continuaient leur route sans presque s'occuper de lui. Ainsi fit cet Ambrogio Borgognone, architecte et peintre de la fameuse Chartreuse de Pavie, qui garda intacte, jusqu'en 1530, la tradition hiératique du xv⁰ siècle. Ainsi firent les peintres de Verceil, qui donnèrent à Milan tout un groupe de peintres religieux, dont le style s'agrandit au contact de l'école romaine, mais sans perdre toutefois son caractère primitif ; ce groupe est représenté avec éclat par Gaudenzio Ferrari et par son élève Bernardino Lanini. Cette branche latérale se distingue par son goût des compositions agitées, des figures réelles, des ajustements bizarres, des colorations voyantes, non moins que par son sentiment élevé de l'expression religieuse ; elle se maintint à Milan jusqu'à la fin du siècle avec Battista della Cerva, Lomazzo, Ciocca, Figino et se perdit enfin dans l'imitation inconsidérée de Michel-Ange, dont surent naturellement mieux se garer les peintres, délicats et soigneux, restés fidèles aux traditions prudentes de l'école de Léonard.

Vers la fin du xvi⁰ siècle d'ailleurs les deux branches également épuisées, ne portent plus aucun fruit. Il ne reste plus à Milan de peintres milanais que les fils dégénérés de Luini et quelques-uns de leurs condisciples. Tous les peintres qui travaillent dans les églises sont des étrangers, crémonais, génois, bolonais ou vénitiens. L'imitation des peintres de Venise, et en particulier de Titien, se répand soit par des artistes du terroir, Callisto de Lodi et Giovanni da Monte, soit par des Vénitiens transplantés, Cesare Dandolo et Peterazzano. Ce dernier s'efforce de combiner avec le coloris de son maître la profondeur d'expression, la science des raccourcis, les hardiesses de perspective qui étaient restées, malgré tout, les qualités milanaises. Néanmoins, c'est à des Bolonais, à la famille des Procaccini, qu'était réservé l'honneur d'arrêter un instant le cours de cette prompte décadence et de rendre à l'école milanaise un certain éclat.

Les Procaccini, compagnons ou élèves des Carraches, n'eurent en réalité qu'un vrai maître, le Corrége; c'est grâce à cette noble filiation qu'ils purent soutenir le rôle que les circonstances leur offrirent. Ercole, le père, dessinateur assez mou, était un peintre très consciencieux, très exact, très soigneux; il lui suffit d'avoir le respect de son art pour combattre utilement les habitudes d'exécution expéditive si fort à la mode chez ses contemporains. Son fils aîné, Camillo, ne l'imita pas sous ce rapport; il s'abandonna sans frein à la facilité de sa verve abondante et banale; mais Giulio Cesare, le cadet, maintenu dans des habitudes plus dignes par ses premières études de sculpture et par son admiration pour le Corrége, fut d'un bon exemple pour les jeunes peintres de Milan, qui pendant toute la fin du XVIe siècle n'eurent d'autre école que son atelier. Il est impossible de faire l'énumération complète des peintres qui passèrent alors entre les mains des Procaccini. Lanzi y a renoncé, et il ajoute : « Il y eut bien parmi eux quelques inventeurs d'un style original, comme il y en eut parmi les élèves des Carrache ; mais la plupart mirent tout leur esprit à suivre la manière de leurs maîtres, les uns la maintenant par le soin qu'ils apportaient à leurs ouvrages, les autres la gâtant par leurs procédés expéditifs. »

Tous les voyageurs qui ont visité Milan savent quel effroyable déluge de peintures médiocres a produit cette école des Procaccini. Malgré l'effort estimable fait par Giulio Cesare Procaccini pour reconstituer une école milanaise, il n'y avait plus assez d'énergie locale pour résister à l'envahissement de l'éclectisme confus dans lequel se perdait l'art italien. Du temps des Procaccini, à Milan même, d'autres peintres étrangers y apportaient aussi de tous côtés d'autres influences ; les jeunes Milanais allaient, en outre, terminer leur éducation le plus souvent à Venise et quelquefois à Rome ; s'ils en rapportaient des talents faciles et souples, quelquefois fort agréables encore, ils y perdaient de plus en plus toute originalité.

Ce n'étaient pourtant pas les encouragements de toute nature qui manquaient alors aux artistes. La famille des Borromée, représentée par les deux grands archevêques de Milan, S. Charles et le cardinal Frédéric, donnait aux arts et aux lettres une impulsion vigoureuse et élevée. Les peintres se rendirent bien à l'appel ; on n'en vit jamais tel nombre, mais combien peu

surent ou purent s'élever au-dessus de la médiocrité!
Dans cette foule de noms, justement obscurs, qu'on lit
sur les vastes toiles dont sont encombrés tous les édifices milanais, on n'en distingue qu'un seul porté à la
fois par deux hommes remarquables. Giovanni Battista
Crespi dit le Cerano, peintre, architecte, sculpteur, fut
le directeur de l'Académie fondée par le cardinal Frédéric Borromée et l'instigateur de toutes ses grandes
entreprises; Daniele Crespi était un artiste éclectique,
d'une imagination puissante, d'un goût élevé, qui malheureusement mourut fort jeune, enlevé par la grande
peste de 1630.

Après Daniele Crespi, « le dernier des Milanais »,
comme l'appelle Lanzi, la décadence suit sa pente avec
une rapidité que nul effort ne pouvait arrêter, car cette
décadence tenait à l'affaissement général de l'esprit public et à l'épuisement complet du génie italien. L'Académie fondée par le cardinal Borromée s'était fermée
après sa mort en 1631. Vainement Antonio Busca tenta-
t-il de la réorganiser quelques années plus tard; tout
enseignement sérieux était dédaigné; il était si facile à
la multitude des gâcheurs qui pratiquaient le métier
de peintre, d'apprendre n'importe où ces procédés expéditifs qui leur permettaient de couvrir au galop les
plus vastes murailles! Jamais on ne brossa plus de peinture à la toise. Ni dessin, ni couleur, ni caractère; aucun souci de la vérité, non plus que de la beauté; pas
plus d'étude que d'inspiration. Une certaine facilité
de composition banale et creuse, une certaine grâce

de coloris, fade et écœurante, tenaient lieu de tout. Les traditions des deux écoles rivales étaient également mises en oubli; Foppa aussi bien que Léonard, Gaudenzio Ferrari aussi bien que Bernardino Luini, étaient définitivement stériles.

Il faut reconnaître que cette uniformité désolante des derniers praticiens milanais était due, en grande partie, à l'influence désastreuse du dernier des Procaccini, Ercole, qui succéda à ses oncles dans la direction de leurs ateliers, mais qui n'eut ni leurs qualités, ni leur science, ni surtout leur conscience, et qui ne cessa d'inonder de ses œuvres les églises du pays. Pour le malheur de ses contemporains, Ercole vécut quatre-vingts ans! A peine peut-on distinguer, dans la cohue qui l'environne, quelques artistes plus scrupuleux et plus intéressants, tels qu'Antonio Busca, Carlo Vimercati, Cristoforo Storer, Federigo Blanchi, Giovanni Battista Discepoli, dit le Zoppo de Lugano. C'est en vain que Giovanni Mauro Rovere rachète quelquefois, par une verve chaleureuse, l'incroyable désordre et le laisser-aller de ses grandes machines; c'est en vain qu'on se met en famille pour fabriquer mieux et plus vite; les Sant'Agostini sont trois, les Rossetti sont trois, les Nuvoloni sont quatre. Chacun d'eux traîne à sa suite une grosse bande d'élèves. A quoi bon les nommer? Tous se ressemblent. Malgré l'habileté incontestable de quelques-uns d'entre eux, plus ils accumulent de toiles, plus ils s'éloignent de l'art. La grande flamme allumée par Giotto, Mantegna, Bramante, Léonard, est décidément éteinte ; tous les efforts faits pour la rallumer sont des efforts en pure perte, et c'est à peine si on en retrouve çà et là quelques étincelles sous le tas de cendres rapidement accumulées par deux siècles d'incessante production [1].

1. Cette notice a paru, en 1874, dans *l'Histoire des Peintres de toutes les écoles* où elle sert d'introduction à *l'Histoire des maitres de l'école milanaise* et précède les biographies de V. Foppa, B. Zenale, C. Borgognone, Marco da Oggione, B. Buttinone, Bart. Suardi, Fr. Melzi, G. B. della Cerva, G. et Ev. Luini, Bernazzano, V. Civerchio, Bernardino Lanini, G. F. Lomazzo, Amb. Figino, G. B. Crespi, Daniele Crespi, P. R. Mazzuchelli. C. Fr. et Gius. Nuvoloni par le même auteur.

BERNARDINO LUINI

Les hommes de génie se dressent dans l'histoire comme les grands arbres dans la forêt; tout le soleil est sur leur tête, une ombre épaisse couvre leur pied. L'œil, ébloui par leur magnificence, ne distingue d'abord rien alentour dans la mêlée obscure des végétations vivaces où s'élèvent côte à côte les troncs antiques dont ils sortirent et les rejetons hardis qu'ils ont semés. A Rome et à Florence, combien des travailleurs les plus merveilleux ont disparu, depuis le xvi⁰ siècle, dans la gloire exubérante de Raphaël et de Michel-Ange ! Et qu'il faut de patience et d'obstination à la critique moderne, moins exclusive et moins extasiée, pour les remettre en leur véritable place, auprès des puissantes individualités dont la grandeur les écrasait outre mesure, et dont le voisinage les faisait injustement disparaître !

Léonard de Vinci, le premier, resplendit d'un tel éclat en Lombardie, que tous les noms s'y effacèrent près du sien. Si grand qu'il soit, son génie pourtant n'est point isolé, même à cette place ; quiconque l'approche ne s'y trompe pas. Avant son arrivée à Milan (1483), la cour des Sforza, voluptueuse et dépensière, avait déjà à son service bon nombre d'excellents peintres, nés la plupart dans le pays. On les pouvait rattacher à trois écoles. Les uns, fraîchement ravis par les élégants ouvrages du Bramante, se laissaient volontiers, à sa suite, appeler les Bramantins [1] ; les autres se vouaient plus sévèrement au culte de l'antique, à l'exemple des Padouans, de Squarcione et de Mantegna, tandis que les derniers se préoccupaient spécialement de la nature vivante, comme les réalistes âpres et vigoureux de Crémone et de Brescia. De tous côtés, on était donc en marche. Léonard n'eut qu'à prendre la tête, avec son aisance florentine, pour activer le mouvement, sans ramener pourtant à lui toutes les dissi-

---

1. Le plus célèbre d'entre eux fut Bartolommeo Suardi, surnommé Bramantino, dont quelques ouvrages se trouvent encore à Milan (musée Brera, église de Chiaravalle, de San Sepolcro, etc...). Cette école, toute lombarde, doit moins d'ailleurs son nom au célèbre Donato Bramante, d'Urbin, le protecteur ou parent de Raphaël, qu'à ceux qui florissaient à Milan quand il y vint, et (1487) furent ses maîtres en architecture autant qu'en peinture, Bramantino et Agostino di Bramantino. Ce dernier avait peint à fresque quelques salles du Vatican (1450-1455). Ses compositions, comme celles de Pier della Francesca, ont été sacrifiées sans pitié à la gloire naissante du jeune Urbinate, protégé par Bramante. Elles occupaient la place de l'*Héliodore*. On peut consulter, sur cette question importante et très confuse encore des Bramantini, une dissertation de Passavant sur les *Vieilles Écoles de Lombardie* (Kuntsblatt, 1833) et les *Brevi congetture intorno ai Bramantini*, que les éditeurs de Vasari ont annexées à la vie de Benvenuto Garofolo. (Firenze, 1855, vol. XI, p. 277.)

dences. La rude tradition des vieux naturalistes conserva plus d'un fidèle, et Ambrogio de Fossano, dit le Borgognone, l'architecte-peintre de la Chartreuse de Pavie, ne cessa jamais de résister à cette invasion des grâces toscanes, qu'il estimait dangereuses, corruptrices et amollissantes.

A cette persistance d'activité, en des écoles opposées mais également sérieuses, la Lombardie dut la conservation de son art national jusqu'à la fin du xvie siècle, en dépit des envahissements du maniérisme déjà répandu dans toute l'Italie. L'enseignement de Léonard, il faut d'ailleurs le répéter à l'honneur de sa haute intelligence, ne participa en rien de l'esprit étroit et systématique qui devait conduire à une décadence rapide les académies fondées sur le modèle de la sienne. Lui-même s'efforçait de mettre en garde ses élèves contre l'imitation de ses propres œuvres, et, s'il les fascina au point que plus d'un n'en revint pas, ce fut par un entraînement fatal de son génie, jamais par un parti pris de sa volonté. « La nature, la nature seule, répétait-il d'habitude dans ses leçons, est la maîtresse des intelligences supérieures. » Ses amitiés solides attestaient la rare liberté d'esprit qu'il savait apporter dans l'appréciation des hommes et des œuvres. Son admiration pour Sandro Botticelli ne fut jamais diminuée par l'enivrement de sa propre perfection. A Milan même, il demandait volontiers conseil à Bernardo Zenale, l'un des champions fidèles de la vieille école lombarde, et confiait d'ordinaire, pendant ses absences, la direction de son académie non pas à ses élèves les plus soumis, mais à celui de tous qui savait le mieux défendre contre lui des convictions individuelles, à Beltraffio, le suivant obstiné des maîtres austères de la génération précédente, que Vinci n'avait pu lui faire oublier, de Squarcione et de Mantegna, de Vincenzo Foppa et de Bevilacqua.

Malgré les précautions prises par le Vinci pour transmettre sans violence et dans leur sens le plus large les traditions du grand art à ses successeurs, la puissance irrésistible de sa personnalité eût sans doute à la longue produit en Lombardie le résultat fatal qu'eurent Raphaël à Rome et Michel-Ange à Florence, sans l'épouvantable série de révolutions qui ensanglanta la haute Italie à partir de la descente de Charles VIII (1494) et coupa court au développement régulier de cette influence. Après la chute de son patron, Lodovico il Moro, Léonard se réfugia d'abord à Florence, puis à Rome ; il ne revint à Milan que pour confier le soin de ses vieux jours au conquérant d'outre-monts, au jeune vainqueur de Marignan, qui l'emmena en France (1516). C'est là qu'il mourut, peu de temps après, au château du Cloux, près d'Amboise.

Son entourage dispersé ne se réunit plus. L'élève bien-aimé du maître, le saint Jean aux cheveux bouclés, le bel adolescent aux tendres regards, le charmant gentilhomme Francesco Melzi avait suivi dans tous ses exils le grand homme qu'il nommait son père ; il reçut son dernier soupir, lui ferma les yeux ; mais, quand il rentra à Milan, il avait le cœur brisé, cessa de peindre, et ne vécut que dans le passé. Andrea Solari, son compagnon, plus ferme ou plus nécessiteux, resta en France et remplit de ses œuvres le château de Gaillon ; toutes ont péri dans la débâcle de 1793. Quant à Beltraffio, il n'était déjà plus : la mort l'avait saisi en pleine jeunesse, avant son maître ; et Cesare da Cesto, retenu à Rome par l'amitié de Raphaël, n'en sortit plus.

La place redevenait donc libre à Milan. Il n'y restait, parmi les élèves directs du Vinci, que les moins personnels et les moins illustres, ceux qu'il avait dédaigné d'emmener à sa suite, ou que les rois ne se disputaient pas. L'école antique reprit faveur, quelques-uns se serrèrent autour de son dernier représentant si actif et si tenace, le vieux Borgognone. Le plus grand nombre reprit peu à peu son indépendance, confondit tour à tour dans des proportions diverses les traditions de Padoue et de Florence, de Mantegna et de Léonard, suivant à son gré l'un ou l'autre, et retourna vers la nature. Deux d'entre eux surtout sont devenus célèbres et caractérisent assez bien ces deux courants d'esprit parallèles : l'un est Gaudenzio Ferrari, plus puissant et plus hardi, plus amoureux des grands spectacles et des colorations énergiques ; l'autre est Bernardino Luini, plus sympathique et plus séduisant, plus dévot à la grâce et plus sensible à la beauté, tous deux également variés et sincères, tous deux d'une fécondité qui touche au prodige.

Rien ne prouve mieux que l'exemple de Bernardino

Luini avec quelle puissance s'impose, même à distance,
la fascination d'un grand génie sur les esprits d'une
trempe moins forte, mais de même famille. Le suivant
fidèle de Léonard, l'imitateur enthousiaste et soigneux
qui copiait à s'y méprendre les œuvres du maître, qui
recueillait, dit-on, avec piété ses moindres croquis et
ses plus insignifiantes maquettes, pour les transformer
en tableaux, qui termina un grand nombre de ses
ébauches, et fut, le plus souvent, par les amateurs,
confondu avec lui, ne fut pas très probablement son disciple immédiat. Léonard, dans ses manuscrits, nomme
tous ses élèves sans le mentionner. Les traditions locales
(*Vid.* Bianconi, Resta) le font venir tard à Milan, vers
1500, déjà bon peintre et jouissant d'une certaine réputation. Son premier séjour fut Verceil, où grandissait
à cette époque Bazzi, surnommé plus tard le Sodoma,
qui devait avoir avec lui plus d'un point de ressemblance. Son premier maître fut Stefano Scotto.

Selon toute apparence, ce fut une admiration tar-
dive et désintéressée d'artiste ébloui qui suffit à déterminer la direction de Bernardino. Toute affirmation
à cet égard est d'ailleurs impossible. Les documents,
jusqu'à ce jour, manquent sur ce point comme sur
beaucoup d'autres. Nous ne sommes sûrs de rien, pas
même de son nom. Est-ce Luini? Est-ce Luino? Plus
probablement c'est Lovino. Presque toujours lui-même
l'écrit ainsi, et nous le retrouvons dans quelques registres. Sa renommée, de son temps, ne fut pas bien
grande, au moins hors de Milan, pour les pédants de

Florence. Vasari, qui n'aime guère les gens simples,
parle de lui, en des termes élogieux, mais par ouï-dire,
sans façon, en passant; il n'a pas retenu son nom, et
l'affuble d'un sobriquet ridicule, Del Lupino [1]. Baldinucci, plus tard, n'en souffle mot. Suivant Argelati,
Luino n'est même pas son nom, son père s'appelait
Giovanni Laterio; Luino ne serait qu'un surnom conservé en souvenir de son lieu de naissance, de Luino,
la bourgade blanche, aux tonnelles de brique chargées
de longs pampres, qui dort en paix sur la rive orientale du lac Majeur, parmi les sombres châtaigniers et
les oliviers blanchissants. L'opinion est vraisemblable

[1]. Voici les deux passages qu'il lui accorde :
« Fu similmente milanese et quasi ne' medesimi tempi Bernardino del Lupino, pittore dilicatissimo e molto vago, come si
può vedere in molte opere che sono di sua mano in quella città,
ed a Sarone, luogo lontano da quella dodici miglia, in uno Spo-
salizio di Nostra Donna, ed in altre storie che sono nella chiesa
di Santa-Maria, fatte in fresco perfettissimamente. Lavorò anche
a olio molto pulitamente ; e fu persona cortese ed amorevole
molto delle cose sue ; onde se gli convengono meritamente tutte
quelle lodi che si deono a qualunche artefice che con l'orna-
mento della cortesia fa non meno risplendere l'opere e i costumi
della vita, che con l'essere excellente quelle dell' arte. »
                (*Vita di Lorenzetto e Boccacino*, in fine.)
« Bernardino del Lupino, di cui si disse alcuna cosa poco di
sopra, dipinse già in Milano vicino a San-Sepolcro la casa del
signor Gianfrancesco Rabbia, cioè la facciata, le loggie, sale e
camere, facendovi molte trasformazioni d'Ovidio, ed altre fa-
vole, con belle e buone figure, e lavorate dilicatamente : ed al
Munistero maggiore dipinse tutta la facciata grande del l'altare
con diverse storie; e similmente, in una capella, Cristo battuto
alla colonna : e molte altre opere, che tutte sono ragionevoli. »
                (*Vita di Benvenuto Garofolo*, in fine.)

et conforme aux habitudes du temps. Suivant d'autres, néanmoins son vrai berceau serait à quelques pas plus loin, à Ponte, dans le val de Lugano.

Lugano ou Luino, d'ailleurs, n'est-ce pas tout un pour la splendeur du paysage, l'harmonie des horizons, la transparence des eaux? Sur les deux lacs souffle une brise pareille, embaumée et rafraîchissante; nulle contrée au monde n'est mieux faite pour rasséréner l'âme, éterniser les félicités. Celui qu'on devait appeler *il soave pittore* y pouvait naître parmi les fleurs. A quelle époque ouvrit-il ses yeux d'enfant au beau spectacle qui l'entourait? On l'ignore aussi. Quand il vint à Milan, de sa province, déjà connu, vers 1500, on peut lui supposer une quarantaine d'années. Son portrait à Santa-Maria de Saronno (1525), portrait d'homme déjà vieux, blanc de barbe, blanc de cheveux, est bien celui d'un sexagénaire. Sans trop d'invraisemblance, on peut donc placer sa naissance vers 1460, un peu avant, un peu après.

S'il n'a pas suivi l'enseignement direct du Vinci, a-t-il du moins été à Rome? Faut-il attribuer sa ressemblance avec Raphaël, en certains points, uniquement à l'identité sympathique et profonde que la nature peut établir parfois à distance entre de belles âmes?

Le conseiller de Pagave, annotant Vasari en 1796, le premier, sans preuves, imagina ce voyage que semble démentir la vie constamment laborieuse de Bernardino en Lombardie, autant que le silence gardé par les correspondances de l'époque. N'eût-on pas signalé sa présence à Rome, comme on signalait celle de ses compatriotes et confrères, de Cesare da Sesto, d'Andrea Salaï, etc...? Les gravures de Marc-Antoine, rapidement jetées à toutes les extrémités de l'Italie, les études et les croquis rapportés de la Sixtine et des *Stanze* par une multitude de visiteurs enthousiastes, n'ont-ils pu faire connaître à Bernardino les œuvres de Michel-Ange et de Raphaël, sans qu'il les vît sur place? Son intelligence facile, naturellement préparée, comme celle de ses contemporains, à suivre ce développement nouveau d'un idéal antérieur, n'avait point d'effort à faire pour s'assimiler, dans ce dernier maître, les qualités d'élégance et de noblesse qu'il trouvait déjà dans sa propre nature. Les affinités de cette espèce, communes dans l'histoire des arts, suffisent ici à tout expliquer.

L'existence du peintre devait donc s'achever où elle avait commencé, sous le même ciel serein et clair, dans l'étroit espace de quelques lieues; elle n'y fut cependant exempte ni de troubles intimes, ni de commotions extérieures. En proie, autant qu'il semble, à une misère obstinée, l'artiste insouciant n'évita pas toujours le contre-coup de ces invasions de Barbares, Français, Allemands ou Espagnols qui s'abattaient tour à tour sur la riche Lombardie, comme en un paradis grand ouvert, pour s'y gorger brutalement de victuailles et de luxure, de paresse et de soleil. En 1524, une peste épouvantable éclata à Milan parmi la population exténuée de privations et la cohue malpropre

des lansquenets en goguette. « On ne voyait que
gens clochettes à la main, que chariots pleins de
malades ; pas d'office qui ne fût des morts, pas de
cloche qui ne tintât pour un cadavre. A la cathédrale, on n'officiait pas à l'ordinaire, mais deux ou
trois prêtres chantaient à la hâte, comme ils pouvaient. » La famine devint en même temps si grande,
qu'on mangeait l'herbe devant les remparts ; les
loups, maîtres de la campagne dévastée par vingt ans
de pilleries, s'avançaient en bandes jusqu'aux portes
de Milan. Bernardino se réfugia dans un château
voisin, chez les seigneurs de la Pelucca, où il peignit une chapelle, et ne revint à Milan qu'après la
disparition du fléau.

C'est alors qu'il fit ses travaux dans l'église San-
Giorgio-in-Palazzo (*Déposition, Ecce Homo, Épisodes
de la Passion*). Comme il achevait ces peintures, le
curé de l'église voulut les voir de près, et monta
près du peintre, sur l'échafaudage. Soit que le pied
ait manqué au brave homme, peu coutumier de ces
escalades, soit que Bernardino, comme on raconte,
l'ait poussé par mégarde en se retournant, le prêtre
tomba d'en haut sur les dalles, et s'y tua. La justice des
Espagnols était vive, peu questionneuse, fort expéditive.
Luino n'était qu'un pauvre diable, sans valets d'armes,
sans cassette ; il n'attendit pas l'enquête, et tira des
deux vers la Pelucca où ses amis, les seigneurs du
lieu, l'accueillirent de nouveau et le prirent sous
leur garde. La villa de ses protecteurs, le couvent des

frères Umiliati qui l'avoisinait, furent bientôt couverts
de fresques religieuses et mythologiques, dans le goût
du temps : les saints du Paradis. et les déesses de
l'Olympe y faisaient bon ménage. Bernardino sauvé
s'attardait volontiers dans cet aimable asile ; une surprise de l'amour le relança brusquement dans tous
les hasards de la vie errante. Jeune de cœur, quoique
sur le déclin de l'âge, il se prit, paraît-il, d'une passion profonde pour la fille même des seigneurs de
la Pelucca : cette passion fut partagée. La belle Lombarde, sommée par ses parents d'épouser un gentilhomme, refusa net ; on la jeta dans un couvent à
Lugano. Bernardino dut déguerpir.

On ne s'étonnera pas de le retrouver lui-même à
Lugano, quelques mois après, errant autour des murailles solides qui lui cachaient à tout jamais sa bien-
aimée. Néanmoins il s'était d'abord sauvé dans la
Valteline, à Ponte, où il avait laissé des traces de son
passage, sur le portail de l'église, une *Madone* et un
Saint Maurice. Longtemps après on parlait encore
de lui dans le pays, et les gens du peuple disaient
en montrant sa fresque : « Quel dommage que Bernardino n'ait pas tué douze curés, nous aurions peut-
être douze belles peintures [1] ! »

A Lugano, ville libre, rattachée depuis plusieurs
années à la confédération helvétique (traité de Ponte-
Tresa, 9 mai 1517), Bernardino se trouvait enfin à

---

1. Maurizio Monti. *Storria di Como.* 1829.

l'abri de toute poursuite, soit à cause de l'accident de San-Giorgio, soit de la part des seigneurs de la Pelucca. Des Milanais de toute condition y affluaient chaque jour en grand nombre, chassés de leur ville par les insolences croissantes des Espagnols et les tyranniques exactions d'Antonio de Leyva. On fit obtenir au fugitif, chez les Pères mineurs de l'Observance, une commande considérable, celle du *Crucifiement*, dans l'église Santa-Maria-degli-Angeli; c'est son œuvre la plus importante comme dimension, et la dernière qu'il ait signée (1529).

A cette époque, on perd sa trace. La légende assure que sa fiancée, pendant ce temps, était morte de langueur dans son couvent, sans qu'il pût la revoir [1]. L'histoire, de son côté, affirme que son fils, Aurelio Luini [2], qui devint plus tard un peintre de talent et un

---

1. « Luini ne l'oublia jamais, dit Cesare Cantù ; il peignit souvent son portrait, spécialement dans le tableau connu sous le titre de *la Religieuse* de Luino. Cette peinture fut faite à l'occasion du miracle advenu au cavalier Jean-Baptiste Pusterla, qui, en combattant pour Maximilien Sforza, tomba aux mains des Français, mais, ayant fait un vœu à la bienheureuse Caterina Brugora, se trouva tout d'un coup transporté dans sa tente. Il commanda la représentation de cet événement à Luino. La jeune fille de la Pelucca y apparaît sous les traits de la sainte, tenant de la main droite un crucifix sur le cœur, une palme dans la main gauche, et sur l'épaule une colombe. »

2. Lomazzo fait mention d'*Aurelio Luini*, en 1574, et vante ses connaissances étendues. Savant dans la perspective, habile paysagiste, décorateur distingué, il fut à Milan, où ses œuvres sont nombreuses, le meilleur imitateur de Polydore de Caravage. Il mourut en 1593. Bernardino eut encore un second fils, *Evangelista Luini*, qui fut célèbre comme ornemaniste, et vivait encore

anatomiste distingué, naquit en 1530. S'il perdit celle
qu'il aimait, il aurait donc trouvé ailleurs d'assez
promptes consolations. Le champ vague des supposi-
tions reste ouvert.

Si les écrivains du temps sont avares de détails précis
au sujet de sa vie et de sa mort, ils le sont moins au
sujet de ses habitudes et de son caractère. Tous, même
les moins bienveillants, tels que Vasari, s'accordent à le
représenter comme un homme affable et avenant, de
mœurs paisibles et de tendre complexion, qui s'adonnait avec une passion entière à la pratique de son art,
et ne sut jamais donner beaucoup de soin à ses propres
intérêts : « *Fù persona cortese ed amorevole molto delle
cose sue.* Il fut personne courtoise et fort amoureuse de
ses œuvres. Et lui conviennent toutes louanges, con-
venant à l'artiste qui ne fait pas moins resplendir par
l'éclat de sa courtoisie toutes les actions et les habitudes
de sa vie, que par l'excellence de son talent toutes les
œuvres de son art. » Sa renommée de poète égalait en
son temps sa renommée de peintre. A l'exemple de ses
contemporains (Antonio Filarete, Léonard de Vinci,

en 1584, peut-être un troisième, Pietro, qui lui servait d'aide
dans ses travaux. Ambrogio, son frère, fut également son collaborateur ; on lui attribue spécialement quelques morceaux des
fresques à Saronno et au Monasterio Maggiore. Quant à Giulio-
Cesare Luini, élève de Gaudenzio Ferrari, qui l'aida dans les
grands travaux de Varallo, rien ne prouve sa parenté avec les
précédents. Un dernier Luini (Tommaso), peintre romain, paraî
à la fin du xviie siècle dans l'histoire de l'art ; il n'eut sans
doute de commun avec les artistes milanais que le nom ou le
surnom.

Lomazzo, etc...), il analysait volontiers les théories de l'art qu'il exerçait, et fit un *Traité sur la Peinture*. Ses œuvres littéraires sont restées manuscrites ; aucune n'est parvenue jusqu'à nous.

Son portrait, tel qu'il nous l'a donné plusieurs fois, à divers âges, confirme admirablement les trop rares paroles de la renommée. De stature moyenne, de taille bien prise, la tête forte, le front large, l'œil mince et noir, humide et vif, il a lui-même cette vive rougeur des chairs dorées, cet éclat blond d'une abondante chevelure, qu'il donne volontiers à ses créations. Jeune, il sourit ; vieux, il sourit, réfléchissant encore sur son visage l'inaltérable candeur d'une longue adolescence. Tel il apparaît à Milan et à Côme, tel il reparaît ensuite à Saronno, dans la *Dispute des docteurs*, toujours aimable et avenant, doux et paisible, la main prête à s'ouvrir, les lèvres prêtes à parler. J'ai passé bien des heures avec lui, et je l'ai toujours trouvé tel que je le rêvais ; j'ai bien vu en lui l'homme de son œuvre, le bon garçon joyeux et aimable, rêveur et capricieux, insoucieux de son temps et peut-être de sa gloire, tantôt soigneux à l'excès, tantôt négligent à faire peur, mais modeste et sans pose, et qui garda jusqu'au bout, avec la saine ivresse de la vie, l'amour de toute grâce et de toute beauté, au milieu des jeunes filles et des enfants que sa bonté attirait autour de lui, et qu'il aimait par-dessus tout à représenter.

Ses peintures à fresque portent, mieux que ses tableaux, l'empreinte de son génie facile, harmonieux,

sympathique. Bien que ses ouvrages de chevalet jouis-
sent à bon droit d'une haute réputation et tiennent une
place excellente dans les meilleures collections de
l'Europe, ce n'est point là néanmoins qu'il atteint son
excellence ni qu'il manifeste à l'aise sa discrète et pénétrante originalité. La plupart de ses tableaux ont été
longtemps attribués à Léonard, avec autant de vraisemblance que les travaux de ses élèves immédiats,
Salaï ou Marco d'Oggione, Melzi ou Solari. Non seulement Bernardino s'était approprié, à force d'admiration, la manière du maître, au point de tromper l'œil
le plus exercé dans ses copies; mais, on le sait encore,
il recueillait pieusement tous les dessins et croquis
laissés par Léonard, et les prenait pour thème
ordinaire de ses petites compositions. Dans l'art monumental, au contraire, il se trouvait plus abandonné à lui-même, et obligé, par la nature de la besogne, à des rapidités d'exécution qui s'accommodaient
mieux de ses caprices et laissaient le champ plus libre à
ses expansions. Qui veut le connaître et qui veut l'aimer comme il mérite doit donc faire le pèlerinage de
la haute Italie et s'arrêter quelques jours à Milan, à
Saronno, à Lugano.

A Milan, dans l'église della Passione, dans les galeries du palais Brera, où furent transportées les fresques d'une chapelle maintenant détruite (la Chiesa della
Pace), on reconnaîtra ses œuvres les plus anciennes,
souvent les plus charmantes, aux incertitudes continues du style, aux maladresses ingénues de l'exécution,

Avec un artiste aussi inégal que le fut toujours Luini, la précision des dates n'est pas possible en l'absence de documents. Les fragments dont nous parlons ont néanmoins par instants un tel caractère de gaucherie involontaire, qu'on y doit voir, sans hésiter, les tâtonnements d'une inexpérience juvénile et non pas le laisser-aller d'un homme habile en ses mauvaises heures de nonchalance, de dégoût ou de lassitude. La personnalité du peintre y éclate de tous côtés, dans les faiblesses mêmes, avec une vivacité de séduction très prime-sautière. Dès cet instant il sait mettre dans l'attitude, le geste, la physionomie de ses personnages, une sorte de naïveté affectueuse qui lui est particulière, et garde sans effort, dans sa façon d'agencer les compositions et d'exprimer le sentiment humain ou religieux, une simplicité délicate et primitive qui l'isole peu à peu au milieu de tous ses confrères, de plus en plus emportés par les exemples de Rome et de Venise vers la mise en scène théâtrale et l'agitation pittoresque [1].

1. FRESQUES DE BERNARDINO LUINI TRANSPORTÉES
AU MUSÉE BRERA *.

Provenant de l'Église S^a Maria della Pace.

1. DEUX MÉNÉTRIERS, ACCOMPAGNANT LES FIANCÉS.
4. LA VIERGE ET SAINT JOSEPH EN ROUTE APRÈS LE MARIAGE.

    A-t-on jamais mieux exprimé la joie d'un chaste amour, la candide ardeur de la jeunesse? La Vierge, vive et rougissante, est digne de l'art antique par la pure beauté

*. Les numéros sont ceux du catalogue de 1877.

Bernardino, on le voit là, fut un des hommes de la Renaissance qui reçut le plus franchement, le plus naturellement, ses impressions du monde extérieur à la façon antique. La campagne du Vésuve n'avait pas

de ses formes, et la simple noblesse de ses vêtements ; elle reste délicieusement chrétienne par la pudicité de l'attitude et la suavité du visage. Saint Joseph, jeune et souriant, lui tient la main, en marchant, avec une tendresse expansive.

13. Un Ange volant.

18. Saint Joseph choisi pour époux.

Le grand prêtre, au milieu de l'assemblée, relève avec douceur Joseph qui s'est agenouillé, tandis qu'un ange descendu du ciel console les prétendants malheureux.

25. Deux petits anges.

40. Sainte Anne reçoit d'un ange l'annonce de sa conception.

Elle est agenouillée devant son prie-Dieu, et lève la tête vers l'ange qui lui parle. Le mouvement est admirable. Une des plus nobles créations du peintre. Fond de campagne ; on y voit, de dos, trottiner une servante, en jupon court, le panier au bras, une gourde à la main.

41. La Visitation.

42. Présentation de la Vierge au temple.

Le grand prêtre, escorté de quatre lévites, accueille d'un air affable la petite Vierge qui s'avance. Il semble lui adresser la parole, et, par un geste familier aux vieillards de Luini, tient de la main droite son index gauche. Marie, le front serré par un bandeau d'or, les cheveux épars, s'approche timidement, les bras croisés sur la poitrine. On voit entrer, un peu plus loin, Joachim et Anne, sous le péristyle du temple. Groupes d'arbres, et fond de montagnes.

50. La Nativité de la Vierge.

Négligée et facile. Nombreuses figures. Caractère de naturalisme aimable et naïf dans la servante, aux jupes retroussées, qui apporte une aiguière pleine, et dans la vieille matrone qui, tenant le nouveau-né sur son bras gauche, tâte de la main droite l'eau du bassin. La sainte encore rendu au jour le spectacle complet d'une ville romaine ; les fragments de stucs grecs ou latins étaient rares, même à Rome. On peut douter que Bernardino en ait étudié un grand nombre, même sur des dessins ; mais il s'en pénétra avec une facilité durable qu'ex-

Anne, assise dans son lit, remercie Dieu de sa délivrance, tandis que de bonnes grosses filles s'empressent autour d'elle, l'une lui tendant un vase plein d'eau, l'autre préparant le linge chaud.

52. La Rencontre de saint Joachim et de sainte Anne.

Fresque conçue à l'antique, dans un sentiment pastoral. L'esclave qui apporte l'agneau et tient un panier, le groupe des deux femmes drapées à qui un berger, en chapeau de paille, offre des fruits, sont du plus beau caractère. Quant à la tête de Joachim, c'est toujours cette même bonne grosse tête blonde, barbue, chevelue, que Luini affectionne.

66. Présentation de Marie au temple.

Figures plus nombreuses, composition plus savante que le n° 42. Le grand prêtre se tient sur l'escalier du temple.

70. Le Songe de saint Joseph.

A gauche, saint Joseph, un peu gros et court, dort d'un profond sommeil, sur une chaise de pierre. La Vierge paraît au-dessus de lui, assise à une fenêtre, cousant du linge, avec un air charmant de simplicité et d'innocence.

Provenant du monastère delle Vetere à Milan.

20. Sainte Ursule.

23. Jésus ressuscité entouré de quatre anges.

39. Saint Thomas d'Aquin.

43. Le prophète Habacuc éveillé par l'ange.

44. Un Ange en adoration.

53. Un Ange tenant un encensoir.

55. Même sujet.

Provenant de la Pelucca.

9. Un jeune Homme sur un cheval blanc lancé au galop.

plique seule une particulière disposition d'intelligence, portée, comme celle des peintres anciens, à la simplification puissante des ensembles, par la négligence du détail réel et la franchise spontanée de l'expression. Un

10. Trois jeunes Filles qui jouent a la main chaude.

17. Une jeune Femme. (Buste.)

38. Métamorphoses de Daphné.

> Le fleuve Pénée, vieillard de tournure bonasse, fait la morale à Apollon, et lui prouve par A + B, en comptant les arguments sur ses doigts, les dangers du libertinage. L'Apollon, assis dans l'eau en face du raisonneur, est charmant de naïve attention.

51. Sainte Catherine portée au sépulcre par les anges.

> Cette admirable fresque, une des œuvres les plus parfaites du maître, faisait partie d'une série dispersée, sur la légende de sainte Catherine d'Alexandrie. Le peintre traita fréquemment les divers épisodes de la vie de cette sainte. Sans parler de la chapelle du Monasterio Maggiore qui lui est entièrement consacrée, on peut citer deux fresques au palais Litta, *Mariage de sainte Catherine,* et *Sainte Catherine offrant à Jésus l'instrument de son martyre en échange de la palme,* un tableau à Milan, au palais Borromeo, un autre à Vienne, au palais Esterhazy.

56. Sacrifice au dieu Pan.

> Composition empruntée sans doute à un camée antique. Détails libres.

67. Les Hébreux faisant les préparatifs du départ, avant la sortie d'Égypte.

> Naïveté de composition et d'exécution, parfois un peu lourde et commune, souvent aussi très heureuse.

69. La Naissance d'Adonis.

Provenances diverses.

2. La Vierge avec l'enfant assis sur ses genoux et se tournant vers un agneau que lui amène saint Jean-Baptiste.

> (Hospice des Chartreux à S. Michele della Chiusa à Milan.)

rêve de Pompéi, d'une Pompéi moins sensuelle, d'une
Pompéi chrétienne, s'éveille plus d'une fois dans l'imagination, devant ses tableaux. Dès cette époque la composition en est claire, bien divisée, et rappelle, par sa
simplicité, la disposition des bas-reliefs. La lumière y
est franche, sans effets violents ni de clair-obscur ; les
contours des choses n'y sont plus serrés cependant avec
la rigidité primitive, et la douce coloration dont elles
sont baignées ne laisse à leur aspect aucune de ces
âpretés ni de ces sécheresses très communes encore
dans les fresques de l'époque. L'attitude des personnages, groupés sans effort, frappe l'œil par sa vérité
naïve ; l'exquise expression des physionomies l'enchante
le plus souvent par une ineffable candeur. Jamais Bernardino n'exprima avec plus de charme ni de tendresse
la grâce de l'adolescence qu'en cette délicieuse *Vie de
la Vierge*, rêvée tout entière dans une fraîche matinée
de printemps. La virginité, la pudeur, la joie honnête,
y sont rendues avec une aisance naturelle que ne dépare

12. UNE JEUNE FEMME FAISANT UN GESTE INDICATIF.
      A mi-corps. (Couvent della Pace à Milan.)
16. LE RÉDEMPTEUR.
      A mi-corps. (Église Sᵃ Marta à Milan.)
54. SAINTE MARCELLE. (Même provenance.)
64. SAINTE MARTHE. (Même provenance.)
45. TÊTE D'HOMME VUE DE PROFIL. (Provenance inconnue.)
46. LA VIERGE ET L'ENFANT, SAINT ANTOINE ABBÉ, SAINTE BARBE, UN
    PETIT ANGE ACCORDANT SON LUTH.
      (Église Sᵃ Maria di Brera à Milan.)
47. UN PÈRE ÉTERNEL. A mi-corps. (Même provenance.)
48. UN PETIT ANGE ADORATEUR. (Provenance inconnue.)
49. TÊTE D'HOMME VUE DE PROFIL. (Provenance inconnue.)

point la maladresse ingénue d'un style encore hésitant,
et qui garde en son allure quelque chose d'enfantin.

Jamais Luini, et c'est là son caractère le plus sympathique, soit par modestie, soit par nonchalance,
n'afficha d'ailleurs les hautes prétentions idéales ou
techniques qu'on remarque communément chez les
artistes de son temps. Il échappa ainsi toute sa vie au
maniérisme et ne dut sa constante séduction qu'à la
rapidité singulière avec laquelle il savait saisir, dans la
vie commune, les attitudes pittoresques, et à l'élévation
naturelle d'une imagination émue et chaste, qui le garda
toujours aussi bien des subtilités laborieuses que des
basses trivialités. L'impression qu'il laisse est une impression de sérénité, de fraîcheur, de ravissement, que peu
d'artistes ont su donner au même degré, et l'on éprouve
une fois de plus, en l'admirant, combien la bonhomie
de l'humeur et la franchise du cœur préparent mieux un
homme à trouver la vraie poésie des arts, que l'ingénieux labeur où s'usent tant d'intelligences modernes.

Au même musée ont été rapportées quelques fresques
du château de la Pelucca, changé en ferme. Les sujets
en sont antiques. La *Naissance d'Adonis*, le *Sacrifice au
dieu Pan*, la *Métamorphose de Daphné*, montrent, dans
tout son abandon, la simplicité du peintre. Le *Cavalier
lancé au galop*, la *Grande Muse drapée*, font partie
de cette collection, ainsi que le morceau célèbre
des *Trois Jeunes Filles qui jouent à la main chaude*
(*a guancialino d'oro*, à l'oreiller d'or), délicieuse
composition dont l'œil se détache avec peine, et que

surpassent seules, dans cette magnifique galerie, la *Sainte Catherine enlevée par les Anges*, qu'on peut sans doute rapporter aussi à sa jeunesse, et la *Vierge entre saint Jérôme et sainte Barbara*, datée de 1521, où le style devient plus ferme et où la manière s'agrandit.

Vers cette époque Bernardino atteignit, avec l'apogée de son talent, l'apogée de sa réputation. La même année, il commença la grande fresque du *Couronnement d'épines* dans l'Oratorio de la confrérie de Santa-Corona (aujourd'hui bibliothèque Ambroisienne). Les registres de la société en confirment l'entreprise et l'achèvement :

« Messer Bernardino da Luvino, peintre, s'est engagé à peindre le Christ avec les douze compagnons (les membres de la confrérie) dans l'Oratoire. Il a commencé à travailler le 12 octobre et la besogne fut terminée le 22 mars 1522. Il est vrai qu'il ne travailla que 38 journées, et un sien jeune homme 11 journées, et, en dehors desdites journées, il lui tenait la chaux prête à son besoin. Il avait toujours un garçon pour le servir. Il lui fut donné, pour son salaire, toutes couleurs comptées, 115 livres 6 sols[1]. »

1. « Messer Bernardino da Luvino, pictore, s'è accordato a pingere il Cristo con li dodici compagni in lo oratorio, ed comenzo a lavorare il 12 octobre, e l'opera fu finita a di 22 marzo 1522. È vero che lui lavoro solo opere 38, et un suo giovene opere 11, e altra le dicte opere 11 teneva missa la molta al bisogno ed anche sempre aveva uno garzone che li serviva. Li fu dato per suo mercede, computato tutti i colori, lire 115, soldi 9. »

(Cesare Cantù, *Illustrazione del Lombardo-Veneto*, pag. 115. Milano, 1858.)

Quelque dépréciation qu'ait subie depuis cette époque la valeur des monnaies, ce salaire était minime; si le peintre avait une famille nombreuse à soutenir, la rapidité du travail, en de semblables conditions, lui devenait une nécessité. La fresque de l'Oratorio, comme beaucoup d'autres, en porte les traces. Toutes les parties n'y sont pas, tant s'en faut, traitées avec un soin égal, même lorsqu'elles semblent traitées par la même main, la main du maître, qui abandonnait à ses apprentis les compléments les moins importants de l'ouvrage, tels que draperies, architecture et paysages, mais se réservait presque toujours, avec le dessin des figures de premier plan, l'exécution définitive des têtes. La tête du Christ est d'une expression dramatique et douloureuse des plus puissantes, les portraits des membres de la confrérie agenouillés à droite et à gauche sont brossés avec une *maestria* vigoureuse. Quant aux soldats qui flagellent le Christ, ils ont cette physionomie cruelle, ignoble, triviale que Luini inflige, sans varier, à tous ses bourreaux. Il semble que ce type basané, moustachu, aux yeux étroits, aux cheveux plaqués, ait été, de son temps, un type commun parmi les chenapans qui pillaient, incendiaient, violaient à outrance, au cri de « France » ou d' « Espagne ». Le bon Luini, maladroit aux violences, peu enclin au réalisme, se contenta toute sa vie d'un même gaillard hideux et brutal, qu'il trouva toujours prêt à dépêcher, avec un sang-froid stupide, la besogne sanglante de ses décapitations, flagellations et crucifiements.

Ce même bourreau, niais et farouche, se retrouve à
Milan même, dans une autre suite de fresques plus variées et plus intéressantes, les fresques de San Maurizio
ou Monasterio Maggiore (via Porta Magenta). Cette
église, un peu délaissée, doit être pour l'artiste un pèlerinage aussi sacré que le couvent voisin, aujourd'hui
caserne de cavalerie, où s'éteignent les restes de la *Cène*
de Léonard. La façade, de Fr. Pirovano, n'en est point
remarquable ; mais l'architecture intérieure, qu'on
doit à Dolcebuono, élève de Bramante (1503), est un
merveilleux spécimen du style élégant, délicat et fin de
la première Renaissance, qui contraste singulièrement,
dans Milan même, avec celui des lourdes et emphati-
ques constructions que le xvie et le xviie siècle y ont en-
tassées. Des dégradations fâcheuses ont altéré les pein-
tures qui couvrent, des fondements au faîte, toutes les
colonnes, tous les pilastres, toutes les galeries de la
double église, dont l'une était seule ouverte aux fidèles,
l'autre demeurant réservée aux religieuses. (Elles sont
séparées par une muraille mitoyenne, les maîtres-autels
étant dos à dos.) Néanmoins l'impression que l'œil en
reçoit encore, surtout dans la seconde chapelle, est des
plus vives et des plus charmantes. Nulle violence de lumière, nulle brutalité d'ombre. Une inexprimable harmonie s'échappe de ces mille couleurs admirablement
combinées et fondues, flotte autour de ces colonnades
perdues dans un vague clair-obscur, enveloppe ces fresques lentement pâlies sous les voûtes des chapelles, et
ces arabesques joyeuses et délicates, aux dorures éteintes,

qui courent, de toutes parts, le long des pilastres, des moulures et des frises, et, répandant sur leur route tout le trésor de la nature vivante, font à la fois, au-dessus des bancs de chœurs muets et noirs, tordre les faunes et sourire les dryades, monter les lis et nicher les fauvettes.

N'était-ce pas bien là la retraite mélancolique et voluptueuse, demi-couvent, demi-palais, qui devait inspirer le mieux un rêveur tel que Luini? Les religieuses qui l'habitaient étaient la plupart de famille noble. Beaucoup s'y étaient réfugiées à la suite de grands malheurs. Les bienfaiteurs les plus constants de San Maurizio, qui s'y firent enterrer, qui commandèrent, à leurs frais, la plus grande partie des œuvres d'art que contient l'église extérieure, étaient une famille princière en exil, les Bentivoglio, chassés par Jules II de Bologne, où ils avaient plus d'un siècle exercé la seigneurie. Tout le souvenir des cours splendides du xve siècle, où la beauté régnait en maîtresse absolue, revivait donc en ce monastère aristocratique, à l'abri des murailles sacrées, comme un bonheur lointain à tout jamais perdu. Les grandes dames, maintenant recluses, qui avaient toujours mêlé la dévotion à la galanterie aux beaux jours des Sforza et du roi François de France, rejetaient un regard plus tendre et plus mélancolique vers ce passé à mesure qu'il fuyait plus vite. Nul doute que toutes ces impressions diverses n'aient agi à la fois sur l'esprit si poétique et si sensible de Bernardino, quand il peignit ses fresques du Monasterio. On ne retrouve nulle part, ni dans son œuvre, ni dans l'œuvre de ses contemporains, une alliance si étroite et si sincère de la beauté et de la piété, du luxe mondain et de la ferveur monastique, de la grâce exquise des corps et de la délicate noblesse des âmes.

Qui de vous est la plus séduisante, qui de vous est aussi la plus chaste, sainte Ursule ou sainte Cécile, sainte Apollonie ou sainte Lucie? N'êtes-vous pas toutes d'une même race vigoureuse et pure? Le même sang, riche et chaud, ne monte-t-il pas en rouges bouffées à vos joues transparentes? Avec quelle aisance de patriciennes vous étalez vos robes de brocart et portez vos diadèmes d'or! avec quelle candeur de vierges chrétiennes vous tenez, devant le Christ, les palmes de votre martyre! Humbles et luxueuses, fermes et douces, intelligentes et naïves, mélancoliques et souriantes, bienveillantes et fières, vous réalisez, dans sa plénitude, l'idéal féminin tel que put seule le bien concevoir la Renaissance, à la fois si audacieusement païenne et si profondément chrétienne. Nul de ceux qu'a pénétrés votre ineffable sourire n'en oubliera la consolante fraîcheur, ô magnifiques fiancées du paradis, qui vivez dans l'aurore d'un éternel printemps et la sérénité d'une paix inaltérable!

Peut-être, qui le sait, Luini vous regardait-il, déjà vivantes, sous ces voûtes silencieuses, agenouillées devant l'autel, à deux pas de lui, pendant qu'il fixait votre image sur la muraille, en la sanctifiant par son génie? La belle et pâle donataire, agenouillée au-dessus du maître-autel, dans sa robe de satin blanc aux innom-

brables crevés, relevée par des torsades d'or, n'est-elle
pas Ginevra, fille d'Ercole Bentivoglio, ensevelie dans
l'église même [1] ? Son premier mari, Galéas Sforza,
prince de Pesaro, dépouillé de ses États par Jules II,
fut arquebusé sur la route de Parme ; son second, Man-
fredo Pallavicini, fut écartelé en place publique, à Milan, par ordre de Lautrec. Et ne pourrait-on retrouver
dans les saintes qui l'accompagnent les traits de quelques-unes de ses parentes, d'Alexandra, qui était religieuse dans le couvent, ou de l'autre Ginevra, la fière
épouse du vieux Giovanni, le dernier souverain de Bologne, qui mourut, sans pardonner à personne, excom-
munié, « avec toutes sortes de haines dans le cœur [2] ? »

Dans la sainte Catherine agenouillée devant le bourreau, le peuple de Milan voit encore le portrait d'une
criminelle fameuse au xvie siècle, la comtesse de Cellant,
décapitée en place publique, par ordre du connétable de
Bourbon, gouverneur de Lombardie, au nom de Charles-
Quint (1523). Bandello, dans sa *Nouvelle quatrième*,
raconte tout au long cette tragédie d'amour et de sang.

Bianca-Maria, fille d'un riche usurier de Casale,
dans le Montferrat, avait épousé, à seize ans, Hermès
Visconti. Sa beauté précoce était déjà célèbre en Italie ;
son entrée à Milan fut un triomphe. Après six ans de
mariage, elle devint veuve et retourna à Casale. C'est

1. Depuis la publication de ce travail, M. Mongeri a établi que
ce portrait devait être celui d'Ippolita Sforza, femme d'Alessandro Bentivoglio. Voir l'*Arte in Milano*, 1872, p. 243 et suiv.

2. Rio, *Art chrétien*, t. III.

alors que son tempérament violent commença d'éclater en mille scandales ; après quelques années d'une vie fort libre, elle se remaria au comte de Cellant qu'elle abandonna de suite pour aller mener grand train à Pavie. Là, elle eut un premier amant, Ardizzino Valporga, comte de Masino, avec lequel elle rompit au bout d'un an. Le comte évincé ne sut pas se taire, il bavarda ; sa maîtresse, offensée, jura de se venger, et dès lors n'eut qu'une idée fixe et furieuse : le faire tuer. Dans ce but, elle s'empara d'un vaillant homme, le comte de Gaiazzo, qui lui promit tout ce qu'elle voulut, la prit pour folle et ne tint rien. De rage, elle se rejeta aux bras de Masino, sous la condition expresse qu'il tuerait Gaiazzo. Mais Masino va droit au gentilhomme, son confrère d'armes et son ami, qui se trouvait à Milan, et lui révèle ce qui vient de se passer. « Le comte, dit Bandello, fit le signe de la croix, et, tout ébahi, s'écria : *Ahi! putta sfacciata chè ella è!* si ce n'était honte pour un chevalier de souiller ses mains en du sang de femme, et surtout de pareille femme, je lui arracherais moi-même sa langue, à travers la nuque. Mais je voudrais auparavant qu'elle confessât combien de fois, les bras en croix, elle m'a supplié de vous faire tuer! » Et tous deux connurent la malignité de la femme, et, en public et en privé, racontaient ses infamies, en sorte qu'elle devint la fable du peuple. »

A cette nouvelle, d'un bond, la comtesse tombe à Milan, loue un palais, dresse ses pièges ; elle était trop belle pour attendre ; un jouvenceau s'englue, un capitaine de vingt ans, don Pietro de Cardona, « pigeon de première plume. » Cette fois, Médée a plus d'exigences, il lui faut deux têtes, celles des deux bavards, des deux parjures, d'Ardizzino et de Gaiazzo. Un soir d'hiver, « quand on soupe tard », Ardizzino est assassiné avec son frère sous une voûte de la via de Meravigli. Pietro de Cardona, saisi par le guet, avoue le crime et dénonce sa complice. « Le duc de Bourbon envoya saisir la dame qui, comme une sotte, fit porter avec elle sa cassette, où étaient 15,000 écus d'or, comptant échapper par ses artifices. On lâcha la main à Pietro de Cardona, qui put fuir. Mais la misérable jeune femme, ayant avoué, fut condamnée à avoir la tête tranchée. La sentence entendue, ignorant que Pietro s'était évadé, elle ne pouvait se résoudre à mourir. A la fin, conduite en la ruelle du Château, vers la place, quand elle vit l'échafaud, elle se prit à pleurer, à désespérer, à supplier en grâce qu'on lui laissât voir son Pietro, afin qu'elle mourût satisfaite. Mais elle chantait aux sourds. Ainsi la misérable fut décapitée, et ce fut la fin de ses vouloirs effrénés. Et qui veut voir son visage portrait sur le vif, n'a qu'à aller au Monasterio Maggiore. Là il la verra peinte. » Bandello ne désigne point la place précise de ce portrait ; mais le type accentué, dur et violent de la sainte Catherine décapitée, type du Piémont, brun et sanguin, qui contraste avec le type milanais, plus fin et délicat, cher aux élèves de Vinci, s'accorde avec la scène elle-même, pour affirmer que la légende populaire voit avec raison la comtesse de Cellant dans cette attitude tragique plutôt qu'en plein cortège de martyrs, de saintes et de vierges. Cette tradition romanesque nous donne aussi la date approximative des peintures de Bernardino, que la largeur du style, l'aisance d'allure, la sûreté de l'exécution, suffiraient d'ailleurs à faire placer dans la meilleure période de son talent, au milieu de sa plus grande activité, soit un peu avant, soit un peu après la mise en train de ses grands travaux de Saronno, achevés en 1525 [1].

1.   FRESQUES DU MONASTERIO MAGGIORE
(ÉGLISE DE SAN MAURIZIO).

Église extérieure. — Sur la paroi du maître-autel, neuf compositions.

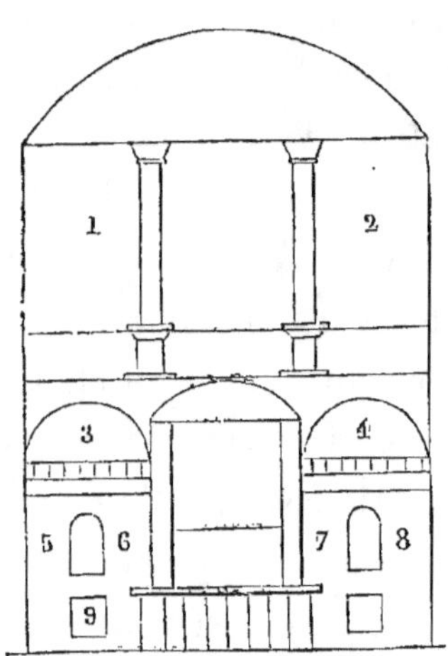

1-2. LE MARTYRE DE LA VIE DE SAINT MAURICE. — SAINT SIGISMOND OFFRANT A SAINT MAURICE LE MODÈLE DU COUVENT.

3-4. DEUX GRANDS TYMPANS CINTRÉS.

A gauche, le donataire (Alessandro Bentivoglio), age-

L'église Santa Maria de Saronno est un véritable musée. Bernardino Luini et Gaudenzio Ferrari tour à tour y ont répandu, avec une extraordinaire liberté et une merveilleuse profusion, toutes les richesses de

nouillé entre saint Laurent, saint Jean Baptiste, saint Benoît, debout à ses côtés.

A droite, la donataire (Ippolita Sforza?) entre sainte Agnès, sainte Scholastique, sainte Catherine.

5, 6, 7, 8. QUATRE SAINTES, grandeur naturelle, debout.

Sainte Ursule, sainte Cécile, sainte Apollonie, sainte Lucie.

9. PETIT ANGE QUI SORT D'UNE PORTE, deux flambeaux à la main.

10. CHAPELLE SAINTE-CATHERINE.

Au fond, le Christ, pâle, épuisé, est détaché de la colonne par deux soudards à face triviale; il s'affaisse et tombe. A gauche, sainte Catherine lui présente le donataire Fr. Besozzi, avocat milanais; à droite, se tient saint Laurent, adolescent de type délicat, doux, mélancolique.

Sur les parois latérales, à gauche, le supplice de sainte Catherine par la roue; à droite, sa décollation.

CHŒUR DES RELIGIEUSES.

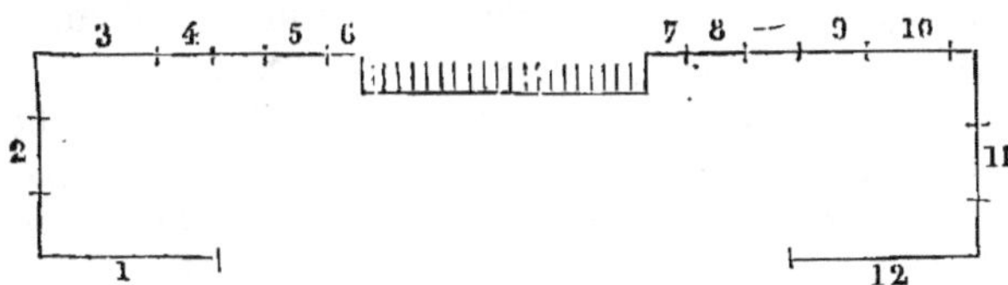

1. JUDAS AMENANT LES SOLDATS.

Tout à fait perdue. Invisible.

2. JÉSUS EN PRIÈRE.

Au-dessus d'une petite porte, un disciple endormi. A droite, un autre assis, les coudes aux genoux, sommeillant. Saint Pierre dans l'encoignure.

5

leur pinceau. Les murailles de la nef et du chœur, des chapelles et des cloîtres, les colonnes et les voûtes, la coupole et les lunettes, sont couvertes de leurs fresques, que la célébrité du sanctuaire et la sécheresse du lieu ont préservées de toute dégradation.

3. JÉSUS-CHRIST INSULTÉ.

4. SAINTE LUCIE.

> Les mains levées, dans l'une la patène, dans l'autre une pince, instrument de son martyre. Tête blonde et grasse. Robe ample, magnifiquement drapée, de brocart d'or à grands ramages ; par-dessus, un manteau rouge.
>
> Au-dessous d'elle, un petit Christ et un ange.

5. SAINTE APOLLONIE.

> Tunique jaune, ceinte à l'antique. Chemise brodée, un peu échancrée sur le cou. Elle est blonde, coiffée de blanc, merveilleusement affable et souriante, tient un fuseau et un livre.
>
> Au-dessous, un ange, et le Christ portant sa croix.

6. SAINT SÉBASTIEN A LA COLONNE.

7. SAINT ROCH.

> Très détérioré.

8. SAINTE CATHERINE.

> Type séduisant et incertain, qui peut être aussi bien celui d'un bel adolescent que celui d'une belle jeune fille, et rappelle beaucoup certaines figures de Sodoma. Chevelure abondante, éparse et soyeuse. Yeux noirs, humides et profonds ; couronne d'or, collier d'or. Robe très ample, de couleur brune, sur laquelle est jeté un manteau rouge. A sa droite, la roue ; dans sa main gauche, un livre.
>
> Au-dessous, un angelot sort du mur, en souriant, tenant d'une main les verges, de l'autre la baguette.

9. SAINTE AGATHE.

> Très richement vêtue, elle tient de la main droite un bassin où sont posés ses deux seins coupés par le bourreau. Son allure, comme celle de ses compagnes, est l'allure aisée et magnifique d'une grande dame.
>
> Dans la lunette, petit Christ au tombeau, très dégradé.

Quatre grandes compositions surtout y montrent Luini dans la plénitude de sa force et le développement complet de son style. Au Monasterio Maggiore, il attire et séduit par sa grâce et son charme; à Saronno, il étonne par son aisance et sa grandeur; c'est là qu'il a fait son plus grand effort, avec une égalité soutenue qui n'est pas dans ses habitudes.

Les deux premières compositions qui se présentent sont longitudinales. Elles ont 2^m,15 de hauteur, sur 3^m,25 de longueur. A gauche, le *Mariage de la Vierge;* à droite, *Jésus parmi les docteurs*[1]. Dans la première, le grand prêtre, qui unit les deux époux, occupe le centre. Joseph est déjà un vieillard, mais un vieillard vif et robuste, conservant, sous ses cheveux blancs, l'allure jeune et dégagée, l'affabilité naïve et souriante, que Luini donne toujours à ce saint personnage, pour lequel il semble avoir professé une prédilection sympathique et qu'il a souvent peint sous ses propres traits. La Vierge est une belle femme, vigoureuse et forte, dégagée tout à fait de la roideur primitive et de la sécheresse ascétique ; c'est une fiancée chaste et pieuse, mais une fiancée humaine, heureuse de sa riche santé, qui ne cache

10. Au-dessus de la porte qui conduit dans l'église, l'ENSEVELISSEMENT.

  Tout à fait perdu. A peine visible.

11. LA RÉSURRECTION.

  Même état.

12. APPARITION DE JESUS-CHRIST A MADELEINE EN JARDINIER.

  Même état.

 1. Gravées par Rompoldi (1822).

point l'épais trésor de ses tresses blondes. L'influence de l'école romaine est ici très visible, et cette fresque est l'argument le plus sérieux qu'apportent quelques biographes pour supposer un séjour du peintre à l'école de Raphaël. Ce séjour n'est pas prouvé, nous l'avons dit, et la similitude des styles peut autrement s'expliquer. Les deux jeunes hommes rompant la baguette, l'un sur sa hanche, l'autre sous son pied, rappellent, par le style et par la facture, Sodoma plus encore que Raphaël. Or, les rapports de Luini avec Sodoma sont fort problématiques. Les deux peintres étaient alors l'un et l'autre en pleine floraison, l'un à Sienne, l'autre en Lombardie. L'un des deux a-t-il imité l'autre ? Lequel a commencé ? N'ont-ils fait que se rencontrer, d'abord dans l'admiration pour les mêmes maîtres, ensuite dans le développement naturel de deux tempéraments identiques? Tout est possible dans ce prodigieux tourbillon de passions actives qui emportait les hommes du xvi° siècle ; ces questions, insolubles pour nous, l'eussent été peut-être pour les contemporains.

Quoi qu'il en soit, Bernardino a, de toute évidence, apporté là des préoccupations nouvelles qui le tourmentaient moins à Milan. L'effort qu'il fait pour agrandir son style y éclate, trop ouvertement quelquefois, au point de faire regretter la grâce plus naturelle et plus simple qu'il imprime d'ordinaire à ses œuvres négligées.

Le *Jésus parmi les docteurs*, d'un style moins soutenu,

d'une harmonie plus pâle, a mieux gardé l'empreinte
de sa personnalité. L'enfant, déjà grand, qui se tient
debout sur les degrés d'un fauteuil de marbre, accueil-
lant sa mère dans le temple, avec une dignité affectueuse, porte sur son beau visage l'expression de suave
tendresse et de fine intelligence, particulière à Luini.
Nous retrouvons encore le noble génie du peintre dans
le caractère de délicate modestie qu'il a répandu sur
toute la personne de la Vierge inclinée vers son divin
Fils, dans une attitude d'extase respectueuse. Dans un
coin, à droite, parmi la foule des docteurs qui conver-
sent, Luini s'est peint lui-même, déjà très vieux et très
chauve, avec une longue barbe blanche ; il conserve
son air accoutumé de douceur, il sourit, et regarde ceux
qui entrent, un gros livre à la main.

Les deux fresques du chœur, d'une dimension plus
considérable (4^m,65 de hauteur sur 2^m,70 de largeur),
n'offrent pas, au même degré, le caractère un peu in-
solite chez Luini d'une perfection si voulue et d'un
effort si manifeste. Le peintre y reprend l'aisance charmante et les libertés d'allure que nous lui connaissons,
distribue ses groupes, comme il aime à faire, en petit
nombre et sans confusion, plus à l'antique qu'à la moderne ; on peut considérer ces deux morceaux comme
des chefs-d'œuvre.

L'*Adoration des Mages*[1], qu'on voit à droite, reproduit, dans son ensemble, l'ordonnance traditionnelle

1. Gravée par C. della Rocca.

du sujet déjà traité plus d'une fois par Luini lui-même (trois fois à Milan, à Saint-Eustorgio, au couvent des Servites, à l'oratoire Saint-Michel, et une fois à Côme, dans la cathédrale, en détrempe. Ce dernier tableau reproduit à peu de différence près la fresque du palais Litta que possède aujourd'hui le Louvre[1]). La Vierge, jeune et fraîche, d'une beauté pleine et sobre, qui s'éloigne autant de la gracilité maigre et sèche des maîtres du xve siècle que de la vigueur épaisse et massive déjà mise à la mode par l'école romaine, est assise, les yeux baissés, sur un pan de muraille basse. Le type en est tout à fait luinesque, aussi bien que celui du Bambino, alerte et vivace, assis sur ses genoux. Deux des rois mages, richement vêtus, sont agenouillés devant le groupe sacré, tandis que le troisième, le roi nègre, à peine descendu de cheval, se fait détacher ses éperons par un négrillon. Derrière, des pages élégants, de beaux gentilshommes, regardent la scène avec attendrissement. Saint Joseph lève les mains vers Dieu en

1. Cette *Adoration des Mages*, ainsi que la *Nativité* qui l'accompagne, décorait primitivement une villa appartenant aux Litta, à Borgo-Greco, hors la Porta-Nuova. En 1810, le duc Antonio les fit transporter à Milan, où la direction des Musées français les acheta en 1867. D'un faire aisé, souple et rapide, elles ne peuvent compter parmi les œuvres les plus soignées de Luini, mais elles appartiennent certainement à sa meilleure période et donnent une idée plus juste de ses qualités originales que les tableaux, admirables d'ailleurs, possédés par notre musée, où l'exécution minutieuse trahit souvent l'imitation et l'effort, si on en excepte la *Sainte Famille* de la grande Galerie (Cat. de Tauzia, n° 230).

voyant l'étoile fixée sur l'étable. Au fond, un long cortège de cavaliers et de chameaux chargés de présents
descend les routes tournantes de la montagne. Dans le
ciel ouvert, cinq angelots, debout sur un lambeau de
nuée, déroulent en souriant un long rouleau de musique, et entonnent à pleine voix l'*Alleluia* des béné-
dictions.

La *Présentation au Temple* [1], d'une composition
plus simple, d'une harmonie plus douce, a plus de
charme encore et de grandeur. L'architecture au
milieu de laquelle le grand prêtre reçoit le divin enfant des mains de sa mère produit un effet puissant
de solennité. La noblesse naturelle et simple de tous
les personnages assemblés pour la cérémonie s'accorde
à merveille avec la grandeur du cadre qui les entoure.
C'est là qu'on voit s'avancer derrière la Vierge la
jeune fille aux colombes, une des créations les
plus suaves de Luini, où se montre avec le plus de
franchise le sentiment exquis qu'il eut toujours à
la fois de l'art antique et de la nature vivante.
Dans un lambeau d'étoffe blanche cloué sur un
pilastre, le peintre a laissé, cette fois, en grosses
lettres, une inscription « *BERNARDINUS LOVINVS
PINXIT, ANNO MDXXV.* » Le salaire qu'il reçut
à Saronno fut d'ailleurs, à ce qu'il semble, aussi
maigre qu'à Milan. Une admirable *Nativité* qu'on
peut voir dans un cloître voisin, attenant au presby-

1. Gravée par A. Ghiberti.

tère, passe pour avoir été faite par-dessus le marché, comme bon souvenir laissé aux religieux [1].

La dernière grande œuvre du peintre, le *Crucifie-ment*, dans l'église Santa-Maria-degli-Angeli, à Lugano, porte la date de 1530. On peut donc placer une bonne partie des fresques de la Pelucca dans l'intervalle qui dut s'écouler entre l'achèvement des fresques de Saronno et l'arrivée du peintre à Lugano. La vaste composition qui couvre toute la muraille transversale, bâtie entre la nef et le chœur, dut d'ailleurs exiger de l'artiste un temps considérable, quelle que fût sa facilité. On n'y compte pas moins de quarante personnages plus grands que nature sur les premiers plans, et une centaine de figures en recul représentant dans l'éloignement les divers épisodes de la Passion. La scène principale conserve l'ordonnance traditionnelle, dont l'origine remonte aux miniatures du moyen âge. Masaccio, l'un des premiers, l'a rendue célèbre par ses fresques de San-Clemente, à Rome. Luini a développé la scène en y ajoutant un certain nombre de personnages.

La multiplicité des épisodes, l'état de dégradation dans lequel se trouve aujourd'hui cette étonnante peinture, ne permettent pas d'abord aux yeux d'en bien démêler la confusion. Peu à peu cependant, tous les groupes se séparent, s'éclaircissent, s'animent ; on re-

1. *Memorie sull' insigne tempio di Nostra Signora presso Saronno.* — Monza, 1816.

connaît que le peintre n'a jamais déployé une pareille
puissance dans l'expression, ni une pareille sûreté dans
le style. Les réminiscences de Vinci, de Raphaël, de
l'antique n'y sont plus perceptibles qu'à l'analyseur
obstiné, en quelques airs de tête. La Vierge évanouie
entre les bras des saintes femmes, la Madeleine aux
cheveux épars, les bras ouverts, agenouillée, en extase
devant la croix, le centurion à cheval, qui s'essuie une
larme du poing, le saint Jean qui s'avance vers la croix,
la main sur son cœur, tous, jusqu'au groupe énergique
des soldats déchirant le manteau, appartiennent bien à
Luini par la majesté des attitudes, la noblesse des
mouvements, la beauté intime et pathétique des physionomies. A l'époque où cette fresque fut achevée, dix
ans après la mort de Raphaël, il n'y avait plus en Italie
que trois hommes capables de comprendre l'art religieux avec cette profondeur et cette simplicité, Bernardino Luini, Gaudenzio Ferrari, son élève, et le Sodoma,
son condisciple. Encore Bernardino nous paraît-il le
plus naïvement ému, celui qui sacrifia le moins à
l'éclat des grandes mises en scène pittoresques ou dramatiques la vivacité d'une foi candide, toujours prête
aux expansions les plus sympathiques et aux plus sincères attendrissements. La fresque de Lugano peut,
dans ses bonnes parties, soutenir la comparaison avec
les chefs-d'œuvre les plus célèbres de l'art italien.

Une *Madone entre le Bambino et le petit saint Jean*
jouant avec l'agneau, qu'on voit dans la sacristie de la
même église, date aussi de la même époque, et nous

montre, dans son exécution facile, toutes les qualités originales de Luini[1].

Les tableaux de Bernardino, dispersés dans toutes les galeries d'Europe, ne sont guère moins intéressants que ses travaux à fresque. Les musées de Milan, de Florence, de Rome, de Paris, de Londres, de Vienne en contiennent tous de remarquables, attribués quelquefois, non sans apparence de raison, soit à Léonard de Vinci lui-même, soit à quelqu'un de ses élèves. Le talent d'imitation fut poussé par tous à un si haut point de perfection, que ces erreurs d'attribution devinrent inévitables, lorsqu'il s'agissait soit de copies faites d'après les originaux du maître, soit même de peintures exécutées dans sa manière, d'après les compositions, ébauches, cartons et croquis laissés par lui. Le faire de Luini, plus inégal et négligé, se distingue néanmoins, en général, par une juxtaposition de parties soignées jusqu'à la sécheresse, et de morceaux rapidement brossés, qui s'éloigne beaucoup de la perfection harmonieuse et soutenue de Léonard. Les mouvements y sont moins souples, les modelés moins savoureux, les clairs-obscurs évités avec quelque appréhension. Il est rare qu'on n'y trouve point, soit dans le dessin, soit dans la coloration, quelqu'une de

---

1. La *Cène,* faite pour le réfectoire, est plus négligée. Pendant qu'il travaillait à tous ces ouvrages, l'artiste recevait chaque jour des moines cinq sous de Milan, plus un pain et une soupe (*un pane ed una minestra*). Quand le crucifiement fut achevé, on lui compta, comme honoraires. 214 livres 8 sous impériaux.

ces gaucheries naïves qui donnent souvent un charme réel aux compositions simples et sans apprêt de Bernardino, mais qui n'eussent point échappé à la volonté sûre d'un artiste toujours maître de lui-même en ses plus grandes audaces, comme l'était le chef de l'école lombarde.

Quant à ses œuvres personnelles, elles portent sa marque, à ne s'y pas méprendre, et ne sauraient se confondre avec celles de ses condisciples qui ont avec lui le plus d'affinité. Le caractère sympathique de simplicité affectueuse, de naïveté délicate, de bonté naturelle dont elles sont empreintes, leur donne un charme particulier qui les distinguerait des tableaux contemporains, lors même que les détails de l'exécution matérielle n'y révéleraient pas sa main à tous les yeux exercés. Les sujets en sont peu variés et traités fréquemment dans la même disposition. L'*Hérodiade portant la tête de saint Jean*, le *Repos de la sainte Famille*, la *Madone avec son enfant*, ont été pour lui des thèmes inépuisables qu'il a renouvelés bien souvent en y montrant une intelligence exquise de la beauté féminine et un sentiment très délicat de l'amour maternel [1].

1. La fécondité de Luini et la variété de son talent ont permis de lui attribuer, sans invraisemblance, quelques ouvrages, en dehors de la peinture proprement dite, qui rappellent sa manière. Telles sont les gravures sur bois d'un livre d'ailleurs insignifiant :

Isid. de Isolanis. *Gesta Beatæ Veronicæ*. Mediolanii Ponticis, MDXVIII, in-4°.

Il en a au moins fourni les dessins.

La sacristie de Santa-Maria delle-Grazie renferme aussi des

Ses types de femmes, empruntés aux races natio-
nales, peuvent se ramener à deux principaux, qui
semblent avoir hanté jusqu'à la fin son imagination
vive et chaleureuse. L'un est la femme svelte, aux mouvements rapides, de sang aristocratique, fine, délicate,
blanche, dont les blondes tresses crespelées, les yeux
noirs perçants et passionnés, le sourire inquiétant et
profond, avaient déjà ensorcelé Léonard; l'autre est
la forte fille du peuple qui gravit d'un pied solide les
pentes vertes des lacs de Lombardie, aux épaules
carrées, aux larges mâchoires, aux belles chairs de
pourpre, au sourire salubre et franc, aux épaisses torsades noires. La maternité n'est qu'une gloire sans
fatigue pour ces magnifiques créatures. Les vierges de
Luini en reproduisent presque toujours les traits robustes
de même que ses petits Jésus ou saints Jean, toujours
vivaces, potelés et sanguins, sont les portraits des enfants tapageurs qu'on voit rouler, tout nus, sur la route
poussiéreuse, devant la porte où sont assises tout le
jour ces mères joyeuses, tirant leur quenouillée et
fredonnant une chanson.

Ce sentiment délicieux de la grâce sans affectation
chez les femmes, chez les adolescents, chez les enfants,
donne au moindre croquis de Bernardino une séduction délicate qui lui assure un rang à part dans l'histoire de l'art. Contemporain des grands metteurs en

armoires peintes, dont les arabesques sont attribuées à Luini.
Des lithochromies en ont été publiées à Londres, en 1859, par
M. Robinson, sous ce titre : *Lo Scaffale di Bernardino Luini.*

œuvre, des habiles à tour de bras de Rome, de Florence et de Venise, il eut l'inappréciable mérite de ne
point égarer son talent naturel et sympathique à la
poursuite des grands effets de théâtre et des tours de
force d'exécution. Peintre formé à la plus savante des
écoles, il resta néanmoins, par la candeur des impressions et la modestie des visées, un artiste des temps
primitifs, semblable à ces ouvriers de génie qui firent,
presque à leur insu, la gloire du xiv* et du xv* siècle.
Comme eux il ne chercha, dans les sujets religieux qui
lui furent offerts, qu'un prétexte à répandre l'amour
et la pitié dont son âme était pleine, et non pas l'occasion d'étaler son savoir-faire : comme eux, il ne cessa
de s'abandonner, sur son chemin, aux impressions les
plus simples et les plus douces que lui offrait la nature
vivante, et de les rendre, avec une naïve franchise,
par tous les moyens qu'il avait à sa disposition, sans
souci de la perfection ni de l'originalité; comme eux
aussi, il nous pénètre et nous enchaîne par l'expansion
d'une poésie sincère et profonde qui disparaîtra chez
les artistes italiens à mesure qu'ils deviendront plus
esclaves d'une tradition. Moins savant et moins hardi,
moins puissant et moins libre à coup sûr que son
maître Léonard, moins soigné peut-être dans son
exécution que ses condisciples Cesare da Sesto, Salaï,
Solari, moins varié dans ses compositions et moins
riche dans sa couleur que Gaudenzio Ferrari, son compagnon et son élève, il reste leur supérieur par ce
charme sympathique de l'émotion naïve et de la ten-

dresse profonde, qu'il a répandues en tous ses ouvrages. Le voyageur le plus fatigué par l'éclat continu des musées italiens peut toujours rencontrer un fragment de Bernardino ; ses yeux étonnés s'y arrêtent sans effort, comme en un lieu charmant de repos inattendu : une inexprimable fraîcheur monte tout à coup vers sa tête endolorie, semblable à celle qui s'élève d'une rivière en marche aux approches d'un grand fleuve, et dont le cours modeste roule avec moins d'éclat, mais s'enveloppe d'ombres plus douces.

1870.

VAN DYCK

I

La voix forte des génies puissants n'est pas toujours celle qui retentit le mieux dans la mémoire des hommes; la voix pénétrante des génies aimables y prolonge souvent de plus durables échos. Les peintres de main hardie et de haute imagination ne manquent pas en Europe au début du xviie siècle. En Italie, la réforme des Carraches avait suscité toute une génération de praticiens vigoureux, de compositeurs savants, d'éclatants décorateurs dont les œuvres auraient droit encore à l'admiration si le terrible voisinage de leurs incomparables prédécesseurs du xve et du xvie siècle ne les dérobait fatalement à notre pensée. Dans les Flandres, autour de ce prodigieux Rubens, qui, réunissant en lui toutes les ardeurs de la poésie italienne à toutes les énergies du labeur flamand, avait fait éclater sur l'agonie sanglante du xvie siècle la splendeur inattendue d'une renaissance nouvelle, travaillait tout un groupe d'artistes passionnés, dont la fécondité habile rappelait, sous un autre ciel, les grands jours de Florence et de Venise. Cependant aucun de ces ouvriers infatigables, aucun de ces maîtres supérieurs, ni Dominiquin, ni Pietro da Cortona, ni Ribera, ni Poussin dans le Midi, ni Gaspard de Crayer, ni Jordaens, ni Franz Hals dans le Nord, n'obtint, durant ses longs travaux, des applaudissements pareils à ceux qui accompagnèrent la courte vie de Van Dyck ; aucun ne conserva, après sa mort, ni des admirations si universelles ni de si fidèles sympathies.

Ce n'est pas seulement en Belgique que, depuis deux siècles, les érudits recueillent avec piété tous les lambeaux de documents qui peuvent jeter quelque jour sur la rapide et brillante carrière du beau peintre d'Anvers. L'Italie, qui n'a pu oublier son passage, l'étudie comme un des siens. L'Angleterre, qui lui doit son génie pittoresque, n'a jamais laissé fuir l'occasion de lui témoigner sa reconnaissance : Reynolds s'y est proclamé son fils, Smith y a dressé le premier catalogue de ses œuvres, Horace Walpole, Carpenter, Sainsbury et bien d'autres y ont recueilli les matériaux les plus sûrs pour sa biographie. En France même, où Van Dyck n'a fait qu'apparaître, le culte de sa mémoire s'est perpétué chez tous les écrivains d'art ; de Piles a enregistré sur ses façons de peindre les plus curieux détails ; Mariette a laissé sur son compte quelques-unes de ces notes expressives qui, dans leur brièveté sans apprêt, restent des modèles de science critique appliquée aux choses d'art ; Eugène Fromentin et M. Émile Montégut ont tous deux parlé de lui dans les termes les plus pénétrants et les plus émus. Enfin c'est à Paris qu'ont paru, coup sur coup, en 1881 et en 1882, avec un grand luxe d'impression et de gravures, les deux biographies les plus étendues qu'on lui ait encore consacrées, *Van Dyck et ses Elèves*, par M. Alfred Michiels, et *Antoine Van Dyck*, par M. Jules Guiffrey.

Ces deux ouvrages, dont les allures sont très différentes, ont ceci de commun qu'ils sont tous deux le résultat d'une longue enquête vaillamment poussée par une sincère admiration et qu'ils ont tous deux pris pour base un même manuscrit, jusqu'à présent inédit, conservé dans la bibliothèque du musée du Louvre. L'existence de ce précieux document, acquis par l'administration à la vente Goddé en 1851, n'était point inconnue. M. de Montaiglon, dans sa notice sur le musée de Bruxelles, M. de Chennevières dans ses annotations de l'*Abecedario* de Mariette, M. Charles Blanc dans sa biographie de Van Dyck, en avaient signalé l'importance. Toutefois, nul ne s'était décidé à en faire l'objet d'un travail spécial avant M. Jules Guiffrey, qui le copia en 1865 et prépara dès lors, en vue d'un concours ouvert par une académie de Belgique, le consciencieux ouvrage qui, longuement remanié depuis, étendu et complété par d'incessantes recherches, a vu enfin le jour en 1882. L'attention de M. Alfred Michiels ne fut attirée que plus tard sur le manuscrit anonyme, car dans la deuxième édition de sa *Peinture flamande*, publiée en 1869, on n'en trouve point mention. Ces questions de priorité, dans la découverte ou l'emploi d'un document, nous semblent, à vrai dire, avoir peu d'importance ; les écrivains se jugent sur la valeur et non sur la date de leurs recherches ; les livres s'estiment non au poids des documents qu'on y entasse, mais au prix de la pensée qui s'en dégage. Toutefois, comme on a cru devoir, dans le cas présent, soulever ce débat puéril et que des souvenirs personnels nous permettent d'apporter un témoignage concluant dans l'affaire, il était juste, en passant, d'établir sur ce point la vérité.

On sait avec quelle légèreté furent écrites en général, au xviie et au xviiie siècle, les biographies d'artistes. Chez les amateurs même les plus éclairés, qui réunissent avec amour des anecdotes sur les contemporains qu'ils admirent, le respect de la chronologie, sans lequel il n'est pas d'histoire, est une vertu tout à fait inconnue. Les dates n'osent dresser leurs chiffres inflexibles au-dessus de leur prose régulière, et l'on demeure stupéfait de la grossièreté des erreurs qu'ils se transmettent sans sourciller, parce qu'ils ont regardé sans les voir des documents qui couraient toutes les bibliothèques et des signatures qui leur crevaient les yeux. Les peintres flamands et hollandais en particulier, étudiés d'abord sérieusement mais incomplètement par Carl Van Mander et Cornelis de Bie, furent bientôt étrangement malmenés par deux folliculaires d'Amsterdam, Arnold Houbraken et Jacob Campo Veyerman, qui, à quelques années de distance, brassèrent en style de pamphlet leurs biographies et, pour assurer le débit de ces romans, les grossirent tant qu'ils purent d'anecdotes bizarres et de récits scabreux. En 1753 Descamps, l'honnête directeur de l'école de dessin de Rouen, dans sa *Vie des peintres flamands, allemands et hollandais*, se contenta de copier Houbraken et Campo Veyerman. De toutes ces mains irrespectueuses ou naïves la réputation de Van Dyck sortit fort compromise, sans que son œuvre s'en trouvât plus éclairée. Les lecteurs friands de scandales purent contempler en lui le type de l'artiste tel que certains esprits, bornés ou romanesques, aiment à se l'imaginer : un être charmant et fatal, doué de tous les vices comme de tous les attraits, un coureur d'aventures, infatigable et éhonté, subornant, sous tous les soleils, les femmes de tous ses bienfaiteurs, rêveur incompris, viveur effréné, joueur incorrigible qui finit par expirer, épuisé d'honneurs, enragé de jouissances, sur un fourneau d'alchimiste en cherchant la pierre philosophale.

C'est lorsque Descamps fit passer en France tous ces commérages hollandais qu'un amateur d'Anvers, dont le nom ne nous est pas parvenu, s'émut des calomnies qui s'amoncelaient sur la mémoire de son compatriote et résolut d'en avoir le cœur net. Était-ce un homme de loi? était-ce un homme de lettres? Nous n'en savons rien. En tout cas, c'était un homme rompu aux affaires. Son enquête fut menée avec la rigueur d'une instruction judiciaire. Il visita les lieux, interrogea les témoins, dressa des procès-verbaux, copia les pièces authentiques, réunit une liasse énorme de

contrats, de reçus, de mémoires, de lettres, qui établis-
saient les faits, précisaient les dates, et quand il eut
rassemblé ce volumineux dossier, se mit en devoir
d'écrire son rapport. Malheureusement quelque événement inconnu, la mort sans doute, l'interrompit
dans la tâche commencée ; son manuscrit, durant près
d'un siècle, roula de mains en mains à l'aventure
sans que personne en connût le prix avant que Fr.
Villot l'eût acquis pour notre Louvre. Dans l'intervalle, les érudits, belges et anglais, avec le même esprit méthodique, sans se douter du travail considérable fait avant eux, avaient d'ailleurs commencé
dans les archives publiques ou privées des recherches
qui, chaque année, mettaient en lumière quelques
lambeaux de vérité. La publication des *Pictorial No-
tices* par W. Hookham Carpenter et celle du *Catalogue
du musée d'Anvers*, où MM. Van Lérius, de Burbure,
de Laet, Génard, n'ont cessé, à chaque édition, de consigner avec scrupule et simplicité toutes les décou-
vertes de détail faites par eux ou par d'autres, avaient
en particulier établi, par preuves écrites, une série de
faits désormais incontestables. Il n'est donc point extraordinaire que deux érudits, se trouvant à la fois en
présence d'une pareille accumulation de matériaux,
aient cru tous deux le moment venu de construire enfin
l'édifice et d'élever au grand peintre admiré par eux
un monument digne de sa gloire.

Rien de plus divers, nous l'avons dit, que les tempéraments de ces deux écrivains. Tous deux appar-

tiennent à des races robustes et en ont gardé un caractère commun, la ténacité dans le travail et la vigueur
dans les convictions; mais l'un y apporte toujours la
violence exubérante du Flamand de plaine à sang
rouge, tandis que l'autre y conserve toujours la fermeté
calme du Dauphinois de montagne au pied ferme.
M. Alfred Michiels, d'humeur batailleuse, s'élance à
travers l'histoire comme un chevalier armé en guerre;
il fond, tête baissée, avec une égale impétuosité dans
toutes les lices qui s'ouvrent à lui, réclamant de tous
côtés des rivaux pour les pourfendre. Dans sa grande
histoire de *la Peinture flamande et hollandaise*, il a
accumulé pêle-mêle, comme un amas de dépouilles
enlevées sans choix dans l'ardeur du combat, les trésors les plus précieux d'une érudition passionnée avec
les fantaisies les moins utiles d'une imagination romanesque. Ses livres, riches en informations, abondants
en vues nouvelles, où la recherche de l'éloquence est
toujours chaleureuse et mouvementée, n'inspirent pas
aux esprits difficiles une confiance entière. On craint
que l'enthousiasme qui le guide ne l'égare aussi quelquefois, et que les éblouissements de son style ne troublent la vue de son jugement. Les périphrases ingénieuses de ses descriptions ne semblent pas à tous des
ornements indispensables; les fleurs de sa rhétorique
paraissent à quelques-uns des fleurs un peu fanées.
Quoi qu'il en soit, M. Alfred Michiels possède toutes
les qualités de ses défauts comme tous les défauts de ses
qualités et il l'a bien montré de nouveau dans son *Van*

Dyck. Il ne nous déplaît point, quant à nous, par le temps froid qui court, d'avoir à reprocher à un historien des excès de ce genre. Si l'admiration romantique qu'il professe pour son héros marqué du sceau fatal, à la mode de 1830, peut nous sembler trop absolue, combien d'excellentes aubaines cette admiration intolérante nous procure en chemin ! L'amour que M. Michiels porte à Van Dyck s'étendant à tous les lieux qu'a visités Van Dyck, à tous les êtres qui l'ont approché, le champ de ses observations s'élargit à perte de vue, et les digressions auxquelles il se livre à propos des amis, des protecteurs, des élèves du maître ne sont guère moins intéressantes que la vie du maître même. On ne se porterait point garant, à coup sûr, de tous les jugements qu'il prononce, mais on lui sait gré de les proférer si résolument. D'ailleurs c'est justice à rendre à M. Alfred Michiels que, s'il se trompe avec hardiesse, il confesse ses erreurs avec joie. Écrire de nouveau la vie de Van Dyck était pour lui un devoir de conscience, personne n'ayant plus sincèrement que lui pris pour argent comptant les romans d'Houbraken. Il a accompli cet acte de contrition avec une résignation loyale qui devrait désarmer tous les railleurs, lors même que son livre, écrit avec l'ardeur de mémoires personnels, ne présenterait point un ensemble de faits et d'impressions si animé et si vivant. Malheureusement les erreurs où l'entraîne son impétuosité et qu'il avoue si bien ne le rendent pas plus indulgent pour celles que peut commettre autrui. Personne dans le monde irritable des érudits, n'a la dent plus dure que M. Michiels pour ses confrères moins bien informés ou moins bien doués que lui. C'est là sans doute le secret d'une sorte de silence souvent injuste qui se fait autour de ses ouvrages, malgré leur importance.

Avec M. Jules Guiffrey, on n'a point à redouter de ces digressions téméraires ni de ces emportements hasardeux. L'auteur de l'*Histoire de la tapisserie en France* et des *Caffieri*, l'éditeur des *Comptes des bâtiments du roi*, le continuateur des *Archives de l'art français* avait toutes les qualités rigoureuses d'esprit qu'il fallait pour compléter l'enquête commencée par le grave biographe d'Anvers. Strictement enfermé dans son sujet, dissimulant avec une modestie constante sa personnalité, discutant avec impartialité chaque ouvrage de son peintre, n'ayant d'autre souci littéraire que le souci de la clarté, il interroge avec calme et sévérité chaque fait et chaque date qui se présentent et ne les laisse passer que lorsqu'ils lui ont fourni des preuves irrécusables de leur authenticité. Ce n'est point uu styliste qui charme l'imagination, c'est un historien qui tranquillise la conscience ; on se sent, avec lui, dans des mains fermes et sûres. Nul admirateur de Van Dyck ne pourra se passer de son livre, car il ne trouvera nulle part un si grand nombre d'informations méthodiquement groupées. M. Guiffrey a donné d'ailleurs une valeur exceptionnelle à son ouvrage en dressant avec une patience exemplaire le catalogue complet des 1,192 peintures de Van Dyck dispersées dans le monde entier, avec l'indication des graveurs qui les ont reproduites. Ce travail suffirait à faire grand honneur à l'érudition de M. Guiffrey, qui représente dignement cette école moderne d'investigateurs patients et exacts dont l'activité fait sortir de toutes parts les matériaux solides avec lesquels on pourra un jour reconstruire sérieusement l'histoire des arts. En ce qui regarde Van Dyck, bien qu'il reste plus d'un point obscur dans sa biographie, malgré la rareté de ses écritures, malgré la perte à jamais regrettable de sa correspondance avec Paggi conservée à Gênes jusqu'à la fin du xviiie siècle, on peut dès aujourd'hui, grâce aux deux livres de MM. Guiffrey et Michiels, suivre d'un œil sûr, dans une clarté suffisante, les péripéties de son existence, les évolutions de sa pensée, les développements de son œuvre.

L'enfance d'Antoine Van Dyck fut une enfance heureuse. Né à Anvers, le 22 mars 1599, il avait pour père un marchand de toiles fort à l'aise et très dévot, François Van Dyck, pour mère une jeune femme d'une grâce accomplie et d'un esprit cultivé, Marie Cupers, qui donna à son mari douze enfants en seize ans ; Antoine était le septième. Pendant sa grossesse, Marie Cupers, brodeuse habile, avait, dit-on, exécuté une garniture de cheminée, représentant la chaste Suzanne, dont on parla dans la ville. Un critique allemand n'a pas manqué cette occasion de comparer Van Dyck à Napoléon, dans l'enfance duquel une tapisserie joue aussi un rôle, sa mère Lætitia ayant accouché sur un tapis où était peint un combat de héros. Les objets au milieu desquels grandit un enfant ont une vive action sur le développement de sa sensibilité ; aussi les légendes de ce genre s'accueillent-elles toujours parce qu'elles sont toujours vraisemblables. Quoi qu'il en soit, l'enfant dut montrer de bonne heure un goût décidé pour la

peinture, car, dès l'âge de dix ans, on le trouve inscrit
sur les registres de la guilde de Saint-Luc comme
élève d'Henri van Balen. Deux ans auparavant, le
17 avril 1607, sa mère était morte, et la perte d'une
affection si éclairée avait dû troubler profondément
son imagination impressionnable. Cette douleur précoce déposa peut-être dans l'âme de l'orphelin le premier germe de cette tristesse attendrie qui devait plus
d'une fois percer dans les œuvres de l'artiste et leur
donner un charme inconnu jusqu'alors à ses robustes
compatriotes, d'ordinaire aussi violents dans leurs
souffrances que bruyants dans leurs joies. Les habitudes pieuses de son entourage contribuèrent encore à
l'affinement de sa sensibilité. Dans toute sa famille,
on observait les pratiques d'une dévotion minutieuse,
non par crainte du saint office qui gouvernait encore
les Flandres, mais par tradition et par conviction. Son
père, directeur de la chapelle du Saint-Sacrement à la
cathédrale, fit de nombreuses donations aux confréries
et mourut soigné par les dominicaines. De ses cinq
frères ou sœurs dont le sort est connu, quatre avaient
embrassé la vie religieuse ; Antoine, jusqu'à sa mort,
conserva avec eux les plus affectueuses relations, les
peignant dans ses toiles, leur dédiant des estampes,
leur confiant ses intérêts. Lui-même garda probablement, comme la plupart des hommes de son temps,
même au milieu des plus grandes dissipations, la foi
dans laquelle il avait été élevé, mêlant sans effort le
culte intellectuel du paganisme aux pratiques con-

vaincues du catholicisme, comme Rubens qui, levé
tous les matins à quatre heures, ne manquait pas
d'entendre la messe avant de déshabiller les fortes filles
qui allaient poser dans ses mythologies. C'est forcer
sans preuve toute vraisemblance que de signaler, sur
le simple vu de quelques tableaux douloureux, un libre
penseur dans Van Dyck. Les labeurs excessifs et les
agitations mondaines dans lesquels il brûla sa vie lui
auraient-ils d'ailleurs laissé le loisir d'agiter en philosophe des problèmes métaphysiques? M. Alfred Michiels nous paraît emporté par son imagination romantique lorsqu'il croit surprendre dans Van Dyck les
angoisses d'un sceptique et les haines d'un révolté
contre les tyrannies de la terre et du ciel, « ayant
d'étonnantes similitudes avec Byron ».

Ce n'est pas dans l'atelier d'Henri van Balen,
l'honnête doyen de la compagnie de Saint-Luc, que
le petit Antoine prit, en tout cas, ces instincts de rébel-
lion. Van Balen, peintre bien intentionné, très soigneux, fort timide, que son séjour en Italie avait,
comme tant d'autres Anversois, ébloui sans l'échauffer,
jouissait alors, dans la bourgeoisie locale, d'une réputation très supérieure à celle de Rubens, novateur audacieux qu'on surveillait avec méfiance. Il passait une
bonne part de son temps à grouper des figurines dans
les paysages minutieux de Breughel de Velours et de
Josse de Momper. Quand il travaillait pour son compte,
il préférait la mythologie à l'Évangile, relisait les *Métamorphoses* d'Ovide, rêvait, au milieu de verdures

bleuâtres, des déesses blanches, d'une nudité froide, s'efforçant de sauver, par des attitudes italiennes, l'incertitude de leurs formes flamandes. Ce bonhomme qui visait à l'Albane avait, à sa façon, un sentiment assez vif de la beauté des femmes et de la grâce des enfants ; il aimait le travail soigné, la peinture luisante, le contour exact, le détail précis, et ne détestait point les allégories. Son enseignement, par bien des côtés, convenait à la nature fine de Van Dyck, qui s'en souvint toujours.

Il ne nous reste rien des travaux de l'adolescent chez Van Balen. Ces premiers essais durent être remarquables, puisque, dès 1615, Rubens, dès lors surchargé de travaux, et n'aimant point à former des débutants, le prit avec lui comme collaborateur autant que comme élève. Van Dyck alla vivre dans le somptueux palais de la place de Meir, que le maître triomphant venait de bâtir, au milieu des statues antiques et des tableaux vénitiens rapportés d'Italie, dans la compagnie des riches seigneurs, des lettrés spirituels, des belles femmes qui s'y réunissaient. C'est là qu'il respira ardemment l'amour des sociétés choisies, des divertissements élégants, de l'existence fastueuse et magnifique, amour qui devait toute sa vie le tourmenter et l'enivrer. Il s'y trouvait avec d'autres jeunes gens presque tous appelés à devenir célèbres, Jordaens, Van Thulden, G. de Crayer, Quellin, Jean van Hoeck, Diepenbecke, Van Egmont, Van Mol, sur lesquels il prit vite le pas. Rubens, à ce moment, par un coup de génie, renou-

velait l'art de graver comme il avait renouvelé l'art de
peindre. En faisant reproduire son œuvre sous ses
yeux par une troupe de graveurs enthousiastes sur des
planches de grande dimension, il leur apprenait à
lutter hardiment, par le mouvement des tailles, avec
le mouvement des couleurs, et à transposer l'harmonie
des valeurs sur la toile en une harmonie correspondante
sur le papier, au lieu de traduire, comme on l'avait
presque toujours fait jusqu'alors, même pour les plus
grands Vénitiens, des couleurs par des formes et des
tons par des contours. Pour mieux expliquer sa pensée
à ses graveurs, il commençait par traduire ses sympho-
nies éclatantes en grisailles monochromes ; souvent il
chargea Van Dyck d'exécuter ces grisailles ; souvent
aussi il lui faisait préparer, sur ses esquisses, des cartons entiers. C'est, dit-on, Van Dyck qui ébaucha
en grande partie l'*Histoire de Décius*, en six toiles, qui
est aujourd'hui l'orgueil de la galerie Lichtenstein, à
Vienne. Un pareil exercice sous un pareil maître devait
promptement développer toutes les facultés inventives
du jeune homme. Comment s'étonner qu'en sortant des
mains de Rubens, Van Dyck, encore tout enivré des
hautes conceptions qu'il avait concouru à exprimer, se
soit cru d'abord destiné à la grande peinture monumentale et qu'il n'ait jamais pu, jusqu'à son dernier
jour, renoncer à ces premières ambitions?

Rubens, toutefois, ne s'y était pas trompé. Discernant
d'abord avec une clairvoyance expérimentée dans son
élève favori ce qui n'était que souplesse d'esprit de ce qui

était le fond même du tempérament, il l'engagea pour sa gloire à s'adonner au portrait. Les biographes du xviiie siècle ont vu dans ce conseil la preuve d'une jalousie honteuse. Les biographes d'aujourd'hui n'y voient avec raison qu'un témoignage de judicieuse amitié. La noblesse du caractère de Rubens, dans ses rapports avec Van Dyck, ressort d'ailleurs de tous les documents avec un touchant éclat ; toutes les calomnies débitées à ce sujet sont définitivement anéanties par les pièces authentiques. On y voit la protection généreuse du maître s'étendre sur la vie entière de l'élève. Van Dyck était déjà indépendant et reçu franc-maître depuis deux ans, lorsque Rubens lui procura ses premiers travaux d'importance en stipulant, le 29 mars 1620, par un contrat passé avec le père Tirinus, supérieur des jésuites à Anvers, que Van Dyck, son principal collaborateur pour les trente-neuf grands plafonds à exécuter dans leur église, serait chargé d'exécuter seul et en son nom un grand tableau d'autel dans le même édifice. C'est Rubens qui, quelque temps après, le confie à son ami le chevalier Vanni pour qu'il l'accompagne en Italie ; c'est Rubens qui lui donne l'un de ses chevaux pour faire la route. Van Dyck laissa en souvenir à son maître trois tableaux qui restèrent chez lui jusqu'à sa mort, la *Pénitence de saint Jérôme*, le *Couronnement d'épines*, l'*Arrestation du Christ :* on les retrouve aujourd'hui au musée de Madrid. L'année précédente, il avait déjà fait un court voyage à Londres, sur l'invitation du comte d'Arundel, et c'était encore chez Rubens

qu'il avait été présenté à la comtesse d'Arundel. Le
portrait de Jacques Ier, qu'on voit au château de Windsor, date probablement de cette époque ; la somme
de 100 livres que Van Dyck toucha le 16 février 1621,
d'après les registres de l'Échiquier, dut en être le paie-
ment.

Au départ pour l'Italie se rattache, dans toutes les
biographies, le roman du *Saint Martin* conservé dans
le village de Saventhem, près de Bruxelles. Au dire
d'Houbraken, le jeune Van Dyck, faisant étape à Saventhem, s'y serait attardé plusieurs mois dans les bras
d'une belle fille, paysanne ou bourgeoise, pour laquelle
il aurait peint deux tableaux, le *Saint Martin* et une
Sainte Famille. Rubens, accouru d'Anvers pour arracher son élève à cette séduction intempestive, aurait
éprouvé toutes les peines du monde à lui faire reprendre
sa route. Il ne restait déjà rien de cette histoire après
deux enquêtes faites au XVIIIe siècle, l'une par le prince
de Rubempré, l'autre par l'anonyme du Louvre. Le *Saint
Martin* et la *Sainte Famille* avaient été simplement commandés par le seigneur de Saventhem, Ferdinand de
Boichot, pour le prix de 300 florins ; on en avait les
preuves écrites. Cependant un érudit belge, M. Gales-
loot, a dernièrement trouvé mieux ; il a mis la main
sur un texte établissant que Van Dyck avait demandé
une jeune fille de Saventhem en mariage et ne l'avait
pas obtenue. La jeune fille, de bonne maison bourgeoise, se consola, se maria deux fois et ne mourut
qu'en 1701, presque centenaire, ayant toujours de sa

première inclination conservé grand goût pour la peinture. .

Van Dyck quitta Anvers le 3 octobre 1621. On connaît à peu près son itinéraire ; c'est un point intéressant à déterminer lorsqu'il s'agit d'un artiste aussi sensible que Van Dyck aux influences nouvelles, aussi prompt à les refléter dans ses ouvrages. Probablement, il traversa la France ; dès le 20 octobre, on le trouve à Gênes. Restée, comme Venise, république indépendante au milieu de l'asservissement de l'Italie, Gênes était alors le centre commercial le plus actif et le plus riche de la péninsule. Une noblesse intelligente et une opulente bourgeoisie y rivalisaient de luxe et d'ostentation. Douze ans auparavant, Rubens y avait reçu le plus généreux accueil ; il avait fait, en souvenir de ce séjour, graver, d'après ses dessins, les palais magnifiques et les somptueuses églises de Gênes, et depuis cette époque n'avait cessé de correspondre avec le chef d'une maison patricienne, chef en même temps de l'école de peinture locale, l'infatigable décorateur Paggi. Paggi sans doute introduisit le nouvel arrivé dans cette société brillante où les arts étaient non seulement aimés, mais encore pratiqués ; Van Dyck y retrouva plusieurs compatriotes, entre autres Lucas et Cornelis de Wael, les deux fils du vieux Jean de Wael, ancien doyen de la guilde des peintres, à Anvers : l'un, peintre de paysages, l'autre, peintre de genre, avec lesquels il se lia d'une solide amitié. Un portrait peint de la *National Gallery*, qu'on peut compléter par la description écrite

de Bellori, nous permet d'imaginer la personne de Van
Dyck à vingt-deux ans : vif, alerte, bien pris dans sa
petite taille, d'un teint clair et rose, les lèvres fraîches
et fines, presque imberbe encore, en assez bon point,
avec ses cheveux châtains et bouclés en désordre, avec
sa main soignée qu'il affectait de montrer, avec sa tournure élégante et un peu dédaigneuse, il avait presque
l'air d'une jeune fille. Tous les contemporains consta-
tent la grâce de ses manières, le charme de sa parole,
la distinction de son esprit. Il se trouva à l'aise dans les
fastueux salons de la Via Nuova comme dans son milieu naturel; les Spinola, les Brignole, les Durazzo, les
Pallavicini l'accueillirent comme cavalier avant de
l'employer comme peintre. Chez les Lomellini, il ga-
gna les bonnes grâces d'une des dernières survivantes
du grand XVIe siècle, la célèbre Sofonisba Anguisciola,
de Crémone, octogénaire aveugle, autrefois peintre en
titre du roi d'Espagne, qui, après avoir perdu son premier mari, le vice-roi de Sicile, s'était remariée à un
gentilhomme génois. Sofonisba qui aimait à grouper
autour d'elle les artistes, parla longtemps au jeune
peintre de Titien qu'elle avait connu; Van Dyck disait
volontiers plus tard que cette aveugle lui en avait plus
appris sur les couleurs que la plupart des clairvoyants.
N'était-ce pas déjà Titien qu'il avait appris à admirer
dans le palais de Rubens? Aussi lui tardait-il de voir
Venise. Cependant, il ne paraît point, comme on l'a cru
longtemps, qu'il se soit dirigé vers la Haute-Italie avant
d'avoir vu Rome et Florence. Faut-il croire que les

conseils de Rubens dirigeaient encore de loin son élève
et l'invitaient à passer par l'école des grands dessinateurs avant de s'abandonner à l'enivrement des grands
coloristes ? On l'a supposé sans invraisemblance. Quoi
qu'il en soit, dès le mois de février 1622, il débarque à
Civita-Vecchia, visite Rome, remonte bientôt à Florence, où il est accueilli par Sustermans, son compatriote, peintre du grand-duc, traverse Bologne, s'installe quelques mois à Venise, puis va faire à Mantoue le
portrait de Ferdinand de Gonzague, le fils de l'ancien
protecteur de Rubens. Au commencement de l'année
1623, il est de retour à Rome et s'y établit avec la pensée
d'y faire un long séjour.

Dès lors, on peut l'affirmer, il s'était assimilé, avec
une pénétration singulière, toutes les qualités des
maîtres d'Italie qui pouvaient compléter son talent.
M. Alfred Michiels a étudié avec une attention spéciale
dans ses ouvrages la marque successive des diverses
influences qu'il put subir. Ses observations sont souvent
fondées. Il ne faut pas toutefois s'exagérer l'impression
que produisirent sur l'élève de Rubens l'énergique
Caravage et certains Bolonais. Quoiqu'il soit en effet
possible de saisir à ce moment chez lui un goût inattendu pour les oppositions violentes et pour les tona-
lités sombres, ce goût, contraire à sa nature comme à
son éducation, ne devait pas durer. C'est une observation plus juste de dire que le génie de Véronèse ne fut
pas à Venise moins instructif pour lui que celui de Titien.
Si Titien lui apprit la fermeté de l'attitude, la noblesse

de l'expression, l'éclat profond des couleurs, la puissance
des sacrifices utiles, Paul Véronèse lui inspira le sentiment des attitudes charmantes, l'amour des colorations
brillantes et fraîches, le goût des harmonies d'ensemble, enveloppant dans la tendresse d'une lumière
délicate les formes adoucies des choses. Quand Van
Dyck revint à Rome, il se sentait donc armé de toutes
pièces. Il se mit au travail avec cet entrain surprenant
qui lui a permis de laisser, partout où il a passé, un
nombre à peine croyable de tableaux et de dessins. Le
premier portrait en pied qu'il eut à faire fut celui du
cardinal Bentivoglio, ancien légat des Flandres. Tous
les voyageurs qui ont visité le musée Pitti, à Florence,
où cette admirable toile a été recueillie, ont gardé dans
la mémoire l'image à la fois grave et brillante de ce
prêtre diplomate. La tête maigre et sèche, aux lèvres
pincées, aux yeux noirs et pénétrants, toute pâle au
milieu des rouges étincelants, — rouge du camail,
rouge de la robe, rouge des draperies, — semble avec
une vivacité inquiétante poursuivre le spectateur de
son regard. Le succès qu'obtint ce chef-d'œuvre attira
sur le peintre l'attention générale. Les grands seigneurs
anglais, qui déjà visitaient Rome en grand nombre, à
l'exemple du comte d'Arundel, recherchant les anti-
quités et encourageant les artistes, lui témoignèrent un
vif intérêt. George Gage, l'envoyé d'Angleterre (encore
un ami intime de Rubens) se fit peindre par lui; plusieurs de ses riches compatriotes en firent autant. C'était
la gloire qui venait, c'était aussi la fortune. Est-il sur-

prenant qu'un jeune homme de vingt-quatre ans s'en
soit trouvé étourdi?

Bellori raconte qu'on commença dès lors à voir le
« peintre chevaleresque » se promener par les rues de
Rome tout vêtu de velours, chargé de colliers d'or,
portant plumes et joyaux à sa toque, toujours suivi
d'une longue escorte de serviteurs. Pour peu qu'il eût
déjà cette façon de regarder les gens par-dessus l'épaule,
qu'on remarque dans quelques-uns de ses portraits,
c'était plus qu'il n'en fallait pour offusquer les peintres
de son âge, presque tous mal vêtus et mal rentés qui,
venus de tous les bouts de l'Europe pour faire leur
apprentissage, battaient les dalles de la ville éternelle.
Ses succès d'artiste et ses succès mondains s'ajoutant à
ces habitudes fastueuses et à ces allures impertinentes,
exaspérèrent au plus haut point la jalousie de ses compatriotes. Un certain nombre de peintres flamands et
hollandais, grosses gens pour la plupart, d'intelligence
inculte et de gaîté bruyante, avaient tenté de frayer
avec lui lors de son arrivée. Dans ce cénacle septentrional, on ne se piquait ni de mœurs délicates ni de
manières choisies. Un érudit italien a dernièrement recueilli sur leur compte, dans les archives des notaires
et dans les registres de police, toutes sortes de détails
peu édifiants. La plupart d'entre eux connaissaient le
chemin de la justice autant que le chemin de l'atelier (1). Ce ne sont qu'arrestations et amendes pour

(1) A. Bertolotti, *Artisti belgi ed olandesi a Roma nei secoli* xvi,
xvii; Firenze, 1880, p. 91, 111.

rixes au cabaret, querelles chez les filles, tapages nocturnes, bris de clôture, guet-apens, coups et blessures, tentatives de meurtre. Quelquefois la chose se passe entre Italiens et Flamands ; le plus souvent cela reste en famille, entre gens du Nord endurcis aux coups. L'*Osteria della luna* était le théâtre ordinaire de ces réjouissances ; c'est là qu'on fêtait, suivant un vieil usage, par une ripaille gigantesque, la bienvenue à tout Flamand nouveau débarqué. La fête se terminait par le baptême de l'invité, auquel on décernait un sobriquet. Van Dyck avait, paraît-il, décliné cet honneur. Quand on le vit choyé et fêté par toute la société romaine, la fureur de ceux qu'il avait dédaignés ne connut plus de bornes. Nous ignorons quels mauvais tours on lui joua, quelles calomnies infâmes on débita sur son compte ; toujours est-il que, suivant le prudent anonyme du Louvre comme suivant ses prédécesseurs, le séjour de Rome ne tarda pas à lui devenir insupportable et qu'il s'en échappa au plus vite pour regagner le Nord. Il rencontra en chemin la comtesse d'Arundel, qui le pressa de visiter Milan et Turin ; mais, après quelques mois de séjour dans cette dernière ville, il rentra le 7 juin 1624 dans sa bonne ville de Gênes.

Ce nouveau séjour à Gênes se prolongea deux ans et ne fut interrompu que par un voyage à Palerme sur l'invitation du vice-roi. La peste ayant éclaté en Sicile et le vice-roi succombé l'un des premiers, le peintre, chargé d'exécuter un tableau votif pour obtenir l'intercession de sainte Rosalie, crut prudent de revenir l'achever sur le continent. La longue liste des œuvres qu'il a laissées à Gênes prouve que ces deux années furent pour lui aussi laborieuses qu'heureuses et que ses bonnes fortunes, assez nombreuses si l'on en croit la tradition, ne nuisirent en rien à son activité. Les célèbres portraits équestres du palais Balbi et du palais Brignole, les portraits de *l'Enfant bleu* et de *l'Enfant blanc* au palais Durazzo, les portraits de femmes et les tableaux d'histoire disséminés dans diverses collections, montrent le peintre en pleine possession de tous ses moyens. Plus tard sans doute, il fondra dans une harmonie plus particulière les éléments recueillis chez les divers maîtres. Ses tableaux de Gênes, comme tous ceux qu'il fera pendant longtemps encore et qu'on classe dans sa manière italienne, portent la marque de ses récentes admirations. Ici, on surprend un mouvement de Véronèse; là, un profil de Dominiquin ; plus rarement, un accent violent de Caravage ; et toujours, le souvenir de l'aisance, de la force, de l'éclat profond de Titien ; car c'était Titien, en définitive, qui devait rester son dernier guide. Si l on analyse, à partir de ce moment, toutes ses œuvres, on y trouve constamment, dans une proportion variable, suivant l'influence du moment, quelques parties de Titien mêlées aux éléments primitifs qu'il tenait de Rubens et des vieux Flamands. S'il devait brosser dans la suite des morceaux plus personnels, il ne devait pourtant jamais, pour la fierté du dessin, pour la noblesse des allures, pour l'ardeur des expressions, faire des chefs-d'œuvre supérieurs à ceux de Gênes. On comprend son triomphe et l'action immédiate de son talent sur les artistes italiens. Cependant le désir de revoir les siens le reprit au milieu de ses succès. Il quitta Gênes dans les premiers jours de juin 1625, s'arrêta quelques jours à Aix en Provence chez le conseiller Peiresc, avec lequel Rubens était en correspondance, passa à Paris, où il fit le portrait du marchand d'estampes François Langlois, dit Ciartres, gravé sous le titre de *l'Homme à la musette*. A la fin de septembre, il était réinstallé à Anvers.

III

Le retour dans sa patrie fut d'abord pour Van Dyck le réveil amer d'un beau rêve. Pendant son absence, son père était mort. François Van Dyck avait-il perdu sa fortune ? Avait-il avantagé ses autres enfants ? Il ne semble avoir laissé à Antoine, en fait d'héritage, que la charge de peindre un tableau, le *Christ en croix* (1), pour les dominicaines qui l'avaient soigné dans sa dernière maladie. Antoine, selon les apparences, n'aurait même exécuté que tardivement et d'assez mauvaise grâce les dernières volontés de son père. Il était en proie à plus d'un souci. S'il avait pu rêver, dans les enivre-

(1) Ce tableau est aujourd'hui au musée d'Anvers (n° 401). François Van Dyck était mort en 1622. Antoine ne livra la toile qu'en 1629. La composition est un peu vide et l'exécution lâchée. Sur une grosse pierre, au pied de la croix, on lit : *Ne patris sui manibus terra gravis esset hoc saxum cruci advolvebat et huic loco donabat Antonius Van Dick.* M. Michiels voit dans les termes ambigus de cette inscription la confirmation du peu d'ardeur que le peintre, selon la tradition, aurait mis à faire cette toile.

ments de Gênes, un palais de marbre, plein de bruits de fêtes, regorgeant de serviteurs, d'élèves, de nobles invités, dressant ses colonnades superbes en face du luxueux palais de Rubens, il se trouvait pour lors, fort déçu dans ses ambitions. Ses anciens camarades, parmi lesquels se trouvaient sans doute quelques-uns des Romains qu'il avait blessés par son luxe, se montrèrent, à l'abord, assez mal disposés pour lui ; on se tint sur la défensive comme on avait fait pour Rubens lui-même une vingtaine d'années auparavant. On contesta son talent, on le rabaissa devant ses maîtres, on le compara à ses condisciples, on le déclara dessinateur lâche et flottant à côté de Crayer, coloriste timide à côté de Jordaens, en définitive homme d'invention pauvre et, comme compositeur, inférieur à tous. Il ne trouva pour établir son atelier que de grandes salles froides et nues, dans un entrepôt de la ligue hanséatique ; il en garnit les murs avec les tableaux du Titien qu'il avait achetés en Italie et les nombreuses copies d'après les maîtres vénitiens qu'il en avait rapportées. Là il attendit les commandes qui ne venaient guère.

Tout se réunissait d'ailleurs pour aigrir dans son âme cette nostalgie du ciel italien à laquelle échappent peu d'artistes et qui avait autrefois si profondément accablé Rubens à son retour. A la tristesse de la lumière s'ajoutait la tristesse des choses. Sur le grand quai d'Anvers, ruiné par de longues guerres, Van Dyck cherchait en vain la gaîté active et le mouvement pittoresque du port de Gênes. La vieille cité était encore mal remise des

saccages que les Espagnols lui avaient fait subir et des
épouvantes que lui avait imposées l'Inquisition. Partout
des magasins transformés en couvents, partout de longs
murs silencieux s'élevant à la place des chantiers
bruyants, partout les corporations d'arts et métiers rem-
placées par d'innombrables confréries de toute couleur,
se multipliant sous l'impulsion des jésuites. Le silence
de la paix avait succédé au fracas des guerres, mais quel
silence ! un silence de lassitude, plein de terreurs in-
quiètes, où s'élevait par instants encore le crépitement
des bûchers brûlant quelques sorcières. *Magna urbs,
magna solitudo !* s'écrie un voyageur qui traverse cette
ville dépeuplée. Quel contraste avec cette vivante cité
de Gênes, où s'agitait, sous un vif soleil, une population
active et joyeuse dans toute sa liberté méridionale d'allure et de langage ! Quelle différence entre cette bourgeoisie de Belgique, honnête mais renfermée et crain-
tive, et cette aristocratie d'Italie, souvent corrompue,
mais d'une hospitalité si avenante, d'une intelligence si
cultivée, d'une imagination si éveillée !

Ce fut encore Rubens qui, dans cet affaissement,
tendit la main au jeune homme dont son génie avait
allumé les nobles ambitions. Pour lui donner une
preuve publique de sa haute estime, il lui acheta toute
une série de tableaux qu'il venait de faire, parmi lesquels une répétition du *Saint Martin* de Saventhem.
Ce tableau, selon M. Michiels, serait le célèbre Saint
Martin de Windsor qu'on a toujours pris pour un Rubens : c'est une opinion à examiner sur place. Cette

intervention puissante décida la fortune. Le bourg-
mestre Roccox, que Rubens avait peint en compagnie
de sa femme sur les volets du fameux triptyque de l'é-
glise des Récollets (musée d'Anvers), demanda son
portrait, celui de sa nièce et de sa petite-nièce à Van
Dyck (1). Les corporations religieuses dont faisaient
partie ses frères et sœurs voulurent avoir de sa main
des tableaux d'autel. L'église de Notre-Dame de Ter-
monde lui demanda le *Crucifiment* qui s'y trouve encore, dans lequel il groupa au pied de la croix saint
François, la Vierge, la Madeleine, saint Jean, saint
Longin. Il s'efforça dans cette composition pathétique,
de montrer tout ce qu'il savait comme dramaturge religieux formé par Rubens, tout ce qu'il pouvait comme
praticien éclatant exercé à l'école des Italiens, et il attira dès lors les imaginations émues par la touchante
exaltation des passions douloureuses qu'il sut imprimer
sur les nobles visages de ses acteurs sacrés. Le *Saint
Sébastien* de la Pinacothèque de Munich date de la
même époque ; ce fut, semble-t-il, un morceau de bravoure qu'il exécuta, moins pour exprimer un sentiment
religieux que pour montrer à tous sa virtuosité ; ce
morceau, d'une sentimentalité froide, mais d'une exécution surprenante, plut particulièrement aux dilet-
tanti. On en trouve des répétitions ou copies dans
presque toutes les grandes galeries d'Europe (musée du

(1) M. A. Michiels croit avoir retrouvé l'esquisse de ces portraits,
aujourd'hui passés à Saint-Pétersbourg (coll. Strogonsof), dans
une toile du musée de Turin attribuée à Lely. (Cat. 1879, n° 427.)

Louvre, n° 139). La même année, il fut appelé à Bruxelles pour y peindre cette étrange et pâle figure de l'archiduchesse Claire-Eugénie, avec ses yeux fixes et son bec crochu d'oiseau de proie, immobile sous son costume austère des clarisses qu'elle ne quitta plus depuis la mort de son mari. Le musée de Turin possède l'original, et le Louvre une excellente répétition (n° 145). L'exactitude parlante de cette image le mit tout à fait bien en cour. Dès lors, il fut question de lui pour de grands travaux.

Malgré ces encouragements multipliés, l'âme inquiète de l'artiste s'accommodait toujours mal de la régularité froide des habitudes flamandes ; ses regards ne cessaient de se tourner vers l'Angleterre, où l'appelaient ses meilleurs amis d'Italie, faisant luire à ses yeux l'attrait d'une vie facile au milieu d'une société cultivée. En 1627, il retourna à Londres avec l'intention de s'y faire présenter à la cour. Il était descendu chez son compatriote Geldorp, conservateur des tableaux du roi, peintre médiocre, intrigant habile, négociateur d'affaires délicates, quelque peu entremetteur, dont la grande maison de Drury-Lane servait d'auberge aux artistes étrangers, de magasin aux brocanteurs, et de rendez-vous, dit Walpole, aux galants du grand monde. La protection du comte d'Arundel eût été plus sérieuse si le duc de Buckingham n'eût à ce moment accaparé toutes les faveurs royales. Deux peintres de mérite, protégés par Buckingham, deux Hollandais, Daniel Mytens et Cornelis Gansen Van Ceulen, étaient prêts d'ailleurs à bien défendre leurs titres de peintres officiels (1). Van Dyck ne put voir Charles Ier et revint à Anvers. Cette tentative infructueuse pour changer sa destinée détermina en lui une crise morale dont il sortit victorieux. Dès son retour, virilement résigné à sa situation, il se mit au travail avec un renouvellement d'énergie, et, durant trois années, produisit sans relâche. C'est la période la plus noblement laborieuse de sa vie.

Coup sur coup, en effet, on le voit achever le grand *Saint Augustin en extase*, commandé par le père Marinus Jansenius pour l'église des Augustins à Anvers, les *Crucifiements* de Saint Michel à Gand et de la cathédrale à Malines, et l'immense composition de l'hôtel de ville de Bruxelles, le *Conseil échevinal*, qui faisait face au *Jugement de Cambyse*, par Rubens, et dans laquelle étaient groupés vingt-trois personnages (2). Plusieurs faits prouvent qu'un grand calme s'était établi à ce moment dans son esprit et qu'il acceptait, avec une tranquillité complète au moins en apparence, les nécessités de la vie régulière dans laquelle il était rentré. En 1628, il se fait affilier à la confrérie des célibataires, dirigée par la société de Jésus, pour laquelle il peint deux de ses meilleures toiles, le *Mariage mystique du bienheureux Herman avec la sainte Vierge*, le *Mariage*

_____

(1) Cette année même, Mytens venait de faire le beau portrait en pied de Charles Ier qui se trouve au musée de Turin (n° 415).

(2) Les deux peintures furent anéanties par un incendie lors du bombardement de Bruxelles par le maréchal de Villeroy (1685).

de sainte Rosalie avec l'enfant Jésus (musée du Belvédère à Vienne). En même temps, il fait son testament, par lequel il institue légataires universelles ses deux sœurs Suzanne et Isabelle, à la charge d'assurer la subsistance de sa vieille servante. Il n'y est point question encore d'une fille naturelle dont il s'occupera dans un testament postérieur. Les succès éclatants qu'il venait d'obtenir lui permettaient de réparer rapidement sa fortune, et la correspondance relative à l'*Érection de croix* de Courtrai, qui nous a été conservée, prouve qu'il s'entendait à merveille à défendre ses intérêts. Il dut accepter toutefois dans cette affaire une réduction de 200 florins sur le prix de 800 florins qu'il demandait. Le malin chanoine Roger de Braye, qui avait obtenu cette concession par une épître en vers, remplaça, lors du règlement, les 200 florins supprimés par une douzaine de gaufres, dont le peintre le remercia. La négociation se fit de part et d'autre dans les termes les plus courtois. C'est alors qu'il peignit d'innombrables *Christ en croix*, *Dépositions de croix*, *Ensevelissements du Christ* et *Madones*, dans lesquels il sut toujours mettre, sans varier beaucoup ses ordonnances, une expression pathétique d'une distinction séduisante qui leur attira immédiatement de nombreux dévots. Entre temps, il allait en Hollande, où il se rencontra avec Hals, pour y peindre le prince d'Orange, et il achevait soit à Anvers, soit à Bruxelles, de nombreux portraits tantôt en buste, tantôt en pied, tantôt à cheval, tous exécutés avec une résolution radieuse, dans des gammes hardies de couleurs vibrantes, où la précision expressive des vieux Flamands éclatait sous les chaudes enveloppes de l'Italie. D'une habileté sans pareille à saisir promptement le caractère d'une physionomie et à l'exprimer vivement par ses traits les plus délicats, il déployait dès lors dans ce genre de travail une souplesse qui se pliait à toutes les exigences et une aisance qui ne se déconcertait jamais. Toute la noblesse flamande et espagnole de la cour de Claire-Isabelle passa par son atelier ; Marie de Médicis et sa petite cour d'exilés français, Gaston d'Orléans, le comte de Moret, tinrent à honneur d'y venir poser. Le pinceau du peintre ne lui suffisant plus, il saisit l'outil du graveur, et, d'une pointe résolue dont la dextérité n'a pas été surpassée, il donna, dans dix admirables eaux-fortes, des modèles désespérants même pour les vaillants graveurs formés par Rubens, qu'il invita à l'imiter en leur fournissant des esquisses peintes d'après les contemporains célèbres. C'est alors que fut continuée méthodiquement la série célèbre des portraits d'artistes, probablement commencée en Italie, qui devait former plus tard le recueil des *Centum Icones*.

Cette fécondité, ces succès, cette prospérité, n'étouffaient point cependant au cœur du peintre ses aspirations, un instant refoulées, vers les magnificences de la vie anglaise. En 1630, l'un de ses amis, Endymion Porter, pour faire sa cour au roi Charles Ier, lui offrit une peinture de Van Dyck, *Armide et Renaud*. Ce petit tableau galant fit ce que n'avaient pu autrefois ni

la recommandation de Rubens, ni celle du comte d'A-
rundel ; ce fut le talisman qui ouvrit au grand portraitiste les portes de White-Hall. L'impatience du peintre
était telle qu'ayant appris que l'agent du roi à Bruxelles,
Balthasar Gerbier, chargé de négocier secrètement son
départ, avait gardé vis-à-vis de lui une discrétion trop
longue au gré de ses désirs, il en conçut un dépit amer
et lui joua un vrai tour de rapin. Il déclara qu'un de ses
tableaux, acheté par Gerbier pour le roi, était un tableau faux. Le malheureux Gerbier, accusé d'ignorance ou même de pis, tremblant pour sa faveur, en
fut réduit à ouvrir une enquête judiciaire. Le procès
prouva l'authenticité de la toile. Van Dyck n'en avait
jamais douté, mais il se tint heureux d'avoir mystifié,
en lui donnant une peur blanche, le trop prudent diplomate qui s'était permis de ne pas lui ouvrir avec
plus d'empressement la route d'Angleterre.

IV

Le fait est que Van Dyck, une fois à Londres, se
sentit sur son vrai terrain (avril 1632). Présenté cette
fois par son ami Kenelm Digby, il obtint immédiatement la faveur de peindre le roi en pied et la reine en
buste. Ces deux essais réussirent si bien qu'on lui commanda le grand tableau de la famille royale qui est aujourd'hui au château de Windsor. Il déploya cette fois
une telle séduction dans le jeu des couleurs, donna une
telle vivacité aux ressemblances, une telle délicatesse
aux expressions, avec un sentiment si délicieux de
la beauté féminine chez la reine Henriette-Marie et de
la grâce enfantine chez le prince de Galles en béguin
et chez le petit duc d'York en maillot, que ses prédécesseurs et rivaux, Daniel Mytens et Cornélis Van
Ceulen, se virent supplantés sans retour. L'un s'enfuit en
Hollande ; l'autre s'alla cacher dans le comté de Kent.
Van Dyck fut nommé peintre principal de Leurs Majestés ; le 5 juillet 1632, il reçut le titre de chevalier, si
envié à Rubens, avec une chaîne d'or, sans laquelle il

ne se montra plus; le 17 octobre 1633, on lui assigna une pension annuelle de 200 livres sterling. Le roi s'était occupé lui-même de son logement; on a retrouvé une note de sa main portant ces mots : « Parler à Inigo Jones du logement de Van Dyck. » Il lui avait donné, à Londres, des appartements et des ateliers dans l'ancien couvent de Black-Friars, et, pour l'été, une résidence à Utham. Le prix des portraits de la famille royale était alors fixé à 50 livres sterling pour les figures en pied. Pendant neuf ans, le roi et la reine ne se lassèrent point d'admirer ni d'employer leur peintre ordinaire. On connaît encore actuellement dix-neuf portraits de Charles Ier et dix-sept portraits d'Henriette-Marie, sans compter ceux de leurs enfants.

Il était difficile, pour un artiste, de trouver un protecteur plus enthousiaste et plus éclairé que Charles Ier. Ce malheureux roi, d'une intelligence si ouverte, d'un jugement si fin en tout ce qui ne touchait pas l'art de régner, le plus bienveillant des princes, le meilleur des hommes privés, venait de s'assurer, par une mesure qu'il croyait hardie et qui n'était qu'imprudente, une trêve apparente à des préoccupations politiques dont il avait horreur. Trois ans avant l'arrivée de Van Dyck, il avait pour la troisième fois dissous son parlement grondeur, et, livrant l'autorité sans contrôle aux mains énergiques du comte de Strafford et de l'évêque Laud, il s'abandonnait tout entier à son goût pour les joies de l'esprit. La cour, de son côté, prenant le silence du pays pour une soumission définitive, s'était hâtée de reprendre sa vie joyeuse, trop longtemps interrompue. Poètes, musiciens, artistes de toute espèce étaient accourus de nouveau en foule à Londres. Pendant quelques années, l'élégant Charles et la toute charmante Henriette purent, dans le bruit des fêtes incessantes, fermer l'oreille au grondement lointain de la grande tempête qui devait les emporter.

Le roi Charles allait souvent passer ses après-dîners à Black-Friars, dans l'atelier de Van Dyck, qui devint bientôt le rendez-vous de l'aristocratie. Le peintre s'était mis sans peine sur le pied qu'il fallait pour faire honneur à de pareils clients. N'était-ce pas la grande existence qu'il avait toujours rêvée? Nombreux domestiques, chevaux d'attelage, chevaux de selle, équipages brillants, musiciens à gages, chanteurs et bouffons, il réunit autour de lui tout ce qui pouvait faire de sa vie fastueuse une fête continue, comme celle qui s'agitait sous les colonnades ensoleillées de Paul Véronèse. « C'est avec ce luxe, dit Bellori, qu'il recevait les plus grands personnages, dames et seigneurs, qui, chaque jour, se venaient faire peindre chez lui. Il avait l'habitude de les retenir à sa table, dépensant en mets exquis 30 écus par jour, ce qui semblera incroyable à ceux qui ont l'habitude de notre parcimonie italienne, mais non à ceux qui connaissent les pays étrangers et songent au nombre de gens qu'il nourrissait. En outre, il entretenait des hommes et des femmes comme modèles pour ses portraits, car une fois la ressemblance du visage assurée, il faisait le reste au moyen de ces modèles... Il avait l'habitude de peindre du premier coup, et quand il faisait des portraits, il les commençait le matin de bonne heure et, sans interrompre son travail, retenait à déjeuner ces nobles seigneurs, si hauts personnages et si grandes dames qu'ils fussent ; ils allaient d'ailleurs volontiers chez lui comme en partie de plaisir, attirés par la variété des divertissements. Après dîner, il se remettait à l'ouvrage de façon à peindre deux tableaux en un jour, qu'il terminait ensuite avec quelques retouches. » Ces détails, que Bellori tenait de sir Kenelm Digby, devenu plus tard le représentant du roi Charles II auprès du Saint-Siège, nous montrent quelle rapidité Van Dyck apportait dès lors à exécuter ses portraits et par quels expédients il parvenait à satisfaire promptement toutes les exigences de sa noble clientèle sans avoir à lui imposer de trop longs ennuis. De Piles y ajoute des renseignements non moins curieux que lui avait communiqués Jabach, dont Van Dyck avait fait trois fois le portrait : « Van Deik ne travailloit jamais plus d'une heure par fois à chaque portrait, soit à ébaucher, soit à finir, et, son horloge l'avertissant de l'heure, il se levoit et faisoit la révérence à la personne, comme pour lui dire que c'en étoit assez pour ce jour-là ; après quoi son valet de chambre lui venoit nettoyer ses pinceaux et lui apprêter une autre palette pendant qu'il recevoit une autre personne à qui il avoit donné heure. Il travailloit ainsi à plusieurs portraits en un même jour d'une vitesse extraordinaire. Après avoir légèrement ébauché un portrait, il faisoit mettre la personne dans l'attitude qu'il avoit auparavant méditée, et avec du papier gris et des crayons blancs et noirs, il dessinoit en un quart d'heure sa taille et ses habits qu'il disposoit d'une manière grande et d'un goût exquis. Il donnoit ensuite ce dessin à d'habiles gens qu'il avoit chez lui pour le peindre d'après les habits mêmes que les personnes avoient envoyés exprès à la prière de Van Deik. Pour ce qui est des mains, il avoit chez lui des personnes à ses gages de l'un et de l'autre sexe qui lui servoient de modèle (1). » Jabach, il est vrai, l'amateur délicat, s'étonnait un peu de ces façons expéditives, qu'il comparait avec le travail scrupuleux et patient auquel il avait vu le peintre se livrer autrefois ; mais Van Dyck lui répondait avec désinvolture que, s'il avait autrefois beaucoup peiné, c'était qu'il travaillait alors pour sa réputation, tandis qu'il travaillait maintenant pour sa cuisine.

La cuisine, en effet, pour laquelle il travaillait, et au feu de laquelle venaient se chauffer tant de parasites, devenait une cuisine de plus en plus dévorante qui absorbait tout, engloutissait tout, brûlait tout. Aux dépenses de table, de domestiques, d'équipages, de divertissements s'ajoutaient les dépenses de galanteries. Un jour que Charles Ier s'entretenait, dans son atelier, avec lord Strafford, de ses embarras financiers, il se

____

(1) *Cours de peinture par principes, composé par M. de Piles* ; Paris, 1708, p. 291 et 292.

retourna brusquement vers le peintre qui les écoutait avec attention : « Et vous, seigneur cavalier, avez-vous jamais su ce que c'était que d'avoir besoin de mille écus ? — Sire, répondit Van Dyck, quand on tient table ouverte à ses amis et bourse ouverte à ses maîtresses, on trouve vite le fond du coffre. » Le peintre qui tournait tant de têtes put avoir, en effet, quelquefois la tête tournée, mais il apporta, en véritable homme du monde, dans ses bonnes fortunes, une discrétion qui n'a jamais permis, ni à la malveillance des contemporains, ni à la curiosité de la postérité d'en pénétrer le mystère. « Si l'amour des femmes, dit l'anonyme d'Anvers, est un faible instinct chez quelques hommes, c'est une passion impérieuse chez d'autres, surtout quand elle est justifiée par l'usage et l'habitude. Comme Van Dyck craignait les propos, le scandale, il apportait dans ses amours tant de bienséance et de circonspection qu'il eût rendu cette faiblesse excusable si elle pouvait l'être. » On n'a donc aucune preuve de la liaison que le bruit public lui attribua avec la femme même de son protecteur Kenelm Digby, la célèbre lady Venetia Stanley, qu'il représenta une première fois sous la figure de *la Prudence repoussant la Calomnie*, et qu'il peignit bientôt, sur son lit de mort, une rose fanée à la main. Une lettre de lord Conway au comte de Strafford, du 22 janvier 1636, montrerait, il est vrai, le peintre mêlant, d'une façon assez peu chevaleresque, les questions d'argent aux questions d'amour. En réalité, la seule liaison publique qu'on lui connut fut celle qu'il contracta avec miss Marguerite Lemon, fille d'un alderman, déjà fort compromise par des galanteries bruyantes lorsque Van Dyck l'installa à Black-Friars. Miss Lemon, d'une intelligence cultivée, d'un tempérament passionné, d'un caractère violent, ne contribua pas médiocrement, sans doute, à accroître le désordre d'existence qui ne tarda pas à troubler l'esprit de l'artiste et à compromettre sa santé.

Il n'y eut qu'un moment d'accalmie dans cette excitation fiévreuse; ce fut le temps que Van Dyck alla passer en 1634 à Anvers, où il avait conservé des intérêts de diverse nature. Martin van den Enden y gérait toujours, en son nom, l'atelier de gravure qu'il avait fondé. Ses sœurs y élevaient une petite fille naturelle encore en bas âge dont la mère était probablement morte. Il venait, en outre, de faire un placement hypothécaire sur la seigneurie de Steen, que Rubens allait bientôt acheter. Cette fois, on l'accueillit en triomphateur. Ses confrères l'élurent doyen de Saint-Luc. La cour l'appela à Bruxelles, où il assista à l'entrée de l'archiduc Ferdinand. Il y fit, avec plusieurs portraits de dames et de seigneurs français, le portrait équestre de Thomas de Savoie, prince de Carignan, généralissime des troupes espagnoles. M. Michiels suppose qu'il ne rentra en Angleterre qu'à la fin d'avril 1635, après avoir aidé Rubens, déjà souffrant de la goutte, dans la direction des travaux pour l'entrée triomphale du cardinal-infant à Anvers, le 17 avril. Cette supposition n'a rien d'invraisemblable.

A dater de ce retour, Van Dyck surmène plus que jamais ses forces avec un inconcevable aveuglement. L'ardeur au travail s'exagère chez lui en même temps que l'ardeur au plaisir. Le gouffre l'attire à mesure qu'il se creuse. On ne parviendra jamais à dresser la liste complète des portraits grands ou petits, isolés ou de famille, qu'il peignit alors. Cependant ni la renommée de premier portraitiste de son temps, ni les ressources énormes que cette renommée lui assurait ne suffisent à assouvir ses ambitions de gloire, non plus que ses besoins d'argent. Le désir mal contenu d'être aussi le premier parmi les peintres d'histoire se réveille en lui avec une violence inattendue. Remarquons qu'il ne perdit jamais une occasion d'entrer, sur ce terrain, en lutte ouverte avec Rubens ; d'abord, en 1626, c'est à Bruxelles, où il oppose son *Assemblée échevinale* au *Jugement de Cambyse* ; bientôt, en 1641, ce sera à Paris, où il demandera à décorer la galerie du Louvre, comme son maître avait décoré la galerie du Luxembourg. A Londres, à l'époque où nous sommes parvenus, en 1636, ce sont les quatre murailles de la salle de White-Hall qu'il veut couvrir de tapisseries, fabriquées d'après ses cartons, sous le plafond rayonnant que Rubens venait d'y achever. En poursuivant avec opiniâtreté toutes les occasions de se mesurer avec le puissant créateur qui l'avait formé, Van Dyck montrait-il un juste sentiment de ses propres forces ? Il est permis d'en douter. En tous cas, de toutes façons, le moment était fort mal choisi pour se prendre à de si gigantesques

projets. D'une part, dans cette fabrication ininterrompue de portraits souvent insignifiants, il avait pris
de telles habitudes d'improvisation qu'il s'était déjà
en plusieurs occasions trouvé presque impuissant à
traiter des sujets historiques. Le *Mariage mystique de
sainte Catherine*, *le Sauveur guérissant les malades*,
Samson et Dalila, *l'Amour et Psyché* révèlent, avec
l'affaiblissement de la main, un grand affaiblissement de l'imagination. D'autre part, les finances
royales étaient dans un état déplorable. Strafford
et Laud défendaient ce qui restait du trésor contre les
prodigalités de la cour avec une énergie désespérée.
Le malheureux Charles en était réduit à vérifier lui-
même ses factures avec une rigueur d'usurier. Rien de
plus lamentable que l'aspect du mémoire de fournitures
qui lui fut remis en 1638 par son premier peintre, dont
la pension n'avait pas été payée depuis cinq années. Cette
note nous est parvenue toute couverte d'annotations et
de ratures. C'est un marchandage sans pitié. Tous les
portraits en buste marqués 20 livres sont vérifiés au
maximum à 15 livres ; « une Teste d'un valiant poète »
tombe de 20 à 12 livres ; « le Roi à la ciasse », le chef-
d'œuvre du Louvre ou le chef-d'œuvre de Windsor,
se voit cruellement réduit de moitié : le peintre demande 200 livres, le roi n'en donne que 100. L'heure
fatale venait de sonner où, endetté jusqu'au cou, ne
pouvant plus rien payer, ni frais de guerre, ni frais de
paix, Charles avait dû se résoudre à convoquer de nou-,
veau le parlement. Comment Van Dyck put-il choisir

ce moment pour demander à son souverain aux abois, pour ses seuls cartons, une somme si extravagante qu'Horace Walpole ose à peine l'écrire? Rubens, pour son grand plafond, avait reçu 3,000 livres sterling (75,000 francs), chiffre déjà énorme si l'on pense à la valeur de l'argent à cette époque. Van Dyck, pour ses quatre cartons, demande 80,000 livres (2,000,000 de francs) (1).

A ce moment, il est vrai, exténué de fatigues, altéré de richesses, Van Dyck n'avait plus confiance dans son pinceau pour achever sa fortune et, en compagnie de son ami Digby, il demandait aux pratiques de l'alchimie l'assouvissement de sa grande soif d'or. Le fait ne peut guère être mis en doute. Charles Ier, qui portait toujours à son artiste favori la plus vive affection, le voyant dépérir chaque jour en proie à tant de passions qui l'épuisaient, résolut de le sauver malgré lui ; il ne crut pouvoir mieux s'y prendre qu'en le mariant. Il lui fit épouser une jeune fille d'une grande famille longtemps disgraciée, Marie Ruthven. Ce mariage fit grand bruit. Marguerite Lemon, exaspérée, s'embusqua plusieurs fois avec l'intention de couper le poignet à son

(1) *I would not specify the sum, it is so improbable, if I did not find it repeated in Fenton's notes on Waller. It was fourscore thousand pounds.* (*Walpole's Anecdotes of painting*; London, 1826, I, 331.) M. Michiels pense qu'on a dû se tromper d'un chiffre et qu'il faut donner 8,000 au lieu de 80,000. Nous ne demanderions pas mieux de le croire si l'affirmation de Bellori ne venait se joindre à celle de Walpole. *Non dubitò domandare trecentomile scudi.* (Bellori, *Vite dei pittori*, 1821, I, 268.) Les chiffres sont bien approchants.

infidèle. N'y parvenant pas, elle finit par se jeter au
cou d'un beau garde du corps qui fut tué quelque
temps après dans une escarmouche. La pauvre femme
ne survécut pas à cette dernière catastrophe ; elle se
tira un coup de pistolet.

Van Dyck, dans ce mariage correct, trouva-t-il l'apai-
sement qui lui eût été nécessaire pour reprendre son
équilibre ébranlé et la force dont il allait avoir besoin
pour traverser la crise qui se préparait ? Il était déjà si
usé de corps et d'âme qu'aucun remède, physique ou
moral, n'eût sans doute réussi à le sauver. Tout l'édifice de sa fortune commençait d'ailleurs à craquer. Non
seulement Charles Ier ne payait plus, mais il ne régnait
plus. Le Long Parlement était entré en scène. De tous
côtés, la guerre civile se préparait. La noblesse se reti-
rait dans ses châteaux. La tristesse puritaine commençait à envahir Londres. Van Dyck crut-il le temps venu
de quitter l'Angleterre et d'aller chercher sur le continent une destinée moins agitée ? Cela paraît probable,
car au mois de janvier 1641 on le trouve à Paris, où il
demande à faire les peintures de la galerie du Louvre.
Par malheur pour lui, Poussin venait d'arriver, mandé
exprès de Rome par le cardinal de Richelieu pour exécuter ce travail. L'étranger ne fut même pas écouté.
Cette déception, jointe à la douleur qu'il avait dû
éprouver durant son passage à Anvers en n'y retrouvant plus son maître Rubens, mort quelques mois auparavant, acheva de l'accabler. Les nouvelles qui lui
arrivaient d'Angleterre étaient encore plus faites pour

le désespérer. Dans le mois de mai, l'un de ses protecteurs les plus fidèles, lord Strafford, avait été arrêté et exécuté ; tous ses autres amis étaient menacés. Il ne se décida pourtant à quitter Paris qu'à la fin de novembre (1). Quelques jours après son arrivée, le 1er décembre, sa femme accouchait d'une fille, Justiniana. Le jour même, il faisait son testament et, malgré les efforts des médecins que le roi avait appelés près de lui avec une sollicitude plus affectueuse que jamais, il expira le 9 décembre. Il fut enterré dans la cathédrale de Saint-Paul.

(1) La date de ce départ est prouvée par une curieuse lettre de Van Dyck, ayant fait partie de la collection Benjamin Fillon, et mise en lumière par M. Guiffrey, dans laquelle il fait demander au cardinal un passe-port pour lui, ses cinq serviteurs, son carrosse et ses quatre chevaux (15 novembre 1641). Ainsi tombe la supposition faite par M. Michiels au sujet du portrait de lord Strafford avec son secrétaire, portrait qu'il croyait exécuté à Londres en avril ou mai 1641, et dans lequel il voyait une allusion à l'envoi fait par Strafford au roi de la lettre héroïque par laquelle il le priait de ratifier sa sentence de mort.

V

Si les faits certains recueillis soit dans le judicieux
ouvrage de M. Guiffrey, soit dans le livre enthousiaste
de M. Michiels, permettent de reconstituer, mieux
qu'on ne l'avait pu faire encore, la vie agitée de l'artiste mondain dans les milieux divers qu'il traversa, les
dates établies par ces faits, en constituant la chronologie de ses travaux, jettent aussi de vives lumières sur
son œuvre dont elles montrent les transformations
étroitement liées aux transformations de son esprit. Van
Dyck, presque autant que Rembrandt, s'est complu à se
peindre lui-même. Trois de ses portraits sont spécialement intéressants : celui de la *National Gallery*, où le
jeune homme, brillant et frais, presque imberbe, assez
gras, montrant d'un air dégagé sa belle main, sourit
doucement à l'avenir ; celui du recueil des eaux-fortes,
reproduit sur le frontispice des *Centum Icones*, où
l'homme radieux, en pleine possession de sa virilité élégante, confiant en son destin, sûr de sa gloire, le front
haut, la lèvre pincée sous sa moustache retroussée, lance

de ses yeux perçants par-dessus son épaule un regard
de maître un peu dédaigneux ; celui du musée du Louvre,
où, dans une toilette à la fois plus luxueuse et plus négligée, il dresse déjà moins fièrement la tête et laisse
voir sur son visage bouffi et pâli les traces d'une fatigue
précoce. Il suffit d'avoir vu l'un d'eux pour comprendre
qu'on se trouve en face d'un tempérament extrêmement vif et nerveux, d'une intelligence déliée et sagace,
d'un caractère prompt et impressionnable.

Érasme Quellin eut un jour la fantaisie, dans un
dessin qu'a gravé Pontius, d'accoler l'image du chevalier Van Dyck à l'image du chevalier Rubens ; quelles
différences entre ces deux physionomies ! Chez le maître, l'œil largement ouvert, la bouche forte et parlante,
le port franc et ferme, un superbe épanouissement de
santé, de force souriante, de naturelle volonté ; chez
l'élève, le regard aigu et perçant, les lèvres fines et ser-
rées, quelque chose à la fois de plus distingué et de plus
réservé, une sorte de délicatesse efféminée, avec une
pointe de fatuité dans les traits, l'allure, l'expression.
Les contemporains, du reste, sentaient bien le contraste
des deux natures et des deux talents ; au-dessus du médaillon de Rubens voltige une flamme avec des fou-
dres ; au-dessus du médaillon de Van Dyck, deux colombes se becquètent. « Vous qui l'avez aimé, disent les
hexamètres du titre, vous doutiez en tremblant, si
c'était Cupidon lui-même ou le dieu porteur de l'arc. »
Apollon ou l'Amour, tels étaient, en effet, les dieux
avec lesquels les goûts allégoriques du temps lui pou-

vaient trouver quelque parenté. Lui-même s'est peint une fois en berger Pâris. Cette tournure d'esprit sentimentale explique à la fois dans sa vie certaines vanités et dans son œuvre certaines afféteries ; cette sensibilité excessive donne le secret des mobilités apparentes de son talent dont le fond, assez limité, ne se modifia jamais.

L'enseignement scrupuleux de Van Balen avait déposé dans son esprit des principes de respect pour l'exactitude du dessin, au moins dans les têtes, dont il ne se départit jamais, même aux jours de ses plus grands relâchements. Cette analyse consciencieuse de la physionomie le rattache, plus que Rubens même, à tous ces bons et loyaux portraitistes, fidèles aux vieux systèmes, soit en Flandre, soit en Hollande, Mireveld, Moreelse, Ravestein, Van der Helst, Pourbus ; mais le passage chez Rubens lui donna, en plus, la flamme étincelante et la chaleur communicative. Dans son commerce prolongé avec ce génie exubérant, le jeune homme, exalté et troublé, put même se croire transformé et s'exagérer sa vigueur. Il s'élança avec l'ardeur de son âge vers les hautes conceptions de l'art historique et religieux. Tous les dessins qui nous restent de cette époque, les esquisses pour l'*Arrestation du Christ*, pour le *Martyre de sainte Catherine*, pour *le Serpent d'airain*, révèlent la surexcitation dans laquelle il vivait alors ; quels déploiements de mise en scène dramatique, quelles exagérations de mouvements violents, quelles préoccupations de brusques effets de lumière ! Pourtant, dans ces dessins, jetés à la hâte sur n'importe quel papier, avec n'importe quel instrument, par une main qu'on sent nerveuse et fiévreuse, en réalité rien ne se précise, ni ne s'achève ; le crayon glisse, l'encre coule, les figures s'effilent ; la pensée fuit avant d'être saisie, et, quand l'effort du rêveur a pu dégager, dans un pêle-mêle de formes flottantes, la figure principale entourée de quelques physionomies très expressives mais sans corps, sa volonté est déjà fléchissante et sa force près de succomber. Malgré la puissance d'une éducation singulièrement vigoureuse, on sent que le jeune homme, trop frêle pour porter le poids de longues méditations, n'est vraiment à l'aise qu'en face d'un beau visage exprimant des passions nobles ou des sentiments délicats ; on devine qu'il se surmène lorsqu'il veut, à toute force, grouper, dans des attitudes résolues, des figures entières. Comme les doux poètes et les tendres rêveurs qui réussissent toujours mal à paraître terribles, quand il traite des sujets tragiques, il en exagère gauchement l'horreur. Ses bourreaux sont d'une laideur invraisemblable et peu effrayante.

Le voyage d'Italie eut pour effet de calmer cette exaltation. Ce ne furent pas seulement les Vénitiens, malgré tant d'affinités intimes, qui, à l'abord, s'emparèrent de lui pour l'éclairer et l'apaiser. Les compositions correctes des académiciens bolonais, l'exécution vigoureuse des réalistes lombards, les figures coquettes des praticiens romains l'attirèrent tour à tour par quelques qualités spéciales. Il sera telle de ses œuvres, postérieure au séjour d'Italie, où l'on surprendra encore, bien longtemps après, dans la grandeur ou dans la froideur d'une pose, dans la fermeté ou dans la dureté d'une opposition de couleurs, dans la grâce ou dans l'insignifiance d'une tête, une réminiscence tenace des Carraches, de Caravage, de Pietro da Cortona. Ces influences secondaires, dont il n'eut pas d'ailleurs à souffrir, lui donnèrent le goût des figures bien assises, des ordonnances claires, des distributions décoratives, et lorsqu'il se présenta devant Titien et Véronèse, il en put subir l'éblouissement sans trouble. Dans cette voluptueuse séduction de Venise qui décida la floraison de son talent, on ne le voit pas perdre pied un seul instant. Tout en fondant ses couleurs, encore troublées par de vifs éclats flamands, dans l'unité plus grave de ces harmonies calmes et profondes dont Titien venait de lui révéler la puissance, il conserve son dessin résolu et précis, assurant ainsi des dessous toujours fermes et résistants à ces flottantes expansions de lumières dans lesquelles devaient désormais apparaître toutes ses figures parées, comme par une grâce native, d'une élégance indéfinissable. Les feuilles de croquis conservées chez le duc de Devonshire, sont un admirable témoignage de la perspicacité avec laquelle il analysait, en un instant, les physionomies les plus diverses et de la décision savante avec laquelle il en résumait, d'un trait sûr, le caractère expressif. M. Guiffrey a fait reproduire plusieurs de ces petites feuilles qui contiennent dix ou douze têtes ; on distingue, du premier coup, quand c'est un portrait, la race, le tempérament, la profession, le caractère, et, si c'est une tête d'imagination, le personnage représenté. On ne saurait pousser plus loin l'intelligence de la figure humaine. Aussi, pour beaucoup d'amateurs, les portraits de cette période italienne avec leurs contours accentués, leurs expressions décidées, leurs colorations ardentes, restent-ils les meilleurs de Van Dyck ; ils le seraient, en effet, si l'on s'en tenait au nombre des mérites que l'artiste y réunit, sous des influences diverses et souvent juxtaposées.

Durant son séjour en Belgique (1626-1632), nous l'avons vu, il chercha surtout à se mesurer avec ses condisciples, Crayer, Jordaens, Schut et les autres, dans la peinture religieuse. Mais il y apporta cette fois, avec plus d'expérience, une prudence réservée qui contraste avec les tumultueuses ambitions de sa première jeunesse. Dans ses grands tableaux, *l'Extase de saint Augustin*, les *Mariages mystiques de sainte Rosalie et du bienheureux Herman*, même dans l'*Érection de croix*, les personnages sont peu nombreux, groupés côte à côte dans des attitudes bien déterminées. Nul encombrement de mise en scène, peu de contorsions des corps, même lorsqu'une passion violente les secoue et les tend. Il en est de même, à plus forte raison, dans les scènes simples, à deux ou trois personnages, les *Madones, Ensevelissemens, Pietà*. Souvent même les ordonnances sont monotones, les gestes convenus, les fonds sacrifiés, les draperies encombrantes ; malgré tant de causes d'infériorité, ces compositions, ou souriantes ou pathétiques, restent supérieures par une puissance expressive, séduisante ou poignante, d'une intensité irrésistible; toutefois, qu'on le remarque, la secousse morale qu'elles donnent part presque toujours d'un même point. Ce qui parle chez Van Dyck, ce ne sont point, comme chez les grands dramaturges, chez Michel-Ange ou chez Rubens, ni les groupes par leurs attitudes, ni les figures par leur geste, ce sont les visages, les seuls visages sur lesquels le désespoir irrémédiable ou la souriante sérénité s'expriment avec une vivacité sympathique. Tous les efforts que renouvelait Van Dyck pour se montrer un grand peintre d'histoire contribuaient donc en réalité à affermir les progrès qu'il ne cessait de faire comme portraitiste. L'exercice de l'art religieux lui donnait seulement un idéal supérieur d'expression qui l'élevait bien au-dessus des préoccupations méticuleuses des spécialistes du portrait, sans que son imagination en fût d'ailleurs assez agitée pour perdre de vue la réalité.

La force de création, assez vive chez lui pour le tenir toujours animé en face de la vie, n'y devint donc jamais assez dominante pour lui faire oublier ou transformer la nature. De là l'enchantement qu'on éprouve devant toutes ses figures, d'une noblesse si vraisemblable et d'un charme si naturel, sans qu'on ait à concevoir de doutes, malgré la séduction, ni sur l'exactitude des traits ni sur la vérité des expressions. Les gens qu'il peint ou dessine en ce moment sont d'ailleurs presque tous ou d'anciens camarades, ou des confrères aimés, ou des protecteurs respectés. Il met, à les immortaliser, une conscience et une verve qu'il ne retrouvera plus toujours, en Angleterre, devant la foule des clients indifférents. Les plus belles feuilles du *Centum Icones*, Vorstermans, Pontius, Breughel de Velours, de Wael, Snyders, etc., les superbes portraits de Marie de Tassis à la galerie Lichtenstein, ceux de François de Moncade, du *Gentilhomme et d'un Enfant*, d'une *Dame et sa Fille* au musée du Louvre, la plupart des portraits en pied de la Pinacothèque de Munich datent de cette période bénie et montrent la fusion décidément accomplie entre les éléments divers qui composent son originalité.

Durant la période anglaise, cette originalité se raffine, s'attendrit, s'aiguise avec une sensibilité croissante, qui, vers la fin, tourne à la subtilité ou à la fadeur. C'est le moment où, comme peintre, il invente les combinaisons les plus séduisantes. Sa peinture, allégée et éclairée, d'une pâte plus fine, d'un éclat plus souple, d'une touche plus rapide, d'une impression plus frémissante, devient par instants, pour la vue ravie, une caresse exquise. Quels yeux resteraient insensibles à ces adorables fraîcheurs de tons nacrés, à ces voluptueux accords de nuances attendries au moyen desquels il exprime alors ce qu'il aima toujours le mieux au monde, ce qu'il sentit d'un cœur si sincèrement ému, la délicate beauté des femmes et la gentillesse câline des enfants? Quels bouquets de fleurs savamment nuancées offrent des harmonies aussi rares que les groupes des *Enfans de Charles I*^{er} au musée de

Turin, au château de Windsor, au musée d'Amsterdam? Enchantement des yeux, enchantement de
l'âme. Tous ces beaux enfans, malgré le luxe de leurs
chatoyantes soieries, malgré la gêne de leur attitude
imposée, restent, au fond, si naïfs et si étonnés, avec
leurs petites mines sérieuses, avec leurs grands yeux
brillants de fils de rois adulés et précoces! Ces mêmes
colorations affaiblies et alanguies, d'un charme subtil et
presque maladif, donnent aux nobles dames de l'aristocratie anglaise un attrait de mélancolique élégance
que la terre de Shakspeare sut bien comprendre et
que l'art anglais, depuis ce jour-là, n'a cessé de rechercher. Même aux derniers jours de sa vie, alors que
ses forces sont brisées, l'artiste, plus sensible que jamais, a tout à coup des réveils surprenants de vigueur;
mais son pinceau brillant mêle alors à ses éclats, avec
une tristesse souriante, d'étranges pâleurs d'automne.
Notre *Charles Ier à la chasse* du grand Salon, *le Prince
Guillaume d'Orange et sa Fiancée Henriette-Marie d'Angleterre* au musée d'Amsterdam, d'innombrables portraits en Angleterre, sont dus à ces dernières intermit-
tences de génie.

Il n'est donc pas besoin de vouloir à toute force
mettre Van Dyck presque sur le même pied que
Rubens, comme on l'a fait quelquefois par une singulière exagération, pour lui être équitable et le juger
à sa valeur. Rubens est un de ces génies exceptionnels
qui se dressent par instants dans l'histoire des arts pour
en changer le cours et entraîner le monde à leur suite.

Sans Rubens on ne conçoit ni la peinture flamande
au xviie siècle, ni la peinture en Europe depuis trois
siècles, tandis que l'absence de Van Dyck n'eût pas
troublé profondément l'aspect général des productions
pittoresques. Sa part de gloire, d'ailleurs, reste encore
assez belle pour qu'il ne faille pas la compromettre en
l'exagérant. Dans ce genre admirable du portrait,
Van Dyck n'a pas seulement résumé tout ce qui avait
été acquis, avant lui, soit dans les Flandres, soit en
Italie, en fait de naturel, d'exactitude, de sensibilité. Il
y apporta quelque chose de plus. L'aisance extraordinaire qu'il mit à dégager sans effort, de la figure
humaine, tout ce qu'elle peut contenir, même chez les
personnages les moins intéressants, de distinction morale, d'élégance corporelle, de charme communicatif,
de personnalité expressive, fut d'un exemple surprenant, à la fois plein d'attraits et de périls, qui, dans tous
les cas, ne peut plus être oublié. Peintre attentif d'une
société raffinée, il se trouva, par suite de sa vie répandue,
posséder, sans pédantisme, à un degré supérieur, cette
pénétration psychologique qui est la qualité dominante,
au xviie siècle, de tous les beaux esprits dans les grands
centres de la civilisation européenne. Historien impartial, curieux et fidèle, du bout de son pinceau alerte, il
peint les patriciens de Gênes, les bourgeois d'Anvers,
les princes de France, la cour espagnole à Bruxelles,
la cour de Charles Ier à White-Hall, avec la précision,
la désinvolture, le laisser-aller aristocratique et la
finesse légère d'aperçus que montreront un peu plus

tard Saint-Evremond et Hamilton en décrivant la
cour de Charles II du bout de leur plume dédaigneuse.
Seulement Van Dyck, plus que ces courtisans scep-
tiques, tient encore à la grande Renaissance par la
vivacité des impressions et par la chaleur de l'âme.
C'est pourquoi, même après les Brugeois, même après
les Florentins, même après Dürer, Titien, Holbein, il
trouve encore, pour éclairer, pour expliquer, pour faire
aimer la figure humaine, une manière de voir nouvelle,
moins forte peut-être et moins souveraine, mais pourtant si heureuse et si nécessaire que, depuis son passage,
aucun peintre n'a pu essayer à son tour de fixer sur le
papier ou sur la toile un visage vivant sans être obligé
de penser à lui et de redouter son souvenir. La France
ne doit guère moins de reconnaissance à Van Dyck
que l'Angleterre elle-même. Sans parler de nos illustres graveurs du xviie siècle formés à son école, n'est-ce
pas de lui que procèdent chez nous, Rigaud, Largillière
et toute la suite de nos portraitistes élégants, aussi bien
que là-bas Reynolds, Gainsborough et Lawrence ?
Pierre Puget, notre grand sculpteur, a voulu mourir
entouré de ses œuvres. Sa gloire, à quelque rang qu'on
la veuille mettre, est de celles qui ne périront point.
Comme tous les poètes sincères, il a payé sa science de
l'âme au poids de ses propres douleurs, et, parce qu'il a
vécu, son œuvre reste vivante.

1882.

LES

DESSINS DE MAITRES ANCIENS

A L'ÉCOLE DES BEAUX-ARTS.

La passion pour les dessins de maîtres, que nous voyons chez quelques amateurs poussée jusqu'aux plus nobles prodigalités, n'est point une passion nouvelle. Dès qu'il y eut de grands peintres, il se trouva autour d'eux des disciples et des admirateurs pour recueillir avec respect ces lambeaux de vélin et ces chiffons de papier sur lesquels leur génie, ému par la nature vivante ou transporté par l'imagination, avait jeté ses premières et vives empreintes. Ces collectionneurs, d'ailleurs en petit nombre, mirent à grossir leurs portefeuilles un acharnement d'autant plus grand que le plaisir qu'ils en tiraient était plus rare et plus exquis. Grâce à eux, grâce à Vasari, à Jabach, à Crozat, à Mariette, à Lawrence et quelques autres, la pensée intime des siècles arrive jusqu'à nous dans sa pureté, et lorsque la cruauté du temps ou des hommes aura livré outes les œuvres d'art, tableaux, fresques, statues, à 'inévitable destruction, l'âme des grands artistes vivra encore dans leurs esquisses pieusement conservées. Il ne semblait pas toutefois que cette curiosité raffinée pour les travaux intimes qui préparent l'œuvre d'art, pour des ébauches d'apparence informe, pour des croquis, à peine indiqués, pour des griffonnages souvent malpropres, pût être le partage d'un groupe bien nombreux. La foule n'aime que les œuvres achevées et ne les trouve jamais achevées à son gré. Pour goûter tout ce qu'il y a de charme dans les tâtonnements d'un dessin, dans les hésitations d'un contour, dans les surcharges d'une hachure, dans les vivacités, les repentirs, les désespoirs de la plume ou du crayon n'obéissant qu'à moitié à l'imagination impatiente, il faut une éducation assez étendue, un goût déjà fort aiguisé. MM. Ephrussi et Dreyfus ont pensé que les Parisiens étaient assez mûrs pour être initiés à ces joies délicates. Ils ont frappé aux portes des cabinets les plus connus de France, chez M. le duc d'Aumale, chez MM. Armand, de Chennevières, Gatteaux, Dutuit, Étienne Arago, Dumesnil, Louis Galichon, de Goncourt, etc. Partout on leur a ouvert avec grâce. Ils ont fait appel à l'étranger, et cet appel a été entendu. Ils ont pu ainsi réunir à l'École des beaux-arts sept cents dessins environ, classés suivant l'ordre chronologique, où l'on suit, d'un vol rapide, l'histoire de la peinture depuis Giotto jusqu'à Prudhon. Les Parisiens leur ont donné raison en se portant à cette exposition intéressante. Beaucoup d'entre eux ignoraient, sans doute, jusqu'à ce jour, que le Louvre contient, dans ce genre, d'incomparables trésors; les voilà désormais mis en goût. Quant à ceux qui fréquentaient déjà les salles du Musée où sont rangés les plus beaux des trente-six mille dessins qu'il possède, ils retrouvent encore au quai Malaquais des motifs nouveaux d'admiration pour ces vieux maîtres, toujours jeunes, dont la variété ne lasse pas.

L'Italie ouvre la marche, et, par droit de génie, tient la grande place. Dès son réveil, à l'aurore du XIVᵉ siècle, avec quel admirable instinct elle devine toutes les voies où pourra passer l'art de la peinture, avec quelle vivacité elle les tente, avec quel bonheur elle les ouvre! Du premier coup, Giotto voit la nature et sait s'en servir ; du premier coup, il a compris que vérité et beauté, c'est tout un, la beauté n'étant que la vérité simplifiée, réchauffée, exaltée par la foi ou l'enthousiasme. Comparez ses esquisses pour le *Jugement de Joseph* avec les miniatures suivant la formule byzantine du siècle précédent, vous êtes frappés d'étonnement pour ce génie à la fois si positif et si hardi. Au lieu de tradition, l'observation, au lieu d'idoles, des hommes; le voile est déchiré, l'artiste se met en face de la vie. Les hommes que le peintre esquisse d'un trait naïf, mais ferme et profondément expressif, ne sont plus des abstractions; ce sont de bonnes gens qu'il a vus, qu'il a coudoyés, dont il a suivi les gestes et surpris les attitudes avec sa finesse, volontiers goguenarde, d'avisé Florentin. Tout l'art de l'Italie est en germe dans le Giotto comme toute sa poésie est en fleur dans le Dante ; ce sont deux génies de même portée ; il ne manqua au peintre qu'un instrument préparé comme l'était déjà la langue pour le poète. Je doute un peu que le dessin de la *Navicella* soit de sa main, mais la composition, les gestes, les expressions sont bien de lui. Comme cela est réfléchi, équilibré, expressif ! comme cela annonce et prépare, à deux siècles d'avance, la *Cène* de Léonard !

Après Giotto, il y eut en Italie, durant la première génération, comme une sorte d'incubation latente de son génie ; mais la floraison qui suivit au xvᵉ siècle fut d'un éclat unique. Le seul qui fût de force à reprendre la tâche entière, Masaccio, mourut, par malheur, trop jeune ; mais d'autres, se partageant la besogne, cultivèrent avec ardeur, dans tous les coins, le terrain où Léonard, Michel-Ange, Raphaël, devaient récolter de si riches moissons. On peut suivre, au quai Malaquais, presque tous ces efforts indiqués dans des pièces bien choisies. Masaccio, il est vrai, et c'est regrettable, manque dans la série ; mais Fra Angelico s'y révèle avec de discrètes études d'*Évangélistes* et d'*Anges* dans toute l'exquise fraîcheur de son âme. Nul ne regarda les créatures vivantes d'un œil plus sincère, ni d'un cœur plus aimant. Ses croquis sont ceux d'un miniaturiste, fins et nets, légèrement posés sur des papiers à teintes tendres, comme le seront ses fresques sur les parois azurées des cellules de Saint-Marc. Des contours minces et précis, peu ou point de hachures,

presque pas de modelés, çà et là seulement quelques
rehauts de blanc délicatement jetés, c'est tout et c'est
charmant. Un demi-siècle après, en plein triomphe
de la science pittoresque, les Florentins fidèles, les
plus purs, les plus graves, se contenteront encore de
cette façon honnête et modeste de dessiner. Il n'en
faut pas plus à Lorenzo di Credi pour animer d'une
vie intense ses portraits, si légers à la fois et si profonds, de vieillards pensifs et de naïfs adolescents où l'intelligence illumine et ennoblit les linéaments souvent
épais de la physionomie locale. Il n'en faut guère plus
à Fra Filippo Lippi, ni à son fils Filippino, pour faire
vivre leurs délicieuses figurines, ni même à cet audacieux et magnifique Signorelli pour tordre, sur le papier, les corps musculeux de ses damnés. Avec Botticelli, le dessin s'affine et se complique; le crayon est
souvent laissé pour la plume dont l'accent est plus vif;
mais, chez lui, ce travail de la plume n'est qu'un prétexte à un second travail précieux de lavage au bistre
et de rehauts à la gouache qui font de ses études des
œuvres d'art spéciales et complètes. La svelte figure de
l'Abondance, étude pour le beau tableau qui vient de
passer de la galerie Reiset dans la galerie d'Aumale,
révèle tout entier ce génie, subtil et profond, chez qui
la recherche semble si naturelle qu'elle n'enlève rien
aux charmes de sa grâce incomparable et de son étonnante tendresse.

A côté de lui, presque tous ses contemporains sai-
sissent aussi la plume et le pinceau de bistre, qui sont

désormais les instruments habituels des dessinateurs italiens pour leurs projets et esquisses. Quelques-uns s'en tiennent même à la plume qui donne au dessin une force et une franchise incomparables. La plume n'a pas le droit d'hésiter et ne peut cacher ses repentirs; c'est l'arme des forts. C'est l'arme du grand Donatello, qui la manie, le premier, avec une hardiesse qu'on ne dépassera guère, c'est l'arme de Verocchio, qui s'en sert en orfèvre, avec moins de majesté, mais avec une vivacité savante, ce sera enfin l'arme terrible du grand Michel-Ange qui réunit en lui toutes les puissances du génie florentin devenu le génie universel. Les dessins de Buonarotti forment un des panneaux les plus curieux de l'exposition; et, parmi eux, les deux feuilles d'étude à la plume pour une *Sainte famille* et pour *la Vérité* sont comparables aux plus intéressantes du Louvre ou des Uffizii. C'est là, sur ces feuillets couverts jusqu'aux bords de figures entremêlées, d'esquisses interrompues, de projets entreheurtés et souvent surchargés d'écritures, vers, prières, ou notes d'atelier, que se révèle, dans toute son exubérance et son activité, cette intelligence prodigieuse où la décision du vouloir accompagne et sert toujours la variété du désir. Les croquis de Michel-Ange ne semblent confus qu'à cause de la multiplicité des pensées qui s'y agitent, car chaque pensée, même non poursuivie, s'y montre nette et ferme, dans une forme résolue et arrêtée, qui serait définitive pour tout autre que pour cet infatigable chercheur. Lorsque le maître formidable s'apaise et s'adoucit, il prend le crayon et la sanguine, si fondante et si moelleuse : il reste alors grand dans le charme comme il était grand dans la force et il asseoit sur les genoux d'*Adam* une *Ève* élancée et robuste qui porte, dans son allure plus encore que dans sa coiffure, la marque indélébile attachée à toutes ses créations.

Léonard de Vinci et Raphaël sont, ce semble, moins bien représentés que Michel-Ange. Le Louvre, il est vrai, possède de leurs mains des morceaux si éclatants qu'on aurait peine à trouver les semblables dans des collections particulières. Cependant tous les croquis si alertes et si vivants, de Léonard (*des Soldats, des Victoires, des Hommes nus*), toutes ses études d'enfants et de draperies, renouvellent en nous de délicieuses émotions. Le *Buste de Guerrier* est de sa façon la plus fière, la plus rigide et la plus riche ; le *Portrait de femme*, sœur de la Joconde et mère de notre Prudhon, quoiqu'un peu restauré, est d'une ampleur et d'une beauté incontestables, et nous avons là encore la première conception de l'*Adoration des Mages* du musée de Florence. Si c'est dans leurs dessins, plus que dans leurs peintures, que peut être devinée la pensée mobile et créatrice des vrais maîtres, c'est aussi dans leurs dessins, librement exécutés dans l'atelier sans souci de la vente ni de l'effet à produire, qu'on saisit le mieux les traces de leur filiation intellectuelle. Certaine façon d'attaquer le contour, de mêler les hachures, d'accentuer les cassures des plis ou les saillies de la forme, se transmet de génération en génération et révèle la communauté d'origine. C'est dans ses dessins que Léonard dit clairement : « J'ai passé chez Verocchio. » C'est dans ses dessins que Raphaël s'avoue le disciple successif, mais rapidement émancipé, de Perugin, de Fra Bartolomeo et de tous les grands Florentins dont il s'approprie en bloc l'héritage. Rien de plus curieux à suivre, chez lui, que cette assimilation sympathique de tout ce qui l'entoure, jusqu'au jour bien proche où il attaque le dessin, soit à la plume, soit au crayon, sans hésitation, sans système, sans manière, avec une aisance abondante et une souplesse puissante qui le signalent entre tous. Nul ne dit plus franchement et plus simplement ce qu'il veut dire, toujours fidèle à la nature, mais toujours libre dans sa fidélité. On voit que, comme son maître Fra Bartolomeo, il faisait d'abord, pour toutes ses compositions, des études nues. Il ne drapait ses saints et ses vierges que lorsqu'il était certain de leur avoir donné des corps viables. En cela, il se montrait sans doute plus consciencieux que son maître, l'habile et sceptique Vanucci, dont les figures soignées, toujours munies de têtes exquises, témoignent souvent, par la mesquinerie disproportionnée de leurs extrémités, d'une indifférence pour la vérité que son activité commerciale explique sans l'excuser. Dans les dessins de Raphaël, même les plus jeunes, on sent, au contraire, l'artiste délicieusement sincère qui va toujours droit à l'impression de sa pensée ou de ses sensations, qui se sert tour à tour de tous les procédés quand ils lui paraissent bons, mais ne s'attache à aucun et ne pense à tirer vanité d'aucun. Un carton, une esquisse, une étude, un croquis de Raphaël, non seulement ne sont point faits par les mêmes moyens, mais ils ne contiennent jamais que ce qu'ils doivent contenir. Le dessinateur ne s'y complaît point dans son dessin et ne lui donne d'agréments que ce qu'il en faut, soit pour offrir à ses collaborateurs une indication certaine, soit pour fixer sa propre pensée. Plus tard, nous trouverons de brillants dessinateurs qui savent que leurs esquisses iront prendre place chez les amateurs, qui cherchent dans leurs croquis la tournure à la mode, qui leur donnent, suivant le goût courant, la désinvolture d'une improvisation ou la tenue d'un ouvrage définitif. A l'aube du xvi⁰ siècle, en général, on n'en est point là. Cette triomphante sincérité qui est le charme souverain de Raphaël est aussi le charme de ses aimables contemporains à Florence et à Milan, Andrea del Sarto et Bernardino Luini. Un fragment recollé de carton par ce dernier, *l'Enfant Jésus et le petit saint Jean s'embrassant*, montre, dans toute sa grâce, l'héritier attendri de Léonard.

Quand on passe de Florence et de Rome à Padoue et à Venise, quel brusque changement de direction ! Dès l'origine, en plein xv⁰ siècle, au milieu de cette grande poussée vers les études naturalistes et les imitations de l'antique qui fut commune aux deux centres d'art, dans les dessins de la haute Italie, éclate la diversité du tempérament. Voisins de l'Allemagne,

les peintres du Nord n'échappent pas à une certain
influence, mal précisée jusqu'ici mais incontestable
du naturalisme septentrional plus rigide et plus âpr
que le naturalisme méridional dont la tendance es
plus calme. En même temps, par Venise, ils sont tou
initiés de bonne heure à l'éclat décoratif des coloration
orientales. Tous les dessins de cette première période
fièrement et rudement serrés dans leurs contours, mai
en même temps hardiment relevés par des accents chaleureux qu'on ne trouve guère dans les dessins toscans
dénotent, sans hésitation, cette double tendance, le
recherche de l'expression par le mouvement et de le
séduction par la couleur.

Rien de plus agréable à suivre que l'évolution rapide et facile par laquelle les maîtres vénitiens font
sortir de l'enseignement austère de Mantegna l'art enchanteur et magnifique qui convient aux riches seigneurs de la laborieuse cité. Les maîtres graveurs,
Nicoletto da Modena, Giulio Campagnola, imitent naturellement de plus près le style fier et décidé du grand
Padouan; mais Giovanni Bellini, tout en conservant
le goût des ordonnances hardies et des attitudes superbes, substitue résolument les figures pittoresques
aux figures sculpturales et les enveloppe dans une
harmonie chaude et souple que dédaignait encore
l'énergique génie de son beau-frère. C'est la grande
heure de Venise ! Bellini survit à son cher élève Giorgione, mais il laisse derrière lui Carpaccio pour quelques années, Titien pour plus d'un demi-siècle ! Tous

ces maîtres ont quelques croquis au quai Malaquais, croquis à l'encre presque toujours, croquis larges et vibrants, où les contours ne sont plus inflexibles, comme chez les Florentins, mais où la coloration vigoureuse est déjà marquée par les piqûres frémissantes de la plume qui pétille sur le papier. Toutes les collections d'Europe possèdent de ces beaux paysages à figures par Titien où l'imagination voluptueuse du maître se joint à une haute observation de la nature ; on en retrouve toujours de nouveaux avec joie. C'est chez Titien qu'éclate le plus naturellement cet amour ardent de la vie et de la beauté qui soutint l'école de Venise plus longtemps que toutes les autres, et fit sortir, longtemps après l'incomparable Véronèse, des cendres d'une vieille décrépitude, le dernier des peintres italiens, le léger Tiepolo ! De Mantegna à Tiepolo, la chute est grande sans doute ; de ces fiers dessins aux arêtes audacieuses à ces lavis chiffonnés où s'agitent de vagues apparitions, la décadence est bien marquée ; mais, si appauvri qu'il soit, l'héritier est légitime : il porte, avec une désinvolture qui lui tient lieu de force, comme les derniers patriciens de Venise agonisante, le souvenir d'un passé héroïque.

L'école espagnole, qui n'est d'ailleurs qu'une ramification des écoles italiennes, est représentée par un trop petit nombre de dessins pour permettre d'y suivre, dans le développement de leur manière, des maîtres originaux tels que Velasquez et Goya ; mais la grande école du Nord a fourni d'abondants matériaux pour l'étude de ses trois branches, l'école allemande, l'école flamande, l'école hollandaise. Les organisateurs de l'exposition ont pensé avec raison qu'il importait surtout de mettre en lumière le génie des puissants inspirateurs autour desquels se range la multitude des maîtres secondaires. Des panneaux entiers ont été réservés à Albert Dürer, à Rubens et Van Dyck, à Rembrandt ; on y peut saisir sur le vif les mouvements variés de ces puissantes imaginations, toujours soutenues, dans leurs étonnants caprices, par un amour de la vie et un sentiment de la réalité qui ne s'affaiblirent jamais. Personne n'était mieux préparé que M. Ephrussi, par ses longues et sérieuses études sur Albert Dürer, à présenter un choix significatif des dessins de ce maître unique. Le *Séraphin* de 1497 (Dürer avait vingt-six ans) nous montre l'élève de Wohlgemuth déjà tout émancipé et mêlant déjà la poésie profonde de la vieille Allemagne aux recherches de haut style que lui avait apprises son premier voyage en Italie ; mais nous aurions mauvaise grâce à nous plaindre de ne pas assister aux premiers tâtonnements de son génie devant la magnifique série d'ouvrages virils, datés de sa maturité, qui nous étonnent tous par la saine et hautaine franchise de leur style. Y eut-il au monde un artiste plus convaincu et plus sincère qu'Albert Dürer ? Je ne le crois pas. Fermement attaché aux traditions de son pays, mais l'âme ardemment ouverte à tout ce qui lui pouvait arriver du dehors et la grandir sans la troubler, Albert Dürer établit entre le génie du Nord et le génie du Midi une communication féconde et digne, où nul des deux ne s'abaisse, et que tous ses successeurs en Allemagne, sauf Holbein, furent impuissants à reprendre. Les *Portraits de Wilibald Pirkheimer* et de *Maître Hieronymus* (1503-1506), entre plusieurs autres, souples et colorés comme à Venise, précis et nets comme à Bruges, montrent la fusion accomplie. Rien n'égale la variété des sujets que traite Albert Dürer, si ce n'est la variété des procédés qu'il y applique. Dans la poursuite de l'expression par la vérité, il apporte la même sincérité incorruptible et touchante que Raphaël dans la poursuite de l'expression par la beauté. Aussi de tous ces dessins, les plus intenses, les plus vivants, les plus émus, sont-ils ceux qu'il faisait devant la nature même. Les feuillets détachés de ses carnets de voyage, soit en Italie en 1505, soit surtout dans les Pays-Bas en 1520, où des portraits admirables d'inconnus côtoient presque toujours des vues microscopiques de paysages, de villas ou d'auberges, sont d'un enseignement précieux. On n'imagine pas de croquis à la fois plus vifs et plus complets, plus libres et plus nets, ni surtout plus hardiment sincères et plus profondément empreints de cette bonhomie savante qui est un des caractères d'Albert Dürer.

Albert Dürer, génie fier et viril, dur jusqu'en ses tendresses, grave jusqu'en ses joyeusetés, comme ce vieux Mantegna qu'il adorait et ne put voir, le premier graveur de son temps, concevait la peinture comme un dessin très résolu, aux lignes inexorables, que la cou-

leur pouvait rehausser, mais non dissimuler. Aussi
se sert-il volontiers dans ses croquis des instruments
durs et un peu secs familiers aux Florentins et aux
Padouans du xv⁰ siècle, la plume sans lavis et la pointe
d'argent. Pour les illustres Flamands du xviiᵉ siècle,
toujours décorateurs même lorsqu'ils tracent la figure
humaine, la pierre noire, la sanguine, le lavis de bistre
ou d'encre, tout ce qui mollit aisément sous la main
et peut se répandre en teintes délicates, deviennent
au contraire les outils préférés. Rien n'est assez souple,
assez libre, assez abondant pour représenter vivement,
au gré de l'imagination luxuriante de Rubens, les
mêlées tumultueuses d'hommes et d'animaux, les dé-
bordements de la chair, les emportements du geste,
l'agitation des draperies. Ses esquisses, hardies et flottantes, coulent d'un bond sur le papier, comme des
torrents lâchés. Chez Van Dyck, le cours de la pensée
est moins violent, d'allure plus attentive et plus retenue,
mais les procédés sont les mêmes, surtout dans les
compositions mouvementées ou pompeuses comme le
*Portement de Croix, le Jardin d'amour, l'Assemblée de
magistrats.* Dans ses portraits, destinés au graveur, il
reprend le crayon, mais alors avec quelle élégance,
quelle pénétration et quelle légèreté !

Toutes les esquisses des Flamands, en somme, sauf
les croquis attentivement délicats des primitifs ou de
leurs suivants, de Van Eyck, de Van der Weyden, de
P. Brueghel (*portrait du peintre P. Hoeck*), donnent
déjà, comme les esquisses des Vénitiens, la pensée des

peintures qui en sortiront. Les effets de couleur y sont indiqués, comme le but visé, par les noirs et les blancs avec une vigueur décidée. Mais celui de tous qui remue les clairs et les ombres du bout de sa plume audacieuse avec le plus de liberté et d'autorité, c'est sans contredit le Hollandais sans pareil, c'est Rembrandt! Vingt-trois dessins, esquisses, croquis ou griffonnages, marqués à sa griffe, trahissent l'agitation incessante de ce génie si humain et si compréhensif qui bondissait sans repos du monde de la réalité au monde du rêve avec une familiarité merveilleuse. Tous ces papiers, sabrés et hachés par une plume nerveuse, salis et maculés, comme au hasard, de taches violentes, soit qu'ils racontent des épopées bibliques ou des scènes de famille, soit qu'ils retracent les traits d'un contemporain ou les perspectives d'un paysage, parlent, dans leurs accents entrecoupés et haletants, le langage le plus ému et le plus communicatif que jamais peintre ait su parler. On a peine à concevoir comment des barbouillages tels que le *Jésus prêchant*, le *Judas restituant aux prêtres le prix de sa trahison*, le *Tobie recouvrant la vue*, l'*Esther implorant Assuérus*, etc., peuvent jeter dans l'âme des émotions si dramatiques et si poignantes. La puissance de l'art ne se manifeste nulle part avec une telle évidence, car elle apparaît là dénuée de tous les charmes dont elle aime d'ordinaire à se revêtir. Autour des lumineux fouillis de Rembrandt, on rencontre bon nombre de jolis dessins, exacts, sincères, émus, par toute l'honnête famille des petits maîtres, ses compatriotes. L'œil retombe avec surprise sur tous ces calmes pâturages, sur tous ces intérieurs riants, sur tous ces animaux pacifiques, comme au sortir d'un rêve étrange. Si exquis que soit Ruysdaël, si exact que soit Potter, si sincères que soient Albert Cuyp, Salomon Koninck, Van Goyen, les Van de Velde, si gais que soient Adriaan Van Ostade et Jan Steen, leurs fines hachures, leurs légers lavis ne peuvent effacer de la vue ces éclats frémissants de lumière qu'y a jetés le fantastique éblouissement de Rembrandt.

On pouvait craindre que l'école française, avec ses qualités raisonnables et tempérées, fît médiocre figure à côté des génies si originaux du Midi et du Nord. Heureusement Poussin, Claude Lorrain, Prud'hon sont de la partie ; ce sont eux qui nous sauvent. Tous les aimables auteurs de crayons et aquarelles du xviiie siècle, si fort à la mode aujourd'hui et pour lesquels l'exposition a dû se montrer hospitalière, n'y fussent pas parvenus. Boucher, Natoire, Nattier, Carle Vanloo, Greuze, ont leur prix ; il n'en faut point faire fi, cependant il faut les laisser à leur place. De Fragonard lui-même, ce demi-Tiepolo égrillard, n'a-t-on pas abusé ? Peut-être eût-on pu réserver un peu de la grande place qu'il occupe à Chardin, à Latour, les vrais sauveurs de la franchise nationale, représentés par de trop rares spécimens, et agrandir, à ses dépens, l'espace devant les aïeux de Chardin et de Latour, devant ces graves et délicats portraitistes du xvie et du xviie siècle, les Clouet et leurs élèves, les Dumoustier et les

Lagneau. Les quelques spécimens de cette époque qui ont été accueillis, les *portraits d'Isabelle de la Paix,* de *M. d'Alençon,* de *la duchesse d'Angoulême,* de *madame de La Rochefoucauld,* de *Jean de la Valette,* de *Louis de Lorraine* mettent en appétit singulier de voir des séries plus complètes. Il est clair qu'en présence du grand nombre de documents offerts pour l'histoire du dessin français les organisateurs ont dû se résoudre à faire des sacrifices. Ont-ils craint que les maîtres démodés fussent trop naïfs ou trop nobles pour un public plus touché par la grâce maniérée des décadences que par la grandeur simple des beaux siècles et à qui l'on imposait déjà ce rude effort d'admirer Michel-Ange dans son énergie, Albert Dürer dans sa sincérité, Rembrandt dans son désordre? Peut-être. Comme il fallait encore l'arrêter devant la vigueur sereine du Poussin et l'éclatante majesté de Claude Lorrain, on a dû le flatter, dans ses petites curiosités, en laissant s'introduire Baudouin, Carmontelle, Lawrence, Debucourt et autres légers coureurs des boudoirs, des coulisses et des rues, fins observateurs de mauvaises mœurs, agréables à consulter comme témoins d'une élégante décadence, mais qui se trouvent fort dépaysés en cette héroïque compagnie.

Quoi qu'il en soit, MM. Ephrussi et Dreyfus ont fait la part belle à Poussin et à Lorrain, c'est là l'important, et, en mettant à côté de leurs compositions un grand nombre d'études d'après nature, ils ont offert à nos artistes, trop souvent dédaigneux, un utile enseignement. Nicolas Poussin n'est pas seulement un ordonnateur admirable de grandes scènes historiques et mythologiques, c'est encore un des interprètes les plus sincères et les plus sains de la nature vivante, soit animée, soit inanimée, qui ait paru depuis l'antiquité. Par le sentiment chaste et puissant de la beauté qu'il manifeste en toutes ses conceptions, il va se rattacher directement à la Grèce ; de plus il retrouve, avec la haute et saine vision de la figure humaine, qui lui était enseignée par la statuaire antique, l'intelligence plus inattendue de la nature environnante que les Grecs ont sans nul doute possédée, mais dont le temps a fait disparaître les manifestations. Ses études de paysages, si fermement construites, si hardiment colorées, n'ont d'égales que les études de Claude Lorrain, exécutées, en général, comme les siennes, d'un trait vigoureux de plume, relevé de taches de bistre. Dans ces croquis émus et hardis où la lumière, toujours abondante, se distribue avec une incomparable splendeur, on retrouve les essais et les modèles de toutes les formes que le paysage a successivement revêtus. Le paysage héroïque, le paysage poétique, le paysage familier, ont été poussés à leur perfection par ce sublime amoureux des bois, des eaux et du soleil. Telle de ces esquisses semble avoir été l'inspiratrice constante de Corot, telle autre devine et prépare, à deux siècles de distance, les chefs de notre école moderne, Théodore Rousseau et Millet. Cette communauté de sensations qui relie, à travers les temps, les véritables artistes et qui leur donne une certaine marque uniforme, malgré la variété de leurs ouvrages,

se révèle encore de la façon la plus charmante dans la
belle série de dessins de Prud'hon, par lesquels se clôt
l'histoire de l'art français. La plupart d'entre eux sont
connus pour avoir déjà figuré dans diverses expositions;
mais il n'était pas mauvais qu'on les vît à côté des dessins de Léonard, de Corrège, de Luini, d'Andrea del
Sarto, de tous les Italiens, pénétrés de la grâce antique
et de la tendresse chrétienne, dont Prud'hon est le dernier frère. Ce voisinage redoutable n'enlève rien à la
gloire du plus exquis de nos peintres, qui ferait à lui
seul l'honneur d'une école.

L'exposition des dessins anciens à l'École des beaux-
arts est donc en vérité une des fêtes les plus heureuses
qui aient été depuis longtemps données aux artistes et
aux amateurs. La méthode chronologique, résolument
appliquée au classement des diverses écoles, permet à
l'œil le moins exercé d'y suivre aisément les mouvements d'ascension et de décadence de l'art dans chaque
pays, autour des grands génies qui en forment les som-
mets. Cette méthode permet encore à l'esprit le plus
confus d'en tirer ces deux conclusions qui ne sauraient
être inutiles par le temps qui court : la première, c'est
que tout grand épanouissement de l'art n'est que la ré-
sultante d'une longue série d'efforts dirigés avec ensemble vers le même but; la seconde, c'est qu'il n'est
de grands maîtres que les artistes laborieux et sincères,
ceux qui prennent toujours la nature pour guide et leur
âme pour flambeau.

Juin 1879.

LES COLLECTIONS

DU

CHATEAU DE CHANTILLY

PEINTURE

I

LES ÉCOLES D'ITALIE

Bien que la collection de tableaux réunis au château de Chantilly par M. le duc d'Aumale soit, avant tout, une collection française, les anciennes écoles d'Italie et du Nord y sont représentées par un certain nombre d'œuvres remarquables. Il est vrai qu'actuellement déposées plutôt qu'exposées, fort à l'étroit, dans la salle dite du Jeu de Paume où elles s'échelonnent comme elles peuvent le long des hautes murailles, ces peintures ne s'y présentent point toutes à leur avantage, mais lorsqu'elles occuperont, dans le château reconstruit, les galeries vastes et bien ajourées où leur sont ménagées avec soin des places spéciales pour chacune, elles y offriront, sans nul doute, un ensemble historique des plus intéressants.

La plupart des peintures italiennes proviennent d'acquisitions, anciennes ou récentes, faites en France, en Italie, et surtout en Angleterre. Les spécimens les plus précieux des écoles primitives ont fait partie de la collection Reiset, qui fut, en 1879, acquise en bloc par le Prince, et qui comprenait 40 peintures de premier ordre. On sait avec quelles précautions savantes, quels scrupules incessants cette collection avait été lentement et patiemment triée ; sa marque est une garantie de distinction, de perfection, de pureté. Chacun de ces 40 ouvrages, si petit qu'il soit, a donc pris naturellement une place excellente à Chantilly. Dans le nombre, ceux qu'on aime le plus à retrouver sont peut-être ces panneaux, parfois grands comme la main, où les doux et fiers ouvriers de l'aurore italienne ont fixé les rêves de leur âme enchantée.

Une *Mort de la Vierge*, attribuée à Giotto, montre bien avec quelle prudence ces réformateurs modestes du xivᵉ siècle se dégageaient peu à peu du byzantinisme dont ils croyaient simplement élargir les formules vieillies, mais toujours respectées. La composition, simple et grave, est empruntée à quelque Évangéliaire. La Vierge est étendue sur son lit. Près d'elle, Jésus, en habit sacerdotal, reçoit son âme sous la forme d'un enfant emmailloté qu'il soulève des deux mains, qu'il regarde tendrement, qu'il approche de lui, comme s'il l'entendait doucement balbutier. Autour du Sauveur, des anges, vêtus comme lui de chapes brodées, le contemplent, tandis que des deux côtés se rangent, debout ou agenouillés, les apôtres en prière. Le réel et le surnaturel se mêlent naïvement dans l'imagination du croyant et sous le pinceau du peintre. Mais ce qui dis-

tingue son œuvre libre de celle qu'eût faite la génération précédente, c'est le vif sentiment de nature et d'humanité qui déjà y perce de toutes parts. L'observation
de la réalité transforme et anime la composition traditionnelle en y introduisant des attitudes naturelles, des
visages parlants, des draperies simples. Dès cet instant,
la grandeur future de l'art italien est pressentie et
préparée par un incomparable génie. Bien que le
Mariage de la Vierge nous paraisse, par l'intensité de
certaines colorations, par la richesse orientale de quelques draperies, appartenir à un élève de Giotto, peut-
être un Siennois, plutôt qu'à Giotto lui-même, il n'en
porte pas moins sa haute empreinte et marque bien le
point de départ [1].

C'est à l'école siennoise, cette école d'une poésie si
particulière qui toujours s'isola pour être libre toujours,
qu'il faut rattacher un joli *Groupe d'anges dansant*
devant le soleil (Coll. Northwick). Avec quelle vivacité joyeuse ces cinq anges, ou plutôt ces cinq jeunes
filles aux tresses pendantes, qu'on voit de dos, agitent
leurs pieds en courant le long de la balustrade céleste !
L'une d'elles mène triomphalement la ronde en sonnant de la trompette. Rien de plus chaste et en même
temps rien de plus ardent. Cette alliance. de la grâce
antique avec la chasteté chrétienne qu'avait rêvée

1. Waagen cite une composition semblable, qu'il attribue également à Giotto, comme faisant partie de la collection Davenport
Bromley (*Treasures of art in Great Britain*, t. III, p. 374). Le
tableau de Chantilly a été acquis par M. Reiset, à la vente Mention et Wagner, en 1841.

Giotto, la voici trouvée ! Au reste, à Sienne, alors même que Florence, en plein xvᵉ siècle, s'adonnait exclusivement au naturalisme scientifique, on conserva toujours, dans quelques ateliers solitaires, la tradition d'une poésie moins savante, mais plus délicate. C'est ainsi qu'on y vit fleurir ce charmant rêveur Ansano ou Sano di Pietro (1405-1483) *pictor famosus et homo totus deditus Deo*[1], qui conserva pieusement le goût des légendes naïves et de la peinture simplement expressive. Le petit tableau qui le représente à Chantilly (Coll. Reiset), le *Mariage de saint François d'Assise avec la Chasteté, la Pauvreté, l'Humilité*, se rattache, pour la délicatesse du sentiment, la piété, la ferveur, à l'âge précédent. A Florence, personne, même parmi les élèves de Fra Angelico, ne concevait plus l'art d'une façon si adorablement enfantine. La recherche des progrès techniques et la vanité de métier commençaient à altérer insensiblement, même chez les plus sincères, la candeur native de leurs visions pieuses. Chez Ansano, la croyance heureuse aux interventions célestes s'exprime encore avec une franchise que rien ne trouble et une grâce timide qui s'ignore. Nous voici même loin de la majestueuse solennité avec laquelle Giotto menait la pompe nuptiale de François et de la Pauvreté sous les voûtes de l'église inférieure d'Assise. Ici, les trois vertus chères au saint populaire de l'Italie, revêtent les formes innocentes de trois « fresches pucelles » descendues d'en haut dans la

---

1. Expressions de son acte mortuaire citées par Rio, *Art chrétien*, I, 115.

vallée du Tibre pour offrir leurs mains au bien-aimé. Le saint, qu'un de ses compagnons regarde en extase, passe l'anneau au doigt de la Pauvreté, qu'on reconnaît à ses pieds nus. Rien de gracieusement chaste comme les attitudes des trois Vierges, rien d'humblement ardent comme le geste de François, rien de jeune et de vif comme l'élan rapide par lequel le céleste groupe, représenté une seconde fois sur le même panneau, reprend victorieusement son vol léger vers le ciel. L'exécution, unie et calme, ne porte, pas plus que l'invention, aucune trace d'effort. Les pâles figurines se groupent avec aisance, sur le bois, dans une harmonie douce de couleurs attendries, comme elles sont écloses dans l'imagination sereine du bon Siennois. La charmante gravure de M. de Mare en donne une juste idée.

Le grand retardataire de Florence, l'admirable, l'unique Fra Angelico, a laissé aussi voler, jusqu'à Chantilly, quelques vives parcelles de son modeste génie. Par quelles aventures ont passé ces deux petits panneaux, le *Saint Marc* et le *Saint Mathieu*, avant d'oublier l'église de Fiesole, où ils accompagnaient, comme décorations de pilastres, la *Vierge entre quatre saints* qu'on y admire encore et dont la *Predella*, qui excitait si vivement l'enthousiasme de Vasari, est devenue un des précieux trésors de la National Gallery[1] ! Ces figurines, arrachées à leur milieu naturel, n'en restent pas

1. *Crowe and Cavalcaselle*, History of painting in Italy, I, 584. — *Vasari*, éd. de Florence, 1848, t. IV, p. 29.

moins exquises ; elles sont aussi de celles « *che paiono veramente di Paradiso, nè puo chi vi si accosta saziarsi di viderle* ». Un *Saint Jérôme au désert*, qui porte aussi le nom d'Angelico, ne peut être attribué qu'à l'un de ses imitateurs. L'expression est fervente encore, mais la rigueur du dessin, la minutie des détails, l'alourdissement du type qui de svelte devient trapu, tout annonce que Giotto s'oublie et que Lippi n'est pas loin.

Le voici, en effet, le Florentin jovial, le moine émancipé, celui qui, l'un des premiers, introduit audacieusement dans la Bible et dans l'Évangile ses contemporains et qui, trouvant le ciel trop haut, en fait descendre les saints étonnés dans les rues bruyantes de Florence. Un merveilleux panneau, tout petit, dont se souviennent les visiteurs de l'Exposition d'Alsace-Lorraine, donne bien la mesure de cet observateur passionné des réalités vivantes, qui sut rester fidèle à la beauté tout en comprenant la laideur, et qui répandit autour de lui l'ardente curiosité dont son imagination fut toujours agitée. Si l'on n'y trouve plus d'un bout à l'autre cette élévation naturelle, cette ferveur naïve, cette humilité technique qui sanctifient les ouvrages imparfaits des Giottesques, quels accents imprévus, en revanche, quelles notes retentissantes de nature, de passion, de vie, de joie y éclatent avec une savoureuse précision et une attirante variété ? Quel grave bourgeois, Prudhomme un peu rogue et grincheux du Mercato Vecchio, a-t-il fait poser devant lui pour le transformer en saint Pierre ? Dans quel cloître a-t-il rencontré, lisant son bréviaire, le moine attentif dont il a fait un saint Antoine? Dans quel carrefour a-t-il vu polissonner tous ces *ragazacci*, tous ces *monelli*, aux faces rouges, aux têtes rondes, aux nez retroussés, aux yeux égrillards, aux crins ébouriffés, qu'il a ramassés pour en former le cortège irrespectueux de la Vierge? Ah! que nous sommes loin des diaphanes apparitions de Fra Angelico! Ce n'est souvent que la vérité terre-à-terre, mais une vérité si vivante, si criante, si réjouissante qu'on reste surpris et ravi comme devant la vie même. Joignez à cela que, par un de ces contrastes familiers à cet étrange peintre, la Vierge, au milieu de cette cohue un peu mêlée, la Vierge que nous connaissons, la Florentine pensive, au grand front et aux fines lèvres, celle que Michel-Ange lui-même ne pourra oublier, Lucrezia Buti ou l'une de ses proches, se tient avec une chasteté noble et bienveillante qui fait mieux ressortir la familiarité parfois un peu triviale de son entourage, et vous comprendrez qu'un des propriétaires inconnus de ce petit chef-d'œuvre ait pu gravement inscrire au revers ce véridique adage : *Non è il grande che fa il buono, è il buono che fa il grande*. Il a eu le tort, il est vrai, d'ajouter : *Magnum Masacci Opus* Masaccio n'a rien à voir dans cette affaire, où chaque coup de pinceau précis, résolu, ardent, est une signature éclatante de Lippi. M. Reiset acquit en 1840, du célèbre expert George, cette peinture que Sergent Marceau avait mal gravée en 1807.

Le plus noble élève de Lippi, l'inquiet Botticelli, a

la part plus belle encore. Sa *Vierge* assise, tenant sur ses genoux l'Enfant Jésus à qui elle offre une rose, date certainement de son meilleur temps [1]. Un bel ange aux longs cheveux, un de ces fins adolescents toscans, aux traits irréguliers et parlants, portant une corbeille de fleurs, regarde le divin groupe avec un de ces mélancoliques sourires, un peu hautains, qui ont succédé aux rires épanouis et indifférents des anges de Lippi. Botticelli n'a pas encore oublié Lippi, mais il l'élève, l'ennoblit, l'épure. Le génie compliqué de Mantegna n'a pas encore troublé de mille incertitudes ambitieuses son âme de Toscan, cette âme claire, lumineuse, vive, qui s'ouvre si vite, trop vite peut-être, à toutes les admirations comme à toutes les sensations. Ce tableau, d'une exécution ferme, d'un style libre, d'une pâte légère et brillante, appartenait autrefois au prince de Salerne.

L'autre Botticelli vient encore de M. Reiset. On en a vu, en 1879, deux très beaux dessins, l'un appartenant à M. Malcolm, l'autre à M. de Chennevières, à l'exposition de l'École des Beaux-Arts. La *Gazette* a reproduit le premier [2]. C'est l'*Automne* ou l'*Abondance*, cette svelte et souriante figure, si gracieusement ajustée dans ses voiles diaphanes, qui marche, triomphante comme une Vénus émergeant des eaux, légère

---

1. Rio considère ce tableau comme un de ceux qui ont précédé immédiatement les deux *Vierges écrivant le Magnificat* du Louvre et des Uffizii (*Art chrétien*, II, 479).

2. *Gazette des Beaux-Arts*, 2ᵉ période, XIX, 548

comme un ange ailé des Annonciations, entraînant après elle des enfants gourmands et joyeux. Entre le dessin de M. Malcolm et le tableau du duc d'Aumale, il y a toutefois de notables différences. Dans la peinture, la figure s'est redressée, elle marche au lieu de courir ; moins souple et moins vive, elle a pris plus de noblesse et plus de gravité. La main droite qui tombait et portait une corne d'abondance (mal indiquée d'ailleurs, et comme déjà effacée), s'est relevée pour soutenir sur la tête une énorme corbeille de fleurs et de fruits qui donne de l'équilibre à la composition. L'ajustement, si délicieusement bizarre, a subi aussi quelques changements qui, à notre gré, sont moins heureux. Il semble que quelques années se soient écoulées entre le travail si vif et si poétique du dessinateur et le travail réfléchi du peintre, que soutient et que trouble à la fois un souci plus sérieux de l'expression symbolique. C'est ainsi que les gamins, si naturels et si gais, de l'esquisse, se sont changés en deux façons de Silènes en bas-âge, qui titubent, avinés, les jambes ballantes, le ventre gonflé, la face grimaçante, aux deux côtés de la déesse nourricière[1]. Celle-ci, calme et indifférente comme la Nature, traîne du bout du doigt l'un de ces jeunes ivrognes presque endormi et prêt à laisser tomber sa flûte, tandis que l'autre,

---

1. C'est sans doute la laideur si expressive et si hardiment accusée de ces figures qui permit à Selvatico de s'y tromper et d'attribuer, en 1840, ce tableau à Mantegna, dont l'influence y est d'ailleurs marquée. L'*Automne* se trouvait alors chez M. Baldeschi, marchand, qui disait l'avoir reçu de Mantoue.

plus allumé encore que son camarade, empêtré dans
les raisins et les pampres, chante et gesticule en rou-
lant sur ses maigres épaules sa tête bouffie de petit
vieux que menace un serpent enroulé à son bras [1]. Les
intentions allégoriques et morales se sont accentuées
aux dépens de la grâce. Telle qu'elle est, pourtant, la
figure est exquise, d'un style singulièrement fier et
d'une puissante exécution.

Une œuvre plus complète encore, d'une intégrité
admirable, que MM. Crowe et Cavalcaselle attribue-
raient volontiers à Botticelli, dont la grâce fière et
douce y semble, en effet, respirer, est le magnifique
portrait de *Simonetta Vespucci*, que M. Reiset restitue
à Andrea Pollajuolo. Quel qu'en soit l'auteur, c'est un
des plus parfaits spécimens du beau style florentin,
tel qu'il se précisa et s'agrandit sous l'impulsion de ces
peintres-orfèvres dont la main était si sûre et l'intelligence si haute, alors qu'il unit au sentiment le plus
incisif de la réalité, le goût le plus délicat dans ses
conceptions poétiques. Cette fois, nous avons toutes
chances de contempler le portrait authentique de cette
célèbre Simonetta, d'origine génoise, mais qui habita
Florence où elle épousa un Cattani, et qui fut aimée
par Julien de Médicis. L'inscription est peinte en pleine
pâte : SIMONETTA JANUENSIS VESPUCCIA ; le
tableau se trouvait encore chez les Vespucci lorsque
M. Reiset l'y acheta. Donc, point de doute. Mais, dans

1. Vasari, t, V, 193.

ce cas, la *Simonetta* de la Galerie Pitti, celle que
Vasari avait vue dans la collection des Médicis, ne
serait donc qu'une Simonetta apocryphe? A vrai dire,
on l'a toujours un peu pensé. Le type maigre et sec,
assez disgracieux, du visage, la simplicité extrême, ou,
pour mieux dire, le négligé de la toilette, qui donnent
à cette longue figure, d'un caractère si saisissant,
toute l'apparence d'une honnête, intelligente, mais
un peu sèche bourgeoise, ne répondent guère à l'idéal
qu'on se pouvait faire de cette jeune femme, élégante
et mondaine, aussi spirituelle que belle, courtisée par
la société la plus lettrée de l'Italie, qui mourut jeune
et accueillit la mort par un sourire. Le tableau de Pollajuolo, au contraire, transforme déjà la belle Génoise
en déesse, comme le faisaient, dans leurs vers, Pulci
et Politien, sans qu'il soit possible de mettre en doute
l'exacte ressemblance avec un dessinateur de cette imperturbable rigueur. En buste, les seins nus, sa fine
épaule à demi couverte d'une écharpe orientale, allon-
geant son blanc col de cygne dans une attitude un peu
fière qui rappelle, avec moins de gravité, pour la disposition générale, le beau bas-relief de Donatello,
qui est passé de la maison Valori chez M. Vaughan [1],
Simonetta, légèrement souriante, dresse son vif et délicat profil dans un ciel chaud et nuageux, au milieu
d'une campagne grande ouverte, semée de bouquets
d'arbres. Sa chevelure, ingénieusement tressée, où

1. *Borghini*, Il riposo, 259. — *Perkins*, Sculpteurs italiens, I, 183.

s'entrelacent les velours et les perles, offre tous les raffinements de la coquetterie la plus savante. A son collier d'or s'enroule un serpent noir, symbole de sagesse, auquel le peintre a donné, comme l'orfèvre, les couleurs de la vie. Là, nous pouvons enfin reconnaître la ravissante nymphe des *Stanze per la Giostra :* « Blanche elle est, blanche est sa robe, peinte pourtant de roses, de fleurs et d'herbe. La chevelure annelée de sa tête d'or descend sur son front humblement superbe. La forêt lui rit alentour, et, tant qu'elle peut, endort son souci. Son allure est royalement avenante et pourtant, d'un froncement de cils, elle apaise les tempêtes. Ses yeux resplendissent d'une douceur sereine où tient Cupidon ses flambeaux cachés. L'air autour d'elle devient calme lorsqu'elle y porte ses regards amoureux.... C'est Thalie, si elle prend en main la lyre ; c'est Minerve, si elle prend en main la lance ; si en main elle a l'arc et à l'épaule le carquois, tu pourrais jurer que c'est Diane la chaste [1]. »

1. *Poliziano.* Poesie Italiane. Stanze cominciate per la Giostra del Magnifico Giuliano di Piero di Medici. Libro Primo. St. 37 à 55. — Les vers italiens sont exquis, sonores, clairs, purs, tout à fait dignes d'illustrer la peinture. On trouve encore, dans les œuvres latines de Politien, quatre épigrammes sur la mort prématurée de Simonetta. Une d'entre elles célèbre son courage souriant devant la mort. La plus connue, tout à fait dans le goût païen du temps, est celle-ci :

> Dum pulchra effertur nigro Simonetta pheretro
> Blandus et exanimi spirat in ore lepos.
> Nactus Amor tempus quo non sibi turba caveret,
> Jecit ab occlusis mille faces oculis.
> Mille animos cepit viventis imagine risus,
> Ac morti insultans : « Est mea, dixit, adhuc,

La sûreté du dessin, la franchise du coloris, la clarté de l'exécution, donnent à cet ouvrage hors ligne, d'un accent ému, une saveur extraordinaire. Le xve siècle florentin, avec son vif amour de la beauté expressive, son sens curieux et délicat des harmonies vivantes, sa science hardie et profonde, sa noble force d'idéalisation, rayonne tout entier dans ce portrait de patricienne divinisée.

Quand on quitte ce chef-d'œuvre, pour ne pas déchoir, il faut aller droit à Léonard et à Raphaël. Léonard, comme peintre, n'est représenté au Jeu de Paume que par une tête, fort élégante, de jeune femme au doux sourire, dont une restauration imprudente semble avoir, par malheur, affadi le caractère. Mais comme dessinateur il s'y présente avec un carton déjà exposé à l'École des Beaux-Arts, qu'on peut considérer, suivant l'expression de M. de Chennevières, comme « un morceau tout à fait capital [1] ». Cette jeune femme n'a pas pris seulement à l'Antiquité les torsades et les tresses de sa chevelure. La beauté souple, calme et ferme, de son torse nu, que semble avoir modelé un sculpteur de l'Attique, en ferait une fille sereine de la Grèce, si le mystère intelligent de ses regards profonds et de ses lèvres frémissantes ne révé-

Est mea, dixit, adhuc; nondum totam eripis illam
Illa vel exanimis militat ecce mihi. »
Dixit, et ingemuit: neque enim satis apta triumphis
Illa puer vidit tempora, sed lachrymis.
(*Ang. Politiani Opera*. Basileæ, 1553.)

1. *Les Dessins des maîtres anciens exposés à l'École des Beaux-Arts* (*Gazette des Beaux-Arts*, 2e période, t. XIX, p. 516).

lait une âme plus passionnée et plus inquiète. C'est toujours le type inoubliable qui ensorcela toute l'École lombarde. Bernardino Luini, en particulier, n'échappa jamais au servage délicieux de cet immuable sourire, le prêtant toujours, ce sourire, à ses Jésus aussi bien qu'à ses Vierges, comme on en a ici même un charmant exemple. Son enfant *Jésus, sauveur du monde*, d'une conservation si rare, d'une exécution si précieuse, d'un sentiment si délicat (Coll. Fonthill-Abbey, L. Nieuwenhuys, F. Reiset), petit Dieu pensif et bienveillant, n'est-il pas le petit-fils de cette belle créature, si affable et si attirante, que nous venons de rencontrer, proche parente elle-même de la grande Joconde? On retrouve encore la même parenté dans un *Presepio* plus important, où l'enfant joue avec une draperie en regardant sa mère, et qui porte aussi le nom de Luini ; malheureusement, d'anciennes restaurations ont sensiblement altéré le caractère de cette intéressante composition. Le faire libre et naïf du doux Milanais n'a été respecté qu'en des parties secondaires par les empâteurs convaincus et les savonneurs enragés qui se sont livré des combats violents sur ses ruines. Cependant, cette âme tendre est si forte qu'elle soulève l'épaisseur de ces injurieux obstacles et qu'elle exhale encore, à travers ces débris, un reste de parfum doux à respirer !

Quant à Raphaël, on sait qu'il est représenté à Chantilly par un des ouvrages de sa jeunesse les plus exquis, par la fameuse *Vierge de la Maison d'Orléans* qui, après bien d'étranges pérégrinations, a fini par rentrer, en 1869, dans la famille qui lui avait donné son nom au xviiᵉ siècle. M. Charles Blanc a décrit et analysé, à propos de la vente Delessert, ce petit chef-d'œuvre de poésie et de peinture, avec un enthousiasme si éclairé et une émotion si communicative qu'il serait inutile autant que dangereux d'y revenir. M. Gaillard, à la même époque, l'a gravée, pour la *Gazette*, d'une pointe légère et vive, avec le succès que l'on sait. M. Paliard, de son côté, a donné, plus tard, une réponse concluante à certaines assertions de Passavant touchant l'intégrité de la peinture. Nous ne pouvons que renvoyer le lecteur à ces deux articles et à la gravure [1], en nous réjouissant, pour notre compte, d'avoir pu de nouveau respirer à loisir le charme toujours frais du génie en sa fleur dans une de ses œuvres les plus naturellement écloses.

Deux fragments de cartons, des *Jeux d'enfant*, d'une vivacité gracieuse et d'un faire délicat, quoique encore timide, appartiennent aussi à la période florentine. L'inspiration de l'antiquité y laisse transparaître l'enseignement de Pérugin. L'invention en est charmante et la disposition symétrique. La composition décorative se développait sans doute aux deux côtés d'un ornement portant un écusson, dont les pieds et la crête en volute dépassent un peu les bords des papiers dépecés. Deux *bambini*, montés sur des sangliers, la lance au

---

1. *Gazette des Beaux-Arts*, 2ᵉ période, t. Iᵉʳ, 106 et seq. ; t. XIII, 209 et seq.

poing, le bouclier au bras, s'élancent pour commencer un tournoi, tandis que deux de leurs camarades les excitent du geste et de la voix. Deux autres, les hérauts d'armes, restent au fond, debout, tenant à la main des hampes où flottait quelque bannière. Sur la droite, un enfant, frappant du poing le sanglier, est coupé de haut en bas, à mi-corps; au-dessus de lui, sur un piédestal, on voit deux pieds qui portaient un autre enfant. Ce dernier devait jouer le rôle du juge de camp, car vers lui sont tournés les yeux du héraut d'armes. Tout ce petit monde, de la plus parfaite nudité, est déjà plus potelé, plus hardi, plus vif que les enfants de Pérugin, dont ils conservent pourtant, avec l'air de famille délicat et retenu, un certain clignotement d'yeux que perdront bientôt les petits Jésus et les petits saints Jean du Sanzio. Ceux-ci auront l'œil mieux ouvert et le regard plus ferme.

Les trois autres fragments de cartons, qui ont servi pour une tapisserie du « *Jésus donnant les clefs à saint Pierre* » sont traités, au contraire, dans la manière la plus ample du maître. Ce sont huit têtes d'apôtres à la pierre noire, très largement lavées d'aquarelle et de gouache, de véritables peintures, où l'on doit voir, sinon la main unique de Raphaël (la retrouve-t-on bien dans le carton d'Hampton-Court que ces fragments répètent?), mais certainement la main d'un de ses collaborateurs les plus convaincus, Penni ou Jules Romain, agissant sous ses yeux et peut-être avec son aide. Rien de plus hardi, de plus libre, de plus puissamment expressif que ces vigoureux dessins, où la haute compréhension de l'âme humaine, qui fut une des forces les plus surprenantes du génie de Raphaël, se manifeste en des traits si variés, passant de l'extase candide à l'exaltation fanatique, avec une franchise qui n'hésite jamais et une aisance que rien ne trouble. La *Gazette* reproduit deux de ces cartons, qui, avant d'arriver à Chantilly, ont appartenu à M. Reiset, à M. Herz de Londres, au graveur en médailles, Bœhm de Vienne, au comte de Fries, qui les avait achetés d'un sieur Poggi, moyennant une rente viagère de 500 florins[1].

C'est toujours plaisir de voir un homme de génie marchant au milieu de son cortège, amicalement mêlé à ses précurseurs et à ses successeurs, à ceux qui l'ont deviné et à ceux qui le commentent, dans le rayonnement expansif d'une gloire qui les éclaire tous. Le Pérugin, lui aussi, est à Chantilly. Sa *Vierge entre saint Jérôme et saint Pierre*, sans pouvoir passer pour l'un des chefs-d'œuvre de ce maître trop productif, porte dignement sa marque incontestable, sinon sa signature. La Vierge, un peu triste, assise sur un grand trône à dais, devant une balustrade de marbre, tient le petit Jésus sur son genou gauche. Sa main longue et fine est d'un dessin délicieux. Les deux saints, qui se tiennent debout à ses côtés, sont, comme elle, des types connus, mais qu'on revoit toujours volontiers, lorsqu'ils

1. Passavant, *Raphael d'Urbin*, t. II, p. 478; Waagen, *Art Trea-sures in Great Britain*, t. II, p. 384.

sont dessinés et peints avec cette pénétrante finesse que le rusé compère réservait toujours pour les têtes et, suivant le prix, pour les mains de ses figures. Ce tableau provient de la collection de lord Northwick.

L'*Annonciation* par Francesco Francia est un des meilleurs spécimens de ce maître consciencieux. Waagen, qui l'admira en Angleterre chez le même lord Northwick et MM. Crowe et Cavalcaselle qui l'examinèrent en France, chez M. Reiset, croient pouvoir lui assigner, comme date, la meilleure période de Francia, celle qui va de 1490 à 1500, pendant laquelle, débarrassé des timidités de l'orfèvre, animé par les succès de Pérugin, il sut unir, dans ses pieux ouvrages, à la plus grande pureté d'imagination la plus chaleureuse clarté de coloris. Il serait intéressant de savoir pour quel couvent fut exécutée cette composition, dans laquelle un carme, saint Albert le Grand, tient à gauche une place aussi importante que la Vierge à droite. Chacun des deux personnages reste d'ailleurs étranger l'un à l'autre; le saint, les yeux de face, une croix à la main, écrase d'un air paisible un petit démon femelle à queue velue et à griffes qui se tord sous ses pieds, tandis que la Vierge, un livre à la main, sous une magnifique colonnade, lève chastement ses yeux attendris vers un ange qui descend du ciel, au-dessus de la tête du saint. L'ange messager est lui-même suivi, de loin, par un petit Père Éternel entouré de nuages. Toutes les figures, surtout les deux principales, sont menées d'un bout à l'autre avec une merveilleuse sûreté de main et une

grande intensité d'émotion contenue. Elles se modèlent
d'ailleurs harmonieusement dans l'air vif et frais d'un
paysage tranquille où cheminent au loin quelques
moines, le long des tertres herbus, entre des arbres
minces au léger feuillage.

Jules Romain, Perino del Vaga, Francesco Penni,
Pellegrino da Modena représentent l'école de Raphaël.
On peut, ce semble, attribuer hardiment au premier un
magnifique *Portrait de Dame romaine*, d'une vigueur
de style et d'une ardeur d'accent tout à fait remarquables. La dame est très brune, charnue et robuste,
haute en couleur, avec de grands yeux à la Fornarina,
hardis et enflammés, des lèvres épaisses et sanguines,
coiffée superbement d'une façon de turban emplumé.
Richement vêtue, elle laisse voir sa chemisette brodée
d'or et passementée de noir, décolletée en carré, et se
drape dans un ample manteau verdâtre à revers mor-
doré. Elle s'appuie sur une balustrade de pierre et, de
sa main forte et grasse, joue d'un éventail de plumes
suspendu à son cou par une double chaîne d'orfèvrerie.
La peinture, épaisse et solide, s'empâte dans les fermes
contours avec une résolution un peu brutale, qui ne
messied pas au caractère masculin de cette figure dominatrice.

La *Sainte Famille*, de Perino del Vaga, chargée de
repeints, accuse une main moins sûre et un tempérament plus incertain. La Vierge est assise sur un
banc de marbre, elle tient un livre dans la main, tandis
que le Bambino, posé sur son genou droit, la regarde

tendrement en lui jetant les bras autour du cou. Dans
l'ombre, à droite, le saint Joseph accoutumé s'appuie
sur son bâton. La composition est toute raphaëlesque,
mais les types sont modifiés. La Vierge s'allonge, se
rétrécit et déjà se manière dans la tenue comme dans
l'ajustement. Cependant l'allure générale reste noble et
l'exécution, vive et soignée, quoique un peu poussée
aux rouges brûlés dans les visages, sent encore son
peintre de haute lignée.

L'autre *Sainte Famille*, attribuée avec vraisemblance
au Fattore, est une œuvre bien supérieure. C'est une
répétition de cette *Vierge de Lorette* dont l'original
traversa les aventures les plus bizarres et qui est aujourd'hui égaré sinon définitivement perdu. On sait
que le Musée crut deux fois le posséder : une première
fois, sous l'Empire, lorsqu'un panneau représentant ce
sujet passa du Palais Braschi dans le musée Napoléon ;
une seconde fois, sous la Restauration, en 1816, lorsqu'on acheta à **M.** de Scitivaux, celui qui figure actuellement dans la grande galerie (n° 378 du catalogue
de 1877). Mais les deux exemplaires furent reconnus
successivement pour apocryphes. Le premier, qui ne
devait pas être sans mérite puisqu'on l'avait pu substituer à l'original que possédait, en effet, le prince
Braschi, fut en 1820 envoyé, avec quelque dédain, dans
la petite église de Morangis (Seine-et-Oise). Le second
a été inscrit par **M.** Villot au nombre des copies et gar-
dera cette place ; nous n'hésitons pas d'ailleurs à le
considérer comme inférieur à l'exemplaire que possède

M. le duc d'Aumale. Ce dernier, dans certaines parties, notamment dans la figure du Bambino, est d'une exécution légère, vive, transparente, qui rappelle de bien près les fins morceaux du maître et décèle une main toscane qui ne s'est point encore alourdie. On peut saisir même un certain contraste entre le dessin, d'une noblesse fière et large, qui appartient bien au Raphaël de la période romaine, et la peinture, d'un faire plus doux et plus mince, qui retient encore quelque légèreté de la période florentine. Il semble qu'on ait affaire à un élève merveilleusement intelligent, écrivant en toute liberté mais avec quelque timidité, sous la fière dictée d'un maître qu'il a peine à suivre ; ce contraste même nous semble une garantie de haute provenance. N'est-ce pas seulement dans l'atelier de Raphaël, d'où sortaient souvent à la fois plusieurs exemplaires de ses ouvrages disputés, que pouvaient se manifester de telles singularités d'exécution ? Il n'est point impossible, d'ailleurs, que le dessin soit d'une autre main que la peinture ; le fait ne serait pas nouveau. Nous laissons la chose à décider à de plus clairvoyants. En tout cas, ce n'est point là le travail d'un copiste étranger au maître. En l'attribuant à Francesco Penni, ce Florentin fidèle, si naturellement imprégné de son génie qu'on l'admira toujours, même après la séparation des disciples, pour la *bonissima gratia* et la constance avec laquelle il cherchait la *perfezione delle cose*, on ne s'éloigne guère, nous le croyons, de la vérité.

Quant à Pellegrino da Modena, on ne peut lui en demander tant. Il travailla d'ailleurs assez tard avec Raphaël, et garda toujours l'empreinte de sa première éducation. Le petit tableau, très étudié et très soigné, qui lui est attribué, rappelle, par les attitudes, les airs de tête, les détails d'exécution de Fra Bartolomeo plus que Raphaël. C'est une composition complète, la réduction peut-être d'un ouvrage de plus grandes dimensions. La scène représente un intérieur de palais dont la porte centrale ouvre son large cintre sur une campagne étendue, où l'on aperçoit, près d'un château, des hommes qui se préparent à lutter ou à tirer de l'arc. De chaque côté, sur les premiers plans, dans cette riche architecture, sont rangés trois saints : à gauche, saint Sébastien, saint Étienne et saint Jean ; à droite, sainte Lucie, saint Thomas d'Aquin, saint Antoine ; au milieu, s'enlève dans un nuage la Vierge en gloire, emportée par des angelots et des chérubins, tenant le Bambino assis sur son genou droit. Deux anges nus et jouant de la mandoline la précèdent dans le ciel. La disposition des groupes est heureuse, l'expression des figures naturelle, l'exécution précise et fine. Si l'on sent qu'on s'éloigne des vrais maîtres, c'est à quelques froideurs de dessin et de coloris, mais ces froideurs annoncent déjà que les grandes lumières vont s'éteindre et que l'heure indécise approche où le métier pourra se prendre pour l'art.

II

Raphael nous a entraînés hors du xve siècle. Il y faut
revenir pour noter encore quelques morceaux d'une
certaine importance. Si nous regardons du côté de
Florence, nous y trouvons les dernières traditions de
Giotto défendues avec une grâce attendrie, sinon avec
une énergie savante, par Lorenzo di Niccolò, dans un
grand tryptique rempli de figures, dont le motif central
est le *Couronnement de la Vierge* (Coll. Reiset). Ce
Lorenzo, qui florissait entre 1400 et 1420, faisait partie
du clan des Gerini, une de ces familles où petits et
grands mettaient la main à la pâte et se transmettaient,
avec la boutique paternelle, des procédés séculaires.
Son grand-père, Pietro, avait travaillé avec Giotto ; son
père, Niccolò, avait travaillé tantôt avec Taddeo Gaddi,
tantôt avec Spinello Aretino. De temps en temps tout
ce monde travaillait à la fois au même ouvrage; en
1401, on voit Spinello, Niccolò et Lorenzo se mettre à
trois pour peindre les trois compartiments d'un retable
qui, du monastère de Santa-Felicità, est passé à l'Académie des Beaux-Arts de Florence. Comment s'étonner·
que leurs productions aient un air de famille et que

léurs noms s'embrouillent? Lorenzo paraît avoir eu la spécialité des *Couronnements de la Vierge*. C'est le motif qu'il a traité dans son meilleur tableau, à Cortona, dans l'église San-Domenico (où on le présentait naguère comme un Fra Angelico), à Florence, dans le passage de la chapelle Medici à Santa-Croce et aussi dans le retable en collaboration. Il y réussissait au gré des âmes pieuses qui demandent aux artistes bien moins la perfection technique qu'une expression émue. Le tableau de Chantilly, qui se présente dans son intégrité, avec ses trois pinacles sculptés, avec ses deux pilastres garnis de saints, fait comprendre sa réputation. L'inscription, incomplète pour la date, indique qu'il a été commandé par messire Piero de Zanobi, prieur de Santa Maria a Bovino (paroisse de San Martino Scopeto, à 22 milles de Florence).

A deux pas du dernier défenseur de la tradition, nous rencontrons l'un des plus hardis promoteurs de l'innovation naturaliste, Andrea del Castagno. Son petit *Saint Jean-Baptiste*, d'un style ferme et dur, d'une expression rude et austère, caractérise bien son réalisme énergique. Le sauvage précurseur, parmi des troncs d'arbres raides comme des tiges de fer et des rochers anguleux comme des enclumes d'acier, se tient debout, ni moins raide, ni moins anguleux que le mobilier de son désert. Sa barbe inculte déploie en éventail jusqu'à sa ceinture, où la cercle une courroie grossière, ses longs poils, tordus en mèches aiguës, comme l'armure hérissée d'un porc-épic. Le dessin, âpre et rigoureux, de cette figure expressive, est mené avec une précision surprenante.

Cosimo Rosselli (1439-1507) et son élève Mariotto Albertinelli (1474-1515) appartiennent à des générations postérieures où la lutte est moins violente. L'enseignement de Benozzo Gozzoli a d'ailleurs donné au premier des habitudes d'une certaine candeur dans la conception, d'une certaine bonhomie dans l'exécution, qui convenaient à sa nature ouverte et indécise. Une *Vierge* à la détrempe, dans un cadre cintré, sur un fond de paysage très accidenté où se dressent à pic une ville fortifiée et une église gothique au-dessus d'une rivière, doit se placer dans la dernière période de sa vie. Le Bambino, assis sur les genoux de sa mère, solidement charpenté, gracieusement équilibré, grassement modelé, n'a plus rien de ces disproportions, parfois disgracieuses, souvent expressives, devant lesquelles ne reculaient pas les Lippi et les Botticelli. La Vierge même n'a conservé ces maigreurs élégantes, si chères aux Florentins, que dans le mouvement un peu maniéré de ses longues mains effilées. Toutefois, le vieux maître fresquiste n'a point renoncé à son beau parti pris de lumière calme et argentée qui l'apparente un peu à Piero della Francesca, et il se complaît encore, comme les gens de son temps, à broder de fins lacis d'or ses manteaux d'un rouge ardent. Albertinelli, en cela, l'imite avec plaisir. Sa *Sainte Madeleine*, en buste, d'un sentiment délicat, d'une exécution tendre, porte aussi le manteau brodé d'or et, dans la main, un vase à parfums en bel or. Elle a les yeux noirs, petits et perçants, l'ovale régulier, le grand front bombé des Saintes de Fra Bartolomeo, elle n'en a plus ni la vivacité chaleureuse, ni la carnation sanguine.

Du même temps date un fin portrait de *Loys. II de la Tremoille*, le *Chevalier sans reproche* auquel la description de Jean Bouchet, son panégyriste, s'applique exactement : « la teste levée, le front hault et cler, les yeux vers, le nez moyen et un peu aquillé, petite bouche, menton fourchu, son tainct clair et brun plus tirant sur vermeille blancheur que sur le noir, et les cheveux crespellés reluysans comme fin or. » Les cheveux seuls se sont foncés dans le tableau, où le vaillant gentilhomme porte environ vingt-cinq ans, tandis que la description de Bouchet vise un adolescent. La jeunesse de la figure, ainsi que la ténuité spirituelle de l'exécution, nous font croire que ce portrait a dû être fait en France par Benedetto Ghirlandajo, le miniaturiste, et non à Florence par son illustre frère, Domenico, le fresquiste. En effet, Benedetto vint travailler à la cour de France, avant l'expédition de Charles VIII, vers 1485 ou 1490, puisqu'on le retrouve un peu plus tard à Florence, où il meurt en 1499. Quant à Domenico il n'eût pu peindre La Trémouille qu'à son passage en Italie, en 1494. Or, le lieutenant général de l'armée d'invasion avait déjà trente-quatre ans, la figure plus fatiguée et plus grave et Dome-

nico était en possession d'un style bien plus vigoureux [1].

Du côté de Venise et des pays adjacents voici encore
quelques *Quattrocentisti*, de naissance ou de cœur, qui
parlent bien franchement le langage vif et sincère de
ce siècle laborieux, quoiqu'ils avancent déjà un pied
dans le xvie siècle. Tous les grands mouvements de
pensée laissent ainsi, après eux, des fidèles en retard
qui se meuvent encore dans leur sillage longtemps
après qu'ils se sont apaisés.

Francesco di Bosio de' Zaganelli, né à Cotignola,
dans le duché de Ferrare, dont presque tous les tableaux connus se placent entre 1500 et 1520, ne cessa
jamais de travailler respectueusement dans la manière précise et sévère que lui avaient transmise
Rondinello et Palmezzani. Le doux Francia lui donna
aussi quelque chose de sa tendresse, comme on peut
voir dans le charmant tableau, la *Vierge sur un trône
entre saint Jean-Baptiste et saint Sébastien*. Si l'intensité chaude et profonde de la couleur dans les carnations basanées, dans les draperies éclatantes, dans
les marbres luisants y reportent l'esprit aux harmonies superbes de Giovanni Bellini, la fermeté du
dessin travaillé dans les dessous avec une rigueur digne
de Florence, non moins que la sévérité un peu âpre du
style, qui s'attendrit d'ailleurs dans les têtes avec une

1. Ce portrait, exposé en 1878 au Trocadéro, a été photogra-
phié par M. Braun, et décrit dans la *Notice historique et analyti-
que des portraits nationaux*, par M. Henry Jouin.

grâce exquise, affirment l'admiration constante de l'artiste pour les enseignements des Padouans et des Vicentins. MM. Crowe et Cavalcaselle comparent ce tableau à celui du Musée de Berlin, la *Vierge entre saint Jean-Baptiste et saint Antoine de Padoue*[1], et lui assignent la même date.

Pier Francesco Bissolo fut un des excellents élèves de Giovanni Bellini. Ses œuvres ont souvent figuré dans les collections sous le nom de son maître. C'était un de ces artistes modestes qui suivent avec intelligence toutes les fluctuations de leur entourage et se modifient chaque jour, en s'améliorant, sur l'exemple des génies plus originaux. La *Vierge* que nous avons sous les yeux est dans sa première manière. On dirait du Bellini un peu amolli, mais d'une tendresse charmante et d'une délicieuse transparence. L'atmosphère a cette clarté légère, cette clarté argentine qui baigne, comme d'une lueur matinale, au réveil de Venise, toutes les chastes figures de Bellini, de Cima, de Catena, de Carpaccio. Bientôt Venise connaîtra, par Palma, Giorgone, Titien, toutes les ardeurs brûlantes du soleil triomphant, sans pouvoir nous faire oublier cette exquise fraîcheur de son aube incertaine. Bissolo tentera, lui aussi, de suivre, dans leur course ardente, ses audacieux amis; il n'y

---

1. Crowe et Cavalcaselle, *History of painting in North Italy*, t. 1ᵉʳ, p. 598). Le tableau du Musée de Berlin qui porte la date de 1500 représente une Vierge entre saint Jean-Baptiste et saint Antoine de Padoue. Il a fait partie de la collection Solly. Le catalogue de 1878, qui n'est d'ailleurs que provisoire, n'en fait plus mention.

réussira pas toujours et restera l'aimable et tendre Bissolo qu'on a pu appeler le Spagna de Venise.

Un des réactionnaires les plus singuliers de la Haute-Italie fut ce Luca Longhi, né en 1507 à Ravenne, qui ne quitta jamais sa ville natale où il mourut en 1580. Obstinément attaché aux traditions graves du siècle dernier, qu'il s'efforça de transmettre à ses enfants (il en avait huit), il travaillait ses tableaux, suivant les préceptes de Francia et de Bellini, avec une conscience, un soin, une patience qui ont touché Vasari lui-même [1]. Le fait est qu'on commençait, autour de lui, dans les écoles plus brillantes, à ne plus vouloir exécuter avec cette sincérité soutenue des figures d'un style simple et d'un geste naturel. Sa *Vierge*, assise sous un riche baldaquin à degrés de marbre sur lesquels se déroule un tapis oriental, garde la haute et bienveillante tenue des Vierges vénitiennes du xv\ :sup siècle. Un beau petit ange joue de la mandoline à ses pieds. Deux saints franciscains se tiennent debout, en bas, à sa droite et à sa gauche, dans l'attitude recueillie des Saints de Francia. Les têtes, graves et franches, du donateur et de la donatrice, qui apparaissent humblement au bas du tableau, mêlent à la coloration vénitienne un peu de bonhomie

---

1. « *Se maestro Luca fusse uscito di Ravenna essendo assiduo, e molto diligente e di bel giudizio, sarebbe riuscito rarissimo... Ed io ne posso far fede, che so quanto gli acquistasse, quando dimorai due mesi in Ravenna praticando e ragionando delle cosé dell' arte* » (Vasari, XIII, 14). On voit d'ailleurs que le Florentin expéditif s'efforça de changer la manière archaïque de Longhi et crut présomptueusement y avoir réussi en deux mois.

lombarde. C'est, en somme, une œuvre rétrospective, mais exécutée avec une conviction qui émeut et une force d'assimilation qui peut tromper. C'est d'ailleurs, suivant Waagen, le meilleur morceau de cet artiste curieux qu'on surnomma le Raphaël de Ravenne [1].

L'histoire de l'esprit humain offre partout de ces intéressants contrastes. Tandis que les uns semblent égarés dans leur temps parce qu'ils regardent en arrière, les autres s'y trouvent tout à coup isolés parce qu'ils se lancent en avant. Si le magnifique Palma Vecchio de Chantilly date en effet de 1500, comme l'affirment des connaisseurs émérites tels qu'Otto Mundler, MM. Crowe et Cavalcaselle et M. Reiset, ce grand maître avait accompli, dès l'ouverture du xvie siècle, concurremment avec Giorgione, une évolution décisive qui devait puissamment agir sur les destinées de l'école vénitienne. La composition reste encore, sans doute, dans les données traditionnelles. La Vierge assise, vue à mi-corps, tient le Bambino nu debout sur son genou droit par un de ces gestes tendres qui étaient familiers à la génération précédente. Le saint Pierre, à sa droite, qui présente le donateur dont on ne voit que la tête et les mains jointes, le saint Jérôme à sa gauche, tenant un grand livre ouvert, ne peuvent répudier, avec leurs bonnes grosses têtes chauves, hâlées, barbues, l'étroite parenté qui les lie aux affables vieillards de Bellini. On trouverait dans Carpaccio et dans Cima

1. Waagen, *Galeries and Cabinets of art in Great Britain*. London, 1857, page 261.

des paysages aussi exacts que cette entrée de ville, avec un pont que traverse un cavalier, et que cette colline boisée où un page joue de la mandoline, qui forment à gauche un admirable fond. Mais ce qui est imprévu, ce qui est éblouissant, ce qui est magistral, c'est la grâce superbe avec laquelle ces figures traditionnelles tout à coup enhardies et modelées en pleine chair grasse et ferme, jaillissent, en relief puissant, dans la lumière abondante et chaude qui les enveloppe d'un éclat généreux. On n'imagine pas d'harmonie à la fois plus calme et plus intense. Giorgione sera plus libre et plus passionné ; il ne sera pas plus pénétrant. Ce chef-d'œuvre, qui vient du palais Giustiniani, a fait partie de la collection du prince de Talleyrand. Il fut acheté par M. Reiset à la vente Henry, en 1836 [1].

Les grands condisciples de Palma, Giorgione et Titien, ne se présentent pas avec des œuvres d'un pareil éclat. L'*Ecce homo*, demi-figure de Titien, qui vient de la maison Averoldi et Brescia, rappelle, par l'attitude, le Christ entre Pilate et un soldat, du Musée de Madrid ; ici le Christ est seul. L'exécution est large et savoureuse. Toutefois, ce semble n'être qu'une répé-

---

1. Dans l'état actuel du tableau, la dernière ou les dernières lettres de l'inscription ont coulé et sont indéchiffrables. Ce qu'on lit clairement, c'est :

<pre>
        J A C H
        O B V S
        P A L M
        A . M
        . . .
</pre>

tition fragmentaire d'une plus grande composition. Quant à Giorgione, nous n'oserions, sans beaucoup hésiter, laisser son nom au très intéressant tableau de la *Femme adultère*, où son génie original semble, à première vue, éclater dans la tournure magnifique des personnages. Y retrouverons-nous bien, dans l'exécution refroidie, les superbes harmonies et les ardentes générosités de ce pinceau sans pareil ? Toutes les figures sont vues à mi-corps. Au centre, le Christ, très blond et très affable, se tourne, sur sa gauche, avec tendresse, vers la belle criminelle qui, les mains jointes, écoute attentivement sa parole. A gauche, se tiennent deux gros personnages bourgeois, encapuchonnés et drapés à la turque, comme on en rencontre chez Giovanni Bellini. A droite un soldat, cuirassé et casqué, les bras nus, relève plus directement de Barbarelli. La couleur est ferme, éclatante, résolue, sans toutefois rayonner de cette intense chaleur qui proclame une œuvre de Giorgione. Le dessin aussi est plus apparent et plus sec, moins enveloppé et moins assoupli. Waagen a vu, dans la Galerie de lord Nortwick, cette *Femme adultère* et l'attribuait volontiers à Giorgione, bien, dit-il, que le tableau fût trop haut placé pour lui permettre une affirmation [1]. MM. Crowe et Cavalcaselle, qui l'ont examiné depuis, dans de meilleures conditions, croient y reconnaître un tableau signalé au xvie siècle par Sansovino, dans le palais Pesaro. Toutefois, en y

1. Waagen, *Art Treasures in Great Britain*, III, 202.

constatant l'influence noble et chaleureuse de Giorgione, ils crurent y reconnaître la main d'un autre Bel-
linesque, probablement celle de Sébastien del Piombo.
Quel qu'en soit l'auteur, cet ouvrage très caractéristique
appartient à la plus vaillante période de l'art vénitien.

Nous voici maintenant en plein xvi⁰ siècle. Partout
s'est pressée la légion des grands maîtres qui marquent
l'apogée lumineuse de la Renaissance italienne. Les
plus audacieux, parmi ceux qui vont venir, ne pour-
ront que marcher dans leur ombre, et les affirmations
enthousiastes de leur génie vont être prises pour des formules immuables dans lesquelles un pédantisme inintel-
ligent s'efforcera d'emprisonner leurs successeurs. C'est
dans le coin vénitien et lombard que la décadence se
fait moins vite sentir. A Ferrare, on conserve une certaine rudesse locale qui est une originalité. Lodovico
Mazzolini, qui travaille de 1500 à 1540, ne se laisse
guère séduire par les élégances qui l'environnent. Parfois il essaie bien, comme dans une petite *Vierge présentant l'enfant Jésus à saint Antoine agenouillé* (Coll.
Reiset), de s'assouplir à l'exemple de Raphaël, mais il
prend alors un air compassé et froid qui le rapproche
de Garofalo. Avec son goût un peu brutal pour le cli-
quetis des colorations brûlantes, avec son talent presque germanique pour mettre en relief le côté expressif
ou grotesque des figures vulgaires, avec son érudition
hasardeuse, mais enthousiaste, en matière d'anti-
quailles et de costumes, il s'agite bien plus à l'aise dans
une scène mouvementée comme son *Ecce homo* (Coll.

Northwick). Là, sur une haute estrade en marbre, que borde une longue frise de bas-reliefs antiques, Jésus, entouré de grotesques fonctionnaires coiffés de gros turbans, s'incline assez piteusement vers la foule qui gesticule et vocifère à ses pieds. Mazzolini peint mal les dieux, il peint bien la plèbe. Toutes ces figurines de rustauds, de soudards, de bourgeois, brillamment affublées, les unes à l'antique, les autres à l'orientale, se démènent et se chamaillent avec les grimaces les plus drôles et les plus vraies. Les draperies sont parfois extravagantes, mais les têtes sont détaillées avec une vivacité extraordinaire. L'art regagne en esprit ce qu'il perd en noblesse. A Brescia, sous l'impulsion de Moretto, les peintres suivent de plus près les grands Vénitiens. Ils changent seulement de lunettes, ils voient d'argent où Titien voyait d'or. Les deux beaux portraits de Morone, que nous trouvons ici, sont peints dans cette gamme argentée, d'une chaleur contenue, si distinguée et si fine. Le gentilhomme, de chair sanguine, de poil roux, s'épanouit à l'aise dans son pourpoint de velours vert à boutons d'or, sous son manteau fourré, un gant dans la main droite. Sa dame, de mine aussi florissante, assise dans un large fauteuil, étale avec dignité sa robe de brocart rouge et sa jupe de soie jaune. Tous deux, vus jusqu'aux genoux, font chanter les rougeurs de leurs chevelures, de leurs joues, de leurs étoffes sur le fond gris-cendré avec un doux laisser-aller. Toutefois c'est à Venise même que les vrais maîtres se montraient encore, puisque Tintoret et Paul

Véronèse y répandaient leurs chefs-d'œuvre. Le premier est représenté à Chantilly par un *Portrait d'homme* d'une cinquantaine d'années, en houppelande fourrée d'un beau ton grenat, coiffé d'une toque noire, la main droite sur une table, la main gauche au bras de son fauteuil et tenant un mouchoir. La peinture est virile, éclatante, grasse, l'expression intelligente et digne. Le second s'y montre avec une scène d'amour, *Mars et Vénus*, qui avait déjà fait partie, au XVIIIe siècle, de la galerie d'Orléans. Le dieu et la déesse, assis au pied d'un arbre, sont troublés, dans leur causerie intime, par les folâtreries de Cupidon, qui agace le carlin de sa mère. La peinture, poussée au noir, a perdu de son éclat, mais la composition a gardé son charme.

Nous arrivons maintenant aux Florentins et aux Bolonais de la dernière heure. Ils ont été nombreux, ils ont produit à outrance. Ne nous étonnons donc pas de les rencontrer, en troupe serrée, dans la galerie de Chantilly, comme dans toutes les galeries du monde. Nous ne signalerons que les plus importants. Voici d'abord Daniel de Volterre avec une grande *Descente de croix* qui offre de notables différences, sinon dans l'ordonnance, au moins dans les attitudes et dans le style, avec la fameuse fresque de la Trinité du Mont. Les gestes sont maniérés, les expressions violentées, le dessin déchiqueté. Les formes s'allongent et se contournent de plus en plus, la couleur grisonne, se lisse, se métallise. Ricciarelli est revenu à Florence, il n'est plus porté par le grand souffle romain. De son maître

Michel-Ange il n'imite plus que les fantasques contorsions. Ses écorchés savants feront désormais leur gymnastique prétentieuse dans les banquises d'une mer polaire. A côté de ce dramaturge glacé, les Allori ont presque l'air d'être en feu. Nous avons ici Alessandro, le père, qui continua à peindre consciencieusement des figures pâles dans des contours agités, et Cristoforo, le fils, qui, traitant le père d'infirme et d'hérétique, s'alla réchauffer du côté de Parme et de Bologne. Les deux œuvres peuvent compter parmi leurs bons tableaux. La *Vierge* d'Alessandro, assise dans une attitude de sybille bourgeoise, près de sainte Élisabeth, qui montre un grand livre au Bambino, debout sur les genoux de sa mère et tourné vers elle dans une contorsion sentimentale, offre un mélange des préciosités et de vulgarités très caractéristiques. La Vierge, noble Florentine un peu maniérée, s'apprête à passer une chemisette élégante à son bambin. Ils ont autour d'eux tout un magasin de plats et de bêtes, de joujoux, un homard cuit, un lapin vivant, des vases remplis d'eau et de fleurettes autour desquels folâtrent des papillons et des mouches. Toute cette collection céramique et zoologique est peinte avec une minutie et un soin extrêmes. Ce tableau, daté de 1603, est un des derniers ouvrages du vieux maître. Le *Christ adoré par saint François*, par Cristoforo Allori, porte l'empreinte d'une main plus vigoureuse. Le cadavre étendu du Christ, d'un modelé souple et ferme, s'enlève avec force sur le fond obscurci. L'ange de gauche, qui s'incline

en montrant le corps divin, est d'une expression vive
et noble. Le saint François qui s'agenouille, sur la
droite, en extase, rappelle par son ardeur sombre les
figures les plus ferventes de Cigoli. C'est de l'éclectisme, mais de l'éclectisme convaincu et pratiqué avec
une distinction qu'on retrouve plus souvent à Florence
qu'à Bologne.

Les réformateurs de Bologne se faisaient, en effet,
remarquer bien plus par la vigueur que par la souplesse. Admirables praticiens, ils ne parvinrent jamais
à se débarrasser d'une certaine lourdeur provinciale.
Chez les tempéraments puissants, la force tournait vite
à la brutalité; chez les tempéraments délicats, la grâce
dégénérait en fadeur. Les trois Carrache, les maîtres
de l'école, n'échappent pas à cette fatalité native. Lodovico a un bon *Portrait d'homme*, un riche bourgeois
de Bologne, à n'en pas douter, posant avec conscience,
les deux mains allongées sur les bras de son fauteuil,
l'œil fixe, n'osant tourner sa grosse tête sanguine et
grisonnante. Le modèle en voulait pour son argent :
le savant professeur ne l'a pas dupé. C'est de la bonne
besogne, quoique un peu lourde. Agostino, qui fut
surtout graveur, montre des qualités de graveur plus
que de peintre dans sa *Lapidation de saint Étienne*,
qui revient aussi, après quelques promenades en terre
anglaise, de l'ancienne galerie d'Orléans. Cette lapidation était un sujet souvent traité dans la famille : on y
trouvait prétexte à des attitudes académiques et à des
expressions dramatiques. Agostino ne s'en tire pas

plus mal que son frère; sa composition est habile, ses figures bien posées, mais sans accent particulier. Quant à maître Annibal, il déploie à l'aise sa grosse verve dans un *Sommeil de Vénus*, thème qui offrait matière à son imagination mythologique et à son érudition pittoresque. La robuste déesse étale ses membres puissants sur un vaste lit rouge au milieu d'un magnifique paysage. Quand Vénus dort, les Amours dansent; il y en a, en effet, toute une ribambelle qui se livre joyeusement aux ébats les plus variés. Au pied du lit, l'un joue de la flûte, l'autre peint avec gravité. Un autre, moins sérieux, entraîne par le bras une bambine de son âge qui traîne irrespectueusement à ses petits pieds les grandes pantoufles de la déesse. Quelques-uns dansent, se bousculent, grimpent dans l'arbre qui ombrage la scène. Au loin, on en voit qui, dans la plaine, tirent de l'arc, courent en char, se baignent à la rivière. Quelques-uns viennent de chez Michel-Ange, d'autres de chez Raphaël, d'autres de chez Corrège. N'importe; tout ce monde a un air de grande famille. C'était encore un fier peintre celui qui menait, d'un bout à l'autre, avec entrain et vigueur, de si solides morceaux de peinture! Ses meilleurs élèves, près de lui, paraissent fort amoindris. Deux toiles importantes, brillamment exécutées, la *Descente de croix* par le Guerchin et la *Madone de la paix* par Guido Reni, n'apprennent rien de nouveau sur ces habiles maîtres. Chez l'un, la vigueur de l'effet s'accompagne toujours de quelque grossièreté dans les types; chez l'autre, le coloris et l'expression s'attendrissent tellement que tout semble près de s'évanouir. Il y a plus de nerf dans un intéressant *Christ couronné d'épines*, par Lionello Spada. Le Christ, à moitié nu, tombé d'épuisement sur un bloc, est une étude puissante, d'un style expressif et relativement élevé. La brute qui le martyrise en hurlant est traitée, comme elle le mérite, brutalement. C'est de la peinture violente, mais convaincue, et d'un solide ouvrier.

Pour en finir avec les Italiens, nous avons encore à regarder un superbe *Portrait de vieillard*, par Scipion Pulzoni de Gaëte. Les œuvres de ce peintre, qui mourut jeune, sont assez rares. Le vieillard, un savant sans nul doute, vêtu de noir, coiffé de noir, l'œil droit caché par un bandeau noir, avance, hors de l'ombre, avec une expression pénétrante, sa tête pensive et bienveillante. La peinture est habile, savoureuse, d'une haute distinction, avec un pressentiment singulier des Flamands et des Hollandais du siècle suivant. Si l'on regardait bien d'ailleurs chez quelques Italiens du xvi⁰ siècle à son déclin, on y trouverait certaines inquiétudes dans le maniement du clair-obscur et des glacis qui ressemblent à des inquiétudes modernes. Par exemple Barocci, avec ses chiffonnements de colorations adoucies et ses minauderies de gestes caressants, n'est-il pas un de ceux que Boucher et Fragonard, traversant l'Italie en Parisiens obstinés, ont dû rencontrer avec quelque émoi et dont ils ont pu se souvenir ? Barocci, peintre doucereux, adorait les chats. Baldinucci donne une longue liste des *Saintes Familles*, chefs-d'œuvre disputés, dans lesquelles ce quadrupède familier jouait un rôle actif. La *Sainte Famille* de Chantilly possède son chat, un minet éveillé qui se dresse pour agripper un chardonneret que le petit saint Jean lui tient haut dans la main. Le petit Jésus, assis sur les genoux de sa mère, regarde d'un air d'envie ce joli jeu. Tout le monde, d'ailleurs, y compris saint Joseph, rit dans la maison, de ce petit rire doux, qui pince les yeux, qui émérillonne les pommettes, qu'on pourrait appeler le rire de Barocci, car chaque peintre a sa façon de rire. Une toile plus importante, mal terminée, dramatiquement composée, l'*Apparition aux saintes femmes*, annonce mieux encore certains raffinements ou laisser-aller de la peinture moderne. Tout flotte dans ce groupe d'apparitions légères : les figures délicates, les corps affaissés, les vêtements longs, flottants, chiffonnés. Il y a, chez Barocci, avec le goût décoratif, une sentimentalité nerveuse, un peu maladive, qui n'est guère de son temps, qui est beaucoup du nôtre et qui s'exprime par un papillotage de tons piquants et fins que plus d'un contemporain envierait.

Salvator Rosa non plus, par ses défauts comme par ses qualités, ne peut être antipathique à des gens du xixe siècle. Si ce n'est plus de l'art simple, c'est souvent de l'art personnel et vivant. Les treize tableaux qui portent son nom le montrent sous des aspects bien différents. Six paysages, de dimensions diverses, venant des galeries Bolognetta, Altieri, Soderini, sont presque tous d'une belle exécution. Parmi les tableaux d'histoire, quatre surtout sont remarquables ; ce sont ceux qu'après la mort de Salvator son fidèle ami Carlo de Rossi avait placés, en son honneur, dans une chapelle de Santa Maria del Popolo, que le peintre avait eu, de son vivant, l'intention de décorer, *Daniel dans la fosse aux lions*, *la Résurrection de Lazare*, *Jérémie tiré de sa fosse*, *l'Ange Raphaël quittant Tobie*. Toutes ces compositions, hardiment mouvementées, habilement groupées, avec une recherche théâtrale du clair-obscur, gardent leur effet, bien qu'elles aient poussé au noir. Parfois, dans les morceaux calmes, apparaît comme une ressemblance fugitive avec Poussin ; le plus souvent éclate une parenté étrange avec Rembrandt, surtout dans *l'Ange Raphaël quittant Tobie*. Tout ne saurait être hasard dans de pareilles rencontres d'effets, d'attitudes et de types. Les estampes de Rembrandt allaient bien jusqu'à Rome. Salvator n'a pas été insensible, nous en avons la preuve, au génie du grand Hollandais, qui réhabilitait comme lui les misérables en illuminant d'une mystérieuse lumière leurs trognes et leurs guenilles.

Le compatriote et le contemporain de Salvator, le violent Calabrais, Mattia Preti, reste purement Italien. Il se contente de s'assimiler toutes les énergies de

Guerchin et de Caravage. Son *Jésus devant le peuple*, où l'on sent l'influence de ces deux maîtres, est un excellent spécimen de sa manière un peu farouche, mais en réalité puissante et d'une brutalité expressive qui lui est propre.

III

Parmi les tableaux peu nombreux appartenant aux
écoles du Nord, Allemagne, Flandres, Hollande, Angleterre, quelques-uns sont de premier ordre. De
l'Allemagne, nous devons citer un curieux *Portrait
d'Aldegrever* par lui-même, et trois portraits d'Holbein
ou dans sa manière, provenant de la collection Lenoir,
ceux de *Calvin*, du *duc de Clèves*, de *Catherine de
Bora*. Ce dernier, surtout, est intéressant.

La Flandre du xvᵉ siècle est représentée par trois
morceaux tout à fait hors ligne. Le premier, un *Portrait d'homme* et un *Portrait de femme* (Coll. Rogers
et Reiset), montre la manière libre de Jean Van Eyck
à la fin de sa vie. Les figures, fermes et charnues, se
détachent sur un fond rougeâtre avec une finesse
hardie; les ombres, hachées de lueurs jaunâtres, tour-
nent au brun; le détail, toujours minutieux, s'enlève,
comme un rehaut, avec décision, sur une pâte assez
épaisse. Les deux têtes semblent avoir été coupées
dans un panneau plus grand. Toutes deux sont d'une
vérité profonde et d'une simplicité admirable : le brave

homme avec sa chevelure négligée tombant sur ses oreilles et son front, sa physionomie ferme, droite, franche; la bonne dame encapuchonnée dans les plis blancs d'une coiffe compliquée, avec son air maternel, résigné, doux, honnête.

Le second est plus important encore ; c'est cette *Procession* de Thierry Bouts qu'on a déjà admirée à l'exposition d'Alsace-Lorraine, où M. Reiset l'avait envoyée en 1874. Jamais peut-être l'élève des Van Eyck ne s'est montré plus digne d'eux. Le tableau où l'on aperçoit dans le fond un démon s'échappant d'un édifice en flamme, fait allusion sans doute à quelque légende locale ou à quelque catastrophe contemporaine. Un jeune seigneur, bardé de fer et portant par-dessus sa cuirasse un surcot aux couleurs de Bourgogne, s'avance respectueusement, son armet à la main, à côté d'une châsse que portent sur leurs épaules quatre personnages richement et diversement costumés, ayant la mine noble de hauts dignitaires. Il entre, suivi d'une longue escorte d'hommes d'armes, dans une église où l'attendent trois enfants de chœur tenant des cierges, cinq chantres psalmodiant et neuf prêtres rangés sur les marches de l'autel. On ne saurait imaginer rien de plus vivant, de plus réel, de plus expressif que toutes ces têtes pieuses et bienveillantes, détachées, avec un soin extrême, d'un pinceau fin et léger, dans l'atmosphère argentine qui les inonde d'une fraîche lumière. Le même modèle a, de toute évidence, posé pour plusieurs d'entre elles, mais le modèle était bien choisi et l'artiste honnête n'a nullement cherché d'ailleurs à dissimuler ses naïves redites. Quant aux porteurs, quant à leur chef, ce sont d'étonnants portraits, d'une vérité et d'un naturel qu'on n'a jamais dépassés. Si, comme on a lieu de le penser, le conducteur du cortège est un duc de Bourgogne, on remarquera qu'il porte au cou une simple chaîne d'orfèvrerie et non le collier de la Toison d'or. Or, cet ordre a été institué en 1430. On doit donc supposer que le tableau de Bouts est un peu antérieur ; dans ce cas, il représenterait Philippe le Bon à l'âge de trente ans environ. Le peintre avait à peu près le même âge que le prince ; il était alors tout plein de son enthousiasme pour les Van Eyck ; il put donc peindre ce panneau votif ou commémoratif, d'un aspect si juvénile, avec une vivacité consciencieuse qui rappelle l'exactitude pénétrante de ses maîtres. Il y ajouta, en plus, dans les airs de tête et les physionomies, je ne sais quelle tendresse affable et quelle bienveillance candide qui annoncent déjà et préparent Memling.

Auquel des élèves de Van Eyck attribuer le troisième chef-d'œuvre, ce *Portrait du Bâtard de Bourgogne*, qui vient de la galerie Sutherland? Faut-il y voir la main de Roger Van der Weyden, celle d'Antonello de Messine, celle encore de Thierry Bouts? La question est épineuse. Nous pencherions volontiers pour le dernier nom. Ce qui n'est point douteux, c'est la qualité supérieure de l'œuvre, c'est sa date, c'est sa provenance. Bien que le visage soit traité avec une largeur grasse et onctueuse de modelé où l'on pourrait voir une main italienne, la décision générale du dessin, la vivacité scrupuleuse des détails, la facture rigoureuse du morceau, accusent hardiment le génie flamand ou son influence. Par l'âge du portrait, nous avons la date du tableau. Antoine, le grand bâtard, le second des dix-neuf bâtards reconnus de Philippe le Bon, était né en 1421. C'était le fils d'une Jehannette de Presles que le duc maria en 1432 à son huissier d'armes, Hennequin de Fretin[1]. On connaît deux médailles frappées en son honneur, l'une de provenance française, l'autre de provenance italienne, que MM. Friedlander et Armand attribuent à Guaccialotti[2]. Sur cette dernière Antoine est plus âgé, de figure plus épaisse que dans le tableau de Chantilly, où il se présente avec le visage long, les traits vifs, l'œil pétillant d'un vrai fils de Bourgogne. L'emblème et la devise qu'on trouve peints au revers de notre panneau dans un état de conservation admirable ont été sur la médaille altérés d'une façon grossière. La « hotte » de guerre, sorte d'auvent mobile en bois et en fer, protégeant une embrasure par laquelle on jetait sur les assiégeants des matières enflammées, s'est renversée et s'est changée en un pot à feu posé à terre. La devise hautaine NVL

1. L. de Laborde, *les Ducs de Bourgogne*; Preuves, t. Ier, p. 266, 304,

2. Alph. Armand, *les Médailleurs italiens des* XVe *et* XVIe *siècles.*

NE SI FROTE a été traduite en baragouin NVLI. NE. SI. FROTA. Sur le tableau, Antoine, vif et jeune, le teint basané, crânement coiffé d'un haut feutre noir penché sur l'oreille droite, ses longs cheveux couvrant son front et ses oreilles, entièrement rasé, la main gauche pliée et posée énergiquement sur le bord du cadre, portant sur son pourpoint noir la Toison d'or, a tout l'aspect d'un homme de 25 à 30 ans. La peinture a donc été faite entre 1445 et 1450 à l'époque où Antonello était dans les Flandres et Stuerbout en plein renom.

De pareils chefs-d'œuvre rendent difficile. Cependant Van Dyck va nous arrêter au passage. Il a quatre portraits importants à Chantilly, deux dans la galerie de peinture, *Gaston, duc d'Orléans* (don de S. M. Georges IV d'Angleterre à M. le duc d'Orléans en 1829), et le duc *Guillaume Wolfgang de Neubourg*. Celui-ci, où la figure est à mi-corps, paraît être une répétition fragmentaire du beau portrait en pied du Musée de Munich. Les deux autres, qui décorent, depuis un temps immémorial, les appartements du château, sont encore d'une plus belle qualité. L'un représente *Henri, comte de Berghe*, l'autre une *Dame* inconnue. Tous deux sont à mi-corps, dans la manière italienne du maître, au moment de ses inspirations les plus chaleureuses, quand les souvenirs de Rubens se mêlent chez lui à l'émulation des Vénitiens.

Parmi les Hollandais nous remarquons, à côté de plusieurs portraits intéressants de Mirevelt, deux paysages d'une grande beauté. Tous deux viennent de la galerie de San Donato et furent acquis à la première vente de 1868. Les *Dunes de Scheveningen* par J. Ruysdaël ont été autrefois l'objet d'une analyse enthousiaste[1]. C'est une étude d'une simplicité puissante exécutée avec une émotion condensée. Rien de plus saisissant que ce grand ciel, envahi par l'obscurité grossissante des nuages orageux, qui semble tout prêt à écraser les dunes déjà croulantes sous les attaques du vent. La mer pâlissante tremble, toutes les embarcations s'efforcent de regagner la côte, sous cette menace profonde et lente. La distribution de la lumière est merveilleusement juste, sans aucune violence. La *Mer calme* de G. Van de Velde offre un parfait contraste, pour l'effet, sinon pour l'exécution qui est également sincère, quoique moins émue et moins pénétrante, avec les *Dunes de Scheveningen*. Les grandes barques, chargées de gens joyeux, toutes voiles pendantes, goûtent la joie de l'immobilité sur de belles eaux transparentes, par un doux soleil. Il faudra de longues heures encore avant que les nuages qu'on voit se rapprocher forment une masse inquiétante. Cette précieuse marine faisait partie au xviiie siècle de la collection de lord Bute. Elle passa ensuite chez lord Stuart et chez M. Nieuwenhuys avant d'aller à San Donato et à Chantilly.

L'École anglaise est représentée par les deux Reynolds. L'un, l'illustre sir Joshua Reynolds, s'y montre

1. *Gazette des Beaux-Arts*, 1re période, t. XXIV, p. 407, article d'Emile Galichon, sur la *Galerie de San Donato*.

dans toute la distinction de son talent éclectique, avec un petit portrait en pied, d'une couleur vive et gaie, *Louis-Philippe-Joseph, duc d'Orléans,* en costume de colonel de hussards, et un portrait à mi-corps de *Maria Walpole, comtesse de Waldegrave.* Ce dernier est très caractéristique. La comtesse, à demi réelle, à demi divinisée, semble une Diane britannique qui abrite contre son sein, sous un manteau d'hermine, sa fillette, Élisabeth Laura Waldegrave. Celle-ci, naïve et épeurée, avec ses grands yeux limpides et sa mine joueuse, à demi nue dans sa chemisette flottante, reste plus naïvement un beau baby, bien aristocratique et bien anglais. L'exécution est fine, spirituelle, pleine de nobles réminiscences, d'un charme savant sinon spontané. Le second Reynolds, William Samuel, l'ami de Bonington, a un charmant petit paysage, le *Pont de Saint-Cloud,* « paysage romantique, à la mode de 1827 », comme dit notre maître Paul Mantz[1] : ce tableau a figuré à l'Exposition d'Alsace-Lorraine.

1. *Gazette des Beaux-Arts,* 2ᵉ période, t. X, p. 302.

IV

ÉCOLE FRANÇAISE. XVe ET XVIe SIÈCLES.

Grâce à la manie destructive qui, sous des prétextes variés, tour à tour religieux, politiques, esthétiques, utilitaires, n'a guère cessé de sévir en France, les monuments primitifs de notre peinture nationale ont presque tous disparu. L'infatigable patience de quelques chercheurs ressuscite en vain chaque jour des noms d'artistes oubliés du xve et du xvie siècle. Presque tous ces noms, dont quelques-uns furent illustres, se présentent vagues et nus, sans qu'on puisse résolument leur attacher la gloire d'une œuvre visible. Les vrais documents, les peintures elles-mêmes, fresques ou panneaux, ont péri dans les grandes agitations de la société française. L'ignorance, le pédantisme, le fanatisme, la cupidité, ont fait partout leur œuvre. Celui qui veut retrouver l'âme de la vieille patrie est obligé de courir à grand'peine en recueillir les lambeaux épars dans les musées étrangers ou dans quelques recueils de miniatures et de dessins échappés, par des hasards heureux, à ces rages de sottise. L'attristante pauvreté de notre magnifique Louvre en peintures françaises remontant au delà du xvıı^e siècle est, à cet égard, un fait caractéristique. Aussi quelle joyeuse émotion dès qu'on se trouve en présence d'une réunion un peu nombreuse d'œuvres peintes ou dessinées du xve et du xvı^e siècle ! Quel espoir, toujours déçu mais toujours renaissant, d'y ressaisir les traces certaines de Foucquet, de Perréal, de Bourdichon, des quatre Clouet, des premiers Dumoustier, des premiers Quesnel, sans parler de vingt autres dont la mémoire réclame une enquête minutieuse sur la part qu'ils nous ont léguée dans cet héritage indivis !

La galerie de Chantilly offre d'importants matériaux pour cette recherche. Le séjour de M. le duc d'Aumale en Angleterre lui a permis de rapatrier bon nombre de ces vieilles peintures, que la noblesse anglaise a toujours recherchées et qu'elle conserve respectueusement. Presque toutes celles que le comte de Laborde avait rencontrées chez lord Northwick ou dans la collection Barnal s'y retrouvent au premier rang. La grande collection d'Alexandre Lenoir, celle qui, vendue à Londres en 1836, resta longtemps la propriété du duc de Sutherland, y est, à son tour, rentrée tout entière. C'est donc, à l'heure qu'il est, l'un des rares endroits où l'on puisse étudier avec quelque suite les origines de la peinture française et spécialement les origines de l'art du portrait, dans lequel nous avons de bonne heure excellé.

En comparant avec attention le caractère et la facture de ces peintures, on peut d'abord en former plusieurs groupes qui correspondent certainement à plusieurs maîtres ou à plusieurs écoles. Nous en écartons, bien entendu, celles qui portent la marque évidente de copies négligées, comme il s'en rencontre dans toutes les collections de ce genre, bien qu'elles restent toujours précieuses comme documents. Ces copies se répètent, en effet, d'autant plus, que l'original était mieux réussi et que les personnages importants pour lesquels se fabriquaient ces collections tenaient plus à emporter dans leurs résidences lointaines la reproduction d'une image célèbre à la Cour. C'est ainsi qu'un *Jean sans Peur*, sur panneau convexe, qui a déjà paru à cette exposition des Portraits nationaux, si tristement sacrifiée au Trocadéro en 1878, n'est sans doute, comme celui que possède M. Benjamin Fillon, qu'une répétition d'un portrait authentique, faite pour la vente après le meurtre de Montereau. L'ouvrage est médiocre, mais peut faire retrouver l'original. Plusieurs *Catherine de Médicis*, *Diane de Poitiers*, *Henri III*, *Charles IX*, sont dans le même cas. Leur comparaison avec des dessins ou esquisses peut un jour amener la découverte de l'auteur primitif. Il faut donc ne point les oublier, il faut encore moins s'y fier.

Deux belles têtes, d'un dessin ferme, d'un modelé ressenti, d'une couleur grave, nous semblent se présenter avec une tournure bien française. Le même esprit les anime, et c'est l'esprit loyal qui vient de Jehan Foucquet. Les deux artistes, quels qu'ils soient, qui les ont peintes, n'ont point subi d'influence sensible ni de

Flandre ni d'Italie. Quelle tête fière à la fois et séduisante nous montre ce *Comte d'Angoulesme*, de mine affable et quelque peu languissante, sous la longue retombée de son épaisse chevelure blonde ! Comme il porte bravement son riche justaucorps en brocart d'or, largement décolleté et crevé de satins bleus, sa toque noire à plume blanche, où brille l'enseigne d'or à figure allégorique ! Nulle brusquerie dans le découpage de ce jeune profil, délicatement modelé sur le fond verdâtre. L'air de famille avec François Ier saute aux yeux ; on a pu même prendre ce personnage, tantôt pour le fils, tantôt pour le père. Que ce soit Charles ou bien François, l'œuvre se place entre 1490 et 1514, et nous donne certainement la manière d'un peintre en renom de la fin du xve siècle, d'un peintre qui n'est pas le vieux Clouet, de Bruxelles, à qui l'on doit supposer un air plus flamand.

Dans le second portrait on a vu tour à tour un François Ier et un Louis XII. La jeunesse de la figure et l'indécision des traits peuvent expliquer ces variations. La simplicité du costume et la gravité du style, comme dans le portrait précédent, nous y reportent aux mêmes dates. L'allure est moins haute, mais l'observation est aussi fine, l'exécution aussi soignée, calme, délicate. Le justaucorps, de même coupe, est rouge, crevé de gris, rayé de bandes horizontales ; la toque emplumée porte aussi une enseigne d'or d'un relief indéchiffrable. Les carnations, plus rosées, s'enlèvent plus vivement sur le fond vert. « Il y a dans ce portrait », dit le comte de Laborde[1] qui le vit dans la collection Barnal, « une vie animée qui ne laisse pas supposer une copie. » C'est bien notre avis. Voici donc une œuvre typique qu'on restituera quelque jour à l'un des peintres royaux qui précédèrent les Clouet.

Ah ! les Clouet ! Jehan, Jehannet, François et son frère anonyme ! C'est quand ils entrent en scène que la question s'embrouille ! Une trentaine de portraits, d'époques différentes, portent indifféremment, ici comme partout, ce nom traditionnel. Les uns côtoient Holbein, les autres coudoient Porbus ; les uns sont froids comme glace, les autres flambants comme braise ; les uns sont secs, les autres sont mous ; les uns exquisement spirituels, les autres grossièrement plats ! Il faut tâcher cependant de mettre le holà ! dans cette mêlée, d'y ressaisir, s'il est possible, parmi tant d'alliés de main gauche, les vrais chefs de la famille, Jehannet le père d'abord, celui qui légua son sobriquet, comme un titre de noblesse, à ses deux fils ; puis le plus illustre de ces fils, François, le peintre en titre de quatre rois, François Ier, Henri II, François II, Charles IX, dont la renommée, comme peintre, égalait celle de son ami Ronsard, comme poète.

> Pein moy Janet, pein moy, je te supplie,
> Sur ce tableau les beautés de m'amie
> De la façon que je te les diray.
> Comme importun je ne te suppliray
> D'un art menteur quelque faveur lui faire ;

1. *La Renaissance des arts à la cour de France*, par le comte de Laborde, page 633.

> Il suffit bien, si tu la sçais portraire,
> *Telle qu'elle est, sans vouloir desguiser*
> *Son naturel pour la favoriser ;*
> Car la faveur n'est bonne que pour celles
> Qui se font peindre et qui ne sont pas belles.
>
> . . . .
>
> Ha ! je la voy ! Elle est presque portraite ;
> Encore un trait, encore un : elle est faite.
> Lève tes mains. Ha mon Dieu, je la voy ;
> Bien peu s'en faut qu'elle ne parle à moy [1].

Cette sincérité intelligente que Ronsard loue en Janet est, à vrai dire, plus ou moins, le caractère de toute l'école. Plus on examine, plus on compare les meilleurs de ces portraits, plus on se trouve obligé d'y reconnaître au moins cinq ou six touches très différentes. C'est beaucoup pour les quatre Clouet en ligne ! C'est peu encore pour le grand nombre de peintres, célèbres à côté d'eux, dont les noms ne nous sont encore connus que par des exhumations d'écritures !

Quoi qu'il en soit, voici d'abord, si je ne m'abuse, trois groupes de peintures suffisamment marqués, trois groupes excellents. Le premier comprend les peintures les plus anciennes : contours très précis, modelé très mince, aspect pâle et froid, figures presque blafardes, d'une expression chaste, d'une douceur religieuse. Les spécimens les plus poétiques de cette manière tendre sont une *Marguerite de Navarre* tenant sur son genou un carlin, et une *Françoise de Foix*,

---

1. P. de Ronsard, *Amours* (Ier livre). Elégie à Janet, peintre du roy.

comtesse de Chateaubriant. La Marguerite des Marguerites est déjà une fleur d'automne fanée et penchée, pensive dans son étroite robe montante, sous sa lourde coiffe de deuil. La comtesse amoureuse, elle aussi, a entendu sonner l'heure des pieux repentirs ; mine innocente, bouche en prières, œil extasié : on dirait une nonnette aux chairs tendres embéguinée de deuil. Les draperies, d'un noir profond, mêlées aux blancheurs de la guimpe, se fondent délicatement dans la vibration puissante du fond azuré. Ces deux portraits, le dernier surtout, qui porte, bien plus que le premier, une marque originale, sont d'une grâce sévère et pénétrante. Ils doivent dater de 1530 environ : Marguerite avait alors trente-huit ans, et Françoise, trente-cinq ans. Les dates ne s'opposent donc point à ce qu'on y voie des œuvres de Jehan Clouet, qui mourut seulement vers 1541, comme y semble disposé le comte de Laborde. Toutefois, on pourrait y chercher peut-être aussi le talent de son second fils, au prénom inconnu, qui fut, à partir de 1529, peintre attitré de Marguerite et qui la suivit en Navarre, où il semble être mort peu d'années après. Dans un troisième portrait, celui du *Dauphin François*, qui, au premier abord, offre un aspect du même genre, le blanc tourne au blafard et le blafard à l'aigre. Les chairs, blêmes et lisses, diaphanement modelées, ont des luisants de cire gelée sur un fond vert d'une crudité âpre. L'expression reste d'ailleurs vive et grave ; la ressemblance devait crier. On voit quelques-unes

de ces fidèles et froides images dans les vieux châteaux
de Touraine. La parenté avec le peintre précédent est
très visible, mais ce n'est, je crois, qu'une parenté.

Le second groupe, un peu postérieur, offre des caractères plus décidés. On le reconnaît, du premier
coup, à la vivacité fine de l'expression, à la sûreté
animée du trait, à la chaleureuse douceur du coloris,
aux rougeurs délicates des chairs, à certaine vibration
profonde des fonds bleus ou verts, enfin à je ne sais
quoi de brillant, d'incisif, de noblement gai, qui fait
des peintures de cette série des peintures bien françaises. Ici est un maître, un vrai maître, celui peut-
être à qui l'on doit la perle de la vieille salle française
au Musée du Louvre, le *Maréchal de Cossé-Brissac*
(n° 116, Catal. Villot). Ceux de Chantilly ont souffert
et perdu quelques glacis ; ils ne sont donc pas tous si
savoureux, mais c'est la même précision, la même
distinction, la même sensibilité. Dans les bouches,
fines et parlantes, dans les yeux surtout, ces yeux si
bien enchâssés, si intelligents, si perçants, qui sont le
triomphe de toute l'école, brille et pétille le même
esprit. Les accessoires, vivement traités, sans insistance ni rigueur, à la française plus qu'à la flamande,
ne servent qu'à accompagner les physionomies, toujours dominantes, d'un délicieux chatoiement de satins, de brocarts, de rubans, d'orfèvreries, de perles,
de coraux, de tous les brimborions exquis qui com-
posaient la toilette d'une princesse vers 1540. Les Italiens de Venise, d'ailleurs, ont passé par là. Le *Por-*

trait du Roi, par Titien, on le sent bien, est arrivé à
Fontainebleau. Il a produit, avec le beau rouge de sa
manche à crevés blancs, un effet si voluptueux sur
notre sensible artiste, que celui-ci n'en peut écarter
le souvenir. A tous ses modèles, désormais, il demande
des manches rouges, des nœuds rouges, des coraux
rouges, tout ce qui peut lui permettre de satisfaire sa
tendre passion pour les rouges attiédis et profonds,
doux et transparents.

A défaut d'autres similitudes, presque tous ces portraits se reconnaîtraient à cette note d'une distinction
charmante. Trois, au moins, sont d'une grande
beauté : 1° *Marguerite de France*, duchesse de Berry,
puis de Savoie (1523-1559), fille de François Ier et de
Claude de France. Toute mince et jeunette, étroitement emprisonnée dans une robe montante de velours
noir semée de nœuds roses, elle porte, d'un petit air
mutin, sur le coin de l'oreille, une toquette noire à
plumes piquée de perles bleues et roses. Rien de plus
vif, de plus gracieux que cette figurine. Le panneau
a appartenu à Colbert, dont il porte le cachet en cire
rouge. 2° La même *Marguerite de France*, un peu plus
âgée. La figure s'est remplie, la physionomie s'est
accentuée, l'expression s'est affinée ; c'est un type
vraiment français, spirituel, avisé, pénétrant. « On
lui donna le nom de la Minerve ou Pallas de France
pour sa sapience, dit Brantôme ; aussy pour devise
elle portoit un rameau d'olive entortillé de deux ser-
pents entrelassés l'un et l'autre, avecque les mots :

Rerum sapientia custos, signifiant que toutes choses sont régies ou doivent estre, par sapience qu'elle avoit beaucoup, et de science aussy qu'elle entretenoit par ses continuelles estudes... » La vertueuse Pallas, « si accostable et douce que rien plus » n'a pas à l'heure présente encore épousé, sur le tard, Emmanuel-Philibert de Savoie, mais elle y songe [1]. 3° *Gabrielle de Rochechouart, dame de Lansac*. Peinture fatiguée, mais exquise. La physionomie pensive est celle d'une femme déjà mûre et qui a souffert. Les cheveux crespelés, teintés de gris, sont, comme ceux de Marguerite, cerclés par une *templette* d'orfèvrerie à laquelle pend un voile noir. La robe à guimpe est semée de perles. Les manches, bouffantes à l'épaule, se resserrent sur l'avant-bras. Une fourrure terminée par une gueule d'animal mordant le fil d'or qui l'attache à la ceinture est jetée sur les épaules. C'est vivant, à la fois grave et pétillant. Si l'on s'en rapporte au costume et à la facture, on peut assigner à ce portrait la date de 1548 ou environ. C'est celle que donne au précédent une note, d'écriture ancienne, encore visible sur le panneau. Madame de Lansac avait alors trente-huit ans ; elle en était à son troisième mari. Le tableau vient aussi de Colbert.

Faut-il voir dans tous ces petits portraits des ou-

1, Ce portrait a figuré à l'Exposition des portraits nationaux (n° 48), sous le nom de *Marguerite de Valois*. La date du costume, le style de la peinture, à défaut de la dissemblance, ne permettent pas de conserver cette dénomination.

vrages de François Clouet? A n'en regarder que le
prix, on dirait « oui », mais si l'on s'en tient, comme
type indiscutable de sa manière, à l'*Élisabeth d'Autriche* du Louvre, on retombe dans les incertitudes. Si
les qualités intimes du dessin et de l'expression sont
bien les mêmes, combien l'exécution est différente !
De 1548 environ, date probable des derniers portraits
de la série précédente, à 1570, date presque certaine
de l'*Élisabeth*, le maître aurait-il donc fait une évolution décisive dans laquelle son talent, plus libre, se
serait tout à fait allégé, en tempérant, au profit d'une
délicate harmonie, les vivacités brillantes de sa jeunesse? Faut-il, au contraire, chercher dans ces deux séries deux maîtres différents, mais tous deux de premier
ordre? C'est, jusqu'à nouvelle preuve, le plus sage.

L'*Élisabeth d'Autriche* se trouve répétée ici ; mais
l'exemplaire, quoique soigné, surtout dans les accessoires, ne vaut pas celui du Louvre. La *Jeanne d'Albret*
(1528-1572), au contraire, de même style, d'une date
qui ne peut être fort antérieure, se rapproche plus d'un
original. L'aspect est moins élégant, mais d'un caractère plus ferme. La reine huguenote, encore élégante
quoique déjà grave, porte une robe montante de satin
gris, avec collerette fraisée, discrètement agrémentée de
perles. L'harmonie d'ensemble est calme et profonde,
l'expression sévère et pénétrante, la toilette de haut
goût. La date du visage et la date du costume
nous gênent, à vrai dire, un peu pour y reconnaître
sûrement la reine de Navarre, qui avait quarante-deux

ans en 1570 et ne quittait guère le deuil depuis la mort de son mari, en 1562. Le comte de Laborde oublie, de son côté, les dates qu'il a données lui-même quand il suppose que ce portrait a pu être envoyé par François Clouet comme modèle à son frère, puisque ce dernier est mort en 1541, avant que Jeanne n'eût treize ans. Quoi qu'il en soit, en attendant une dénomination plus certaine, on peut mettre cet excellent tableau à l'actif de François Clouet.

Faut-il lui laisser aussi un charmant portrait de fillette à qui Alexandre Lenoir a donné le nom de *Renée de France* (1510-1576)? Le Louvre possède un beau crayon de Renée enfant, qui n'a aucune ressemblance avec cette adolescente. En tout cas, le style, large et souple, nous reporte à une date postérieure. Dans la touche grasse et bistrée, dans l'aspect noirâtre et sec, rien de François; dans l'allure intime du dessin et dans l'expression, tout de François. C'est donc une copie exécutée par un homme habile, mais qui a substitué son langage à celui du maître. Un admirable dessin, lavé d'aquarelle, provenant aussi du cabinet Lenoir, lève à cet égard toute incertitude et montre avec quel sans-gêne les innombrables copistes de Janet transformaient ses ouvrages. Ce dessin, traité en esquisse, avec des variétés charmantes de recherche, est incontestablement le projet du portrait qui servit de modèle lointain à cette copie de troisième ou de quatrième main. Mais, hélas! en chemin les couleurs du costume ont changé, l'expression s'est alourdie; les mains, trop difficiles sans doute ou trop coûteuses à copier, ont tout à fait disparu, comme dans la copie de l'*Élisabeth*. Nous les retrouvons, par bonheur, sur le dessin, ces fines mains, souples, délicates, rougissantes, des mains qui valent celles de l'*Élisabeth* du Louvre ; ce sont elles, autant que l'exquise distinction du dessin, autant que le charme fin de la physionomie, ce sont ces mains, « sa main égale à celle de l'aurore », qui crient bien haut le nom de Janet.

Près de ces trois séries de peintures on en distingue quelques autres. Les unes, fortes en couleur plutôt qu'harmonieuses, frappent par un certain aplomb qui dénote un copiste enragé : contours cernés de noir, chairs éclatantes et lisses, touche égale et molle, en somme, un air facile et grossier. *Éléonore de Castille*, seconde femme de François Ier, semble avoir affectionné cette façon, qui pourrait bien être méridionale. D'autres sont, au contraire, d'une exécution ferme et serrée, grave et expressive, dans une pâte moins légère que celle de Clouet, mais viennent aussi d'un maître : tel est le *Portrait d'Henri d'Albret*. Une tête affable et souriante de *Claude de France* ou d'une dame de son temps est peinte, dans une manière plus souple et plus grasse, avec une aisance chaleureuse où nous ne saisissons plus l'allure, toujours réfléchie mais toujours calme, des Clouet.

A mesure que le siècle vieillit ses peintres s'alourdissent, s'amollissent, se vulgarisent. Il est clair que la disparition de François Clouet amène un désarroi général. Les pratiques flamandes et italiennes prennent, dans les habitudes des peintres, la place qu'y tenaient l'observation rigoureuse et l'analyse réfléchie. Un certain nombre de bons portraits, largement brossés, assez éclatants, mais d'un accent moins individuel, entre autres ceux du *comte de Cossé-Brissac,* d'*Henri de Gondi,* du *duc d'Alençon,* du *duc de Nemours,* caractérisent cette période intermédiaire, sans qu'on se désole autant de voir leurs auteurs garder l'anonyme. Toutefois, celui de *Michel de l'Hospital,* presque semblable à celui du Louvre, présentant le même aspect jaune et terreux, offre un intérêt particulier. Le chancelier y tient un papier qui a disparu dans la copie du Louvre, et ce papier porte la date de 1566. En outre, l'exécution en est si pareille à celle d'un portrait du *duc de Sully* à l'âge de cinquante ans environ (vers 1600), justement attribué à François Quesnel, qu'on incline fort à y voir une œuvre de jeunesse du même artiste.

Le portrait de *Marguerite de Lorraine, princesse de Conty,* ne ferait pas grand honneur à Corneille de Lyon, si l'indication donnée par Al. Lenoir était exacte. Rien de plus froid que l'indifférence avec laquelle cette beauté blanche et grasse, un peu moutonnière sans doute, mais certainement fort attrayante si l'on en croit les mauvaises langues du temps, s'épanouit dans son corsage raide et sa collerette empesée. C'est une peinture creuse et savonnée de 1600 environ. Or le vieux Corneille disparaît vers 1576 et la réputation qu'il avait acquise permet de croire qu'il serrait de plus près les Clouet et peignait moins mécaniquement.

V

Les portraitistes dominent par le nombre, Nicolas Poussin règne par le génie. Peintre religieux, peintre d'histoire, peintre mythologique, peintre de paysages, notre illustre Normand se présente ici, sous tous ses aspects, avec des ouvrages supérieurs. Son *Annonciation* et sa *Sainte Famille* (Coll. Reiset), qui datent de sa jeunesse, sont tous deux d'une fraîcheur brillante qui contraste avec les tableaux poussés au noir de son âge mûr. La lumière joyeuse n'y cherche que des prétextes pour étinceler sur les draperies, les chairs, les murailles, avec des pétillements argentins et de doux reflets qui sentent l'éveil matinal. Certaines colorations frémissantes et légères, rappellent tour à tour Barocci, Guido Reni, Berrettini et, mieux encore, les premiers Vénitiens. Quant au fond même des compositions, dessin et style, c'est déjà Poussin tout entier, allant rejoindre Raphaël et l'Antiquité sans s'arrêter aux intermédiaires. Les deux scènes se passent dans des intérieurs : ici la chambre de la Vierge s'illumine tout à coup d'une splendeur miraculeuse, lorsque par la fenêtre, ouverte sur la campagne, apparaît le Père Éternel, porté par des angelots étincelants sur sa nuée d'or, et qu'un ange superbe s'agenouille dans ses draperies rayonnantes devant la prieuse extasiée. Là, c'est une cour à colonnades tendrement baignée de lueurs douces, où la Vierge, svelte et doucement fière, debout, un pied sur une pierre, comme une Victoire antique, tient sur son genou le Bambino que le petit saint Jean, poussé par sainte Élisabeth, vient timidement adorer. Au fond, assis sur son établi, s'appuyant sur sa règle, saint Joseph regarde. Ici la poésie ardente et triomphante ; là, la poésie intime et recueillie ; partout une noblesse d'allures, une vérité de gestes, une pureté d'accent qui mettent déjà Poussin hors de pair. L'*Annonciation* (N° 46, Smith's catalogue) a été gravée par Edelinck et Couvay. La *Sainte Famille* (N° 77, *id.*) qui vient du cardinal Fesch, a été gravée en Italie au XVIIe siècle et dans le recueil de Landon.

Le *Thésée retrouvant l'épée de son père*, qui appartient à la même période, montre des qualités de même ordre et de même nature.

Le *Massacre des Innocents*, plus récent et plus sombre, est une grande page d'histoire qu'on a déjà admirée, comme le *Thésée*, à l'Exposition des Alsaciens-Lorrains. Poussin a rarement peint des figures de cette taille ; cette particularité s'ajoute aux qualités de l'œuvre pour lui donner une valeur exceptionnelle. Ce n'est qu'un groupe, détaché peut-être dans la pensée du peintre d'une composition plus étendue : un soldat à demi nu, repoussant une mère agenouillée qui l'a saisi à bras le corps et levant son épée sur un enfant étendu à terre, dont il serre déjà la gorge du pied droit. La préoccupation sculpturale l'emporte déjà sur la préoccupation pittoresque. La couleur, toujours vigoureuse, commence à s'appliquer à plat, par juxtapositions, pour dégrader les plans bien plus que pour modeler les figures. Le dessin s'accentue avec une mâle et simple fierté que Poussin lui-même ne dépassera pas et que personne, après lui, ne retrouvera. On connaît deux croquis pour cette composition : l'un, au Musée Wicar, très énergique mais très confus, où le pied du soldat presse le ventre de l'enfant, vu en raccourci, presque de face ; l'autre, au Musée des Uffizii, plus voisin du tableau, où l'enfant, écrasé à la gorge, se présente décidément de profil, dans une pose mieux équilibrée et plus sculpturale. Les deux figures qui luttent sont aussi moins ramassées, d'un contour plus net, d'une gesticulation moins violente. Dans sa puissante recherche, Poussin, génie essentiellement français, part toujours du drame pour aboutir au bas-relief.

De ses deux mythologies, l'une, la *Léda* (Coll. Reiset), est une belle étude, d'un ton calme, quoique sans accent décisif, mais l'*Éducation de Bacchus* (Coll. Northwick) est vraiment typique. Cette *Bacchanale*, comme on l'appelle, est le modèle des Bacchanales philosophiques. Si Bacchus tourne mal, les nymphes qui l'éduquent n'auront rien à se reprocher. L'une d'elles, paisiblement assise sur un tertre de gazon, calme et chaste comme une Muse de l'Hôtel Lambert, toise d'un air noble et assez méprisant un Satyre aviné qui tombe à genoux devant elle, traînant son amphore vide. Le jeune Dyonisos, debout, appuyé à son épaule, semble réfléchir tandis qu'une autre Nymphe, dans l'attitude rêveuse d'une nymphe fluviale, est assise à son côté. Sur le gazon se roulent en gesticulant deux enfants un peu ivres, qu'on offre comme exemple à suivre ou à fuir au jeune dieu. A droite et à gauche, dans le fond, se sauvent, des corbeilles sur la tête, des Satyres allant aux provisions. La scène est admirablement composée, avec une grâce noble et chaste où l'on sent une délicieuse parenté d'âme avec Le Sueur. La peinture a poussé au noir, Smith a inscrit (n° 30) dans son catalogue, sous le titre *Nymphes, Satyres et Faunes*, ce beau tableau gravé par J. Mariette.

Quant au *Paysage aux deux Nymphes*, c'est par la disposition harmonieuse des plans, la dégradation savante des horizons, la vérité puissante de l'exécution, un des plus magnifiques morceaux du maître. La vaste nappe d'eau qui se déroule entre les premiers plans rocheux et les vastes ombrages surmontés de monticules qui s'étendent vers le fond est d'une limpidité profonde, qui attire sur ses bords les promeneurs et les pêcheurs. Les nymphes, qui ont donné le nom au tableau, appuyées, au premier plan, sur leurs urnes penchantes, cachées par une roche aux indiscrétions humaines, regardent, sans aucune émotion d'ailleurs, un énorme serpent ou dragon en train de sortir de la source qu'elles surveillent. Ce paysage, gravé par N. Poilly, est enregistré par Smith sous le n° 311.

La virilité que N. Poussin introduisit dans la peinture française rendit aux portraitistes du xvii° siècle, ses contemporains ou ses admirateurs, une énergie d'observation qui produisit un ensemble d'œuvres admirables. La galerie de Chantilly en possède un certain nombre parmi lesquels le *Molière*, attribué à Pierre Mignard, tient la première place. On se souvient toujours, quand on l'a rencontrée, de cette tête puissante, si largement épanouie, avec ses lèvres franches, ses yeux profonds, son triste sourire tout plein de larmes contenues. Notre grand poète n'a jamais été mieux vu ni mieux compris. Mignard, s'il est bien l'auteur de ce chef-d'œuvre, n'a jamais fait rien de si ému ni de si ferme ; il a noblement payé les vers du Val-de-Grâce. Les autres Mignard, *Madame de Feuquières*, *Ninon de l'Enclos*, *Madame des Houlières*, rentrent, avec leur faire doucereux, dans l'ordre de ses productions ordinaires. Le *Portrait de Thomas Corneille*, par le vieux François De Troy, d'une tournure vaillante et d'une touche généreuse, le *Portrait de Charles Gobinet*, par Largillière, sans parler de quelques autres bonnes toiles de Claude Lefèvre et de Rigaud, reprennent, au contraire, la grande tradition et nous mènent, sans chute, jusqu'au xviii° siècle.

Au xviii° siècle, parmi beaucoup d'autres, nous trouvons naturellement l'aimable et toujours rougissant Nattier. Tantôt, dans ses galantes fantaisies, il assied

Mademoiselle de Clermont, sous figure de Nymphe fluviale aux jambes nues, près d'un étang, dans un grand parc orné d'un temple composite, tantôt il enlève *Madame Louise de Bourbon-Conti*, métamorphosée en Hébé, dans les nues où l'aigle garde la foudre. C'est la même métamorphose que Drouais applique un peu plus tard à la jeune *Marie-Antoinette* ; mais Drouais, moins alerte, y réussit moins. La jolie petite reine, maigriotte et pâlotte, semble fort embarrassée, dans son nuage blanc, du maniement de la coupe et de l'aiguière. La galanterie mythologique a fait son temps. La société française, descendue de l'Olympe où resplendissait le grand Roi, n'y peut plus remonter. Personne n'a plus ni foi, ni esprit, ni verve pour rendre un peu de vie à toutes ces allégories usées.

Le vrai xviiie siècle, en réalité, c'est Watteau, c'est Lancret, c'est Boucher, c'est Greuze, c'est Fragonard, c'est enfin Prud'hon ! Watteau, ou quelqu'un de ses excellents imitateurs, a laissé à Chantilly un des témoignages les plus complets de son talent capricieux. Ce sont les lambris peints qui couvrent les parois des deux salons dits de la *Grande Singerie* et de la *Petite Singerie ;* nous y reviendrons lorsque nous entrerons dans le château même pour en voir les peintures décoratives. Dans la galerie du Jeu de Paume, quatre petits tableaux le font bien suivre dans les différentes périodes de sa courte vie. Le premier, l'*Amour désarmé*, est une étude d'après Paul Véronèse ; c'est le tableau gravé par B. Audran, vendu 499 livres

19 sols à la vente de Julienne (n° 33, catal. de Goncourt). Le style est incertain comme la touche, mais l'interprétation spirituelle et galante est déjà personnelle. La *Fête champêtre*, avec le couple dansant sur la droite, montre le peintre, encore indécis, flottant toujours entre les réminiscences confuses des Flamands, des Hollandais, des Italiens, mais troussant déjà ses figurines avec une désinvolture gaillarde et un précieux chatoiement de touches. Les deux petits panneaux, traités en esquisse, qui viennent de la collection du marquis Maison sous les titres de l'*Attente* et de l'*Accord*, datent du jour où il se sent tout à fait libre. L'un, une jeune femme assise sur un banc de parc, la mine aux aguets, froissant machinalement un bouquet dans ses doigts, est, en réalité, l'*Amante inquiète*, gravée par P. Aveline. L'autre, un homme en pourpoint et haut-de-chausses de satin rouge, assis aussi sur un banc, la tête nue, la mine allumée, les jambes croisées, accordant sa guitare, est sans nul doute le *Donneur de Sérénades*, que Mariette signale comme pendant de l'*Amante inquiète*, dans le cabinet de l'abbé Haranger. M. de Goncourt, à qui nous devons ce renseignement, semble croire, dans son précieux catalogue, que ce *Donneur de Sérénades* est une répétition du *Mezzetin*. On ne peut hésiter à y voir, ce nous semble, une étude pour le guitariste qui encourage de ses tendres accords les amants dans la *Surprise*, ou une répétition de cette figure si animée.

Le *Déjeuner au jambon* par Lancret et le *Déjeuner*

d'huîtres par J. Fr. De Troy, deux scènes vives et intéressantes, ont été déjà décrits et analysés dans la *Gazette* à propos de l'Exposition d'Alsace-Lorraine [1]. Le *Déjeuner au jambon* a été gravé par Moitte sous le titre de *Partie de plaisirs*, d'après une réduction qui appartenait alors à M. de la Live. Les personnages représentés en joyeuse humeur dans ces deux toiles, qui avaient été commandées pour les appartements du roi à Versailles, sont des personnages connus à la cour. Toutefois M. le comte Clément de Ris [2], à propos d'un *Repas dans le parc*, du Musée d'Orléans, qui semble avoir formé pendant au *Déjeuner au jambon*, a déjà fait justement observer les invraisemblances de la tradition qui en fait une fête de la joyeuse *Société des bonnets de coton*, fondée par le petit-fils du régent. Lancret est mort en 1743, quand le duc d'Orléans, plus tard surnommé le Gros-Père, avait à peine dix-huit ans, et le tableau est daté de 1735, ce qui rend l'invraisemblance plus forte encore.

Quatre têtes de Greuze, provenant de la collection du marquis de Maison, nous enchantent inégalement. L'une est une étude, un peu lâchée, de l'*Accordée de village;* l'autre représente un *Jeune garçon* aux gros yeux insignifiants. La fillette qui s'appelle la *Surprise*

---

1. Voy. *Gazette des Beaux-Arts* (t. X, 2ᵉ période, p. 111 et 112), article de M. Paul Mantz.

2. Clément de Ris, *Les Musées de Province*. Seconde édition, p. 359. — Emmanuel Bocher, *Catalogue de l'œuvre de Lancret*, p. 44.

cherche l'expression, mais laisse fuir le dessin. Le *Tendre désir* donne une idée plus complète des habiletés séduisantes de ce talent malsain. Dans cette femme de chair laiteuse, à demi pâmée, le sein nu, la bouche bëante, les cheveux et les voiles en désordre, qui lève béatement au ciel des yeux attendris par des désirs fort terrestres, respire à plein cette sentimentalité affadissante qu'il mit à la mode; l'exécution, d'ailleurs, en est délicate, harmonieuse, savoureuse, très bien faite pour tout justifier.

Quel sens plus vrai, quel goût plus franc de la beauté, de la volupté, de tous les enivrements de l'imagination chez Prud'hon, qui clôt, comme André Chénier, le xviiie siècle en lui faisant tourner les regards vers la grâce éternelle de la jeune Antiquité, et qui ouvre le xixe siècle, comme l'aurore ouvrait les portes du jour, avec des roses plein ses mains! Près d'une étude, un peu molle en certaines parties, mais d'une allure charmante dans l'ensemble, une *Nymphe* assise, nous adorons deux esquisses célèbres, qui viennent aussi du marquis de Maison. C'est l'*Hommage à la beauté* et c'est le *Réveil de Psyché*. Les voilà donc de nouveau, ces petits amours grassouillets, inventés par les Grecs, dont le xviie et le xviiie siècles ont si fort abusé! mais les voilà, rajeunis, ragaillardis, rafraîchis, recommençant avec une grâce nouvelle leurs gamineries galantes! Soit qu'ils accourent en gambadant pour adorer une belle fille assise qui rêve dans un bois, soit qu'ils volent en souriant, pour chuchoter des choses tendres à l'oreille indécise d'une belle fille couchée qui s'éveille sous une tente, c'est toujours dans leurs gestes la même grâce fine et naïve, sur leurs visages la même vivacité joyeuse et naturelle, dans leur sourire la même poésie. Prud'hon a retrouvé d'ailleurs, avec le sentiment de la vie, l'intelligence de la lumière, de cette lumière pénétrante, caressante, insinuante, active, qui est l'âme de la peinture. Toutes ses figures, trempées dans cette divine lumière, en sortent immortalisées.

PEINTURE ET SCULPTURE

VI

ÉCOLE FRANÇAISE. XVIe, XVIIe ET XVIIIe SIÈCLES.

Ce n'est point seulement par des tableaux, grands ou petits, que l'art de l'ancienne France sera représenté dans le château ressuscité de Chantilly. Un certain nombre d'importants ouvrages du xvie et du xviie siècles, sculptures, vitraux, faïences peintes, y doivent prendre une place fixe dans la construction. La plupart de ces épaves précieuses ont été, comme les portraits et dessins du xvie siècle, sauvées du grand naufrage par l'intelligent héroïsme d'Alexandre Lenoir. Les plus remarquables sont celles qui ont figuré au Musée des monuments français et qui furent rendues en 1816 au prince de Condé. Ce sont, d'après la note même du journal de Lenoir, récemment publié par M. Courajod, le *Mausolée de Henri de Bourbon Condé*, érigé à sa mémoire en 1663 par Perrault, président à la Cour des comptes; les bustes en marbre de *Turenne* et de *Condé*, par Coysevox; l'*Autel de la cha-*

velle d'Écouen, des pavés en faïence et des vitraux provenant aussi du château d'Écouen [1].

De tous ces objets, les deux grands tableaux en faïence représentant des batailles (n° 455 du Catalogue du Musée des monuments français), datés de 1542, sont seuls, à l'heure actuelle, encastrés sur les murailles d'un grand vestibule. Les différentes parties du *Monument d'Henri de Condé* (n° 188) ; les quatre figures assises : la *Foi,* la *Prudence,* la *Religion,* la *Charité;* les quatorze bas-reliefs représentant des sujets de l'Ancien Testament ; les deux Génies, dont l'un tient une épée et l'autre une inscription, modelés par J. Sarrasin et fondus par Perlan et Duval, sont encore gisants dans un dépôt provisoire. Il en est de même des fameux vitraux d'Écouen, peints en grisaille, les *Amours de Psyché,* qui attendent impatiemment l'heure prochaine où ils recevront de nouveau, dans une galerie presque pareille à celle qu'ils ont quittée depuis un siècle, les caresses douces de la lumière [2]. Le grand autel d'Écouen n'est pas lui-même rentré encore dans la chapelle ; mais, dans le Jeu de paume qui l'abrite, il est du moins dressé de toutes pièces, tel qu'il se présentera définitivement, aussi complet qu'Alexandre Lenoir avait pu le rétablir, aux Petits-Augustins,

1. Voir *Alexandre Lenoir, son journal, et le Musée des monuments français,* par Louis Courajod, tome Ier, p. 195.

2. Voir, pour les vitraux d'Écouen, la description donnée par Ferdinand de Lasteyrie dans son travail sur le *Connétable de Montmorency. Gazette des Beaux-Arts,* 2° période, t. XIX, p. 308 et suiv. t. XX, p. 97 et suiv.

n'ayant perdu dans la tourmente que les figurines qui le couronnaient et celles qui étaient dans ses niches[1].

Alexandre Lenoir et Émeric David, frappés de la ressemblance que présentait la fine architecture de ce monument avec l'architecture du château d'Écouen, ont accueilli la tradition qui l'attribuait tout entier à Jean Bullant. L'un de nos architectes les plus originaux de la Renaissance devenait ainsi, en même temps, l'un de nos sculpteurs les plus parfaits. Cette supposition, qui n'a rien de contraire aux habitudes du temps, demanderait pourtant de fortes preuves, en présence d'un ouvrage portant si clairement une marque bien connue, celle du collaborateur illustre de Bullant dans la décoration sculpturale d'Écouen[2]. Pour nous, comme pour Baltard, comme pour Réveil, comme pour M. Barbet de Jouy, comme pour presque tous ceux qui ont eu à se prononcer sur ces sculptures, l'au-

---

1. « Les figures qui couronnaient le monument, ainsi que celles qui étaient dans les niches, ont été brisées par l'armée révolutionnaire ; j'y ai suppléé par deux autres figures que j'ai fait archétyper sur un monument du temps. » *Description historique et chronologique des monuments de sculpture réunis au Musée des monuments français*, par Alexandre Lenoir, 6e édition. *An X.*

2. Alexandre Lenoir n'accueillait pas d'ailleurs cette attribution sans inquiétude. Sa notice, pleine de réserve, prouve qu'il voyait juste. « Cette sculpture magnifique, dit-il, passe pour être de la main de Bullant, *ami particulier de Jean Goujon, dont il avait reçu des leçons de sculpture.* On ne sera pas éloigné de ce sentiment si l'on observe les rapports harmoniques qu'il y a dans la sculpture et l'architecture de ce chef-d'œuvre. » (*Description historique, etc.*, p. 205.)

teur des admirables bas-reliefs qui couvrent l'autel ne peut être que Jean Goujon.

Que l'architecture de l'édicule soit de Jean Bullant, c'est possible et c'est vraisemblable. On sait avec quelle suite ce ferme et soigneux architecte, investi de pleins pouvoirs par la confiance généreuse du connétable de Montmorency, dirigea dans tous ses détails la construction d'Écouen. Comment douter dès lors qu'il ait dessiné, dans la chapelle, la partie la plus importante de sa décoration, le grand autel ? L'analogie du style avec le style des œuvres de Bullant et, en particulier, de ses constructions d'Écouen, est d'ailleurs très frappante : même élégance dans les proportions, même clarté dans les divisions, même convenance dans les ornements, même ingéniosité dans les détails, même prédominance des droites, même netteté des arêtes, même délicatesse des moulures. Plusieurs motifs, entre autres la rosace inscrite dans les métopes, sont empruntés à la façade, allégés seulement dans l'exécution et merveilleusement appropriés à leur nouveau rôle par cet esprit de haut goût, toujours si net, si délicat, si précis dans ses inventions, qui jeta dans notre architecture nationale une si vive clarté.

L'édicule est en pierre de liais. L'autel proprement dit, d'aspect oblong et rectangulaire, formant avant-corps, s'appuie à une façade de fond également rectangulaire, dont le centre forme retable. Sur la face de l'autel, deux tympans carrés, bordés d'entrelacs, montrent en bas-reliefs *saint Jean* et *saint Luc* assis sur des nuées. Deux figurines debout, la *Religion*, portant une grande croix, la *Force*, s'appuyant sur une table de loi, se tiennent, en pilastres, à droite et à gauche, près des angles. Au milieu, la *Foi*, de même dimension, montrant un cœur ailé dans sa main gauche, sépare les deux tympans. L'allongement des formes, la souplesse des attitudes, la fierté des profils, la grâce des draperies y annoncent déjà, avec quelque prudence un peu gauche de jeunesse qui n'est point sans grâce, le poète futur de la Fontaine des Nymphes. La recherche de correction dans les nus exécutés avec une précision d'orfèvre et dans les draperies un peu cassantes qui cherchent à s'alléger, y est singulièrement marquée. Tout est bien de la main du sculpteur lui-même, d'une main extraordinairement attentive et scrupuleuse, qui travaille sous l'œil d'un patron difficile et pour une œuvre glorieuse. Sur les flancs de l'autel sont sculptés deux tympans de même dimension que ceux de la face ; ils représentent les deux autres évangélistes ; à gauche, c'est *saint Mathieu*, de profil, assis sur les nuages, comme les trois autres, et lisant, tandis que son ange, tenant une palme, le regarde. Cet ange, de beauté féminine, les bras nus, le dos nu, porte déjà cette fine demi-tunique à petits plis, retenue sous le sein par une ceinture d'orfèvrerie, qui sera plus tard le costume léger et charmant de presque toutes les déesses de Goujon. On sait quelle passion l'élégant artiste avait pour les orfèvreries ; il n'est aucune de ses statues qu'il ne pare de ceintures et de bracelets ; c'est souvent le seul vêtement qu'il leur laisse. La *Religion* même, que nous venons de voir, attache sa jupe avec un gros joyau. A droite de l'autel, c'est *saint Marc*, maigre, ardent, exalté, serrant du bras droit l'Évangile sur sa poitrine, la tête dressée par un mouvement superbe. Rien de plus fier que cette attitude énergique, rien de plus expressif que ce mâle profil oriental, se dégageant, avec sa longue chevelure et sa longue barbe flottantes, des draperies agitées qui le coiffent comme un turban déroulé. Le souffle de la Sixtine anime cette superbe figure. Goujon a respiré l'âme de Michel-Ange, mais, en bon Français de tête et de sens, il n'a point, comme tant d'autres, perdu pied dans cette ivresse. La correction rigide du dessin, la précision retenue des anatomies, l'ajustement exact des draperies, montrent, sous l'emportement de l'invention, un homme décidé à reviser sur nature les enseignements du maître dangereux et à ne jamais compromettre, dans ses figures, l'équilibre harmonieux des formes naturelles par la reproduction pédantesque d'exagérations aussi inimitables qu'elles sont sublimes. Le lion, au poil hérissé, à mine rude, qui est assis devant l'Évangéliste, vaut à lui seul une signature de Goujon ; cette bête au mufle saillant, vivement taillée, à l'orientale, comme un bronze d'Assyrie ou d'Étrurie, est de la même famille que les lions qui rampent sur la porte de l'hôtel Carnavalet ou dans les frises du Louvre.

Cette belle figure de saint Marc paraît avoir été, chez l'artiste, une inspiration bien primesautière et dont il

fut aussitôt satisfait. Nous la retrouvons sans changements sérieux dans les bas-reliefs provenant du jubé
de Saint-Germain-l'Auxerrois, entrés au Louvre en
1850, après avoir été longtemps oubliés dans le mur
d'une maison de la rue Saint-Hyacinthe Saint-Honoré[1].
S'il pouvait rester alors quelques doutes sur l'attribution des sculptures d'Écouen, la découverte de ces
bas-reliefs représentant, dans la même attitude, dans
des cadres semblables, en des dimensions plus grandes,
les *Quatre Évangélistes*, les devait forcément dissiper.
Ici, en effet, on avait affaire à des sculptures décrites
par Sauval, d'une authenticité incontestable, d'une date
certaine (de 1541 à 1544). L'analogie n'était plus seulement dans le style, mais dans les sujets mêmes, et, au
premier abord, à la légère, on pouvait même prendre
les sculptures de Paris pour les répétitions agrandies
de sculptures d'Écouen. A l'examen, pourtant, les
différences sont notables et marquent entre les deux
ouvrages des réflexions constantes chez l'artiste avec
une recherche suivie de la perfection. Pour nous, le
travail d'Écouen a suivi celui de Paris ; les attitudes
plus expressives, les gestes plus nets, les draperies
mieux adaptées y montrent la sûreté d'exécution d'une
main plus résolue et plus libre. Le changement le plus
apparent a été, sur l'autel d'Écouen, la mise en profil
de *saint Jean* et de *saint Luc*, dont le corps se montrait

1. *Musée impérial du Louvre. Description des Sculptures modernes,*
par Henry Barbet de Jouy, conservateur adjoint des antiques et
de la sculpture moderne. Paris, août 1855, p. 49, 50, 51, 52.

de face sur le jubé de Saint-Germain. L'exacte symétrie
des attitudes que le sculpteur, sur une surface plane,
avait dû éviter comme un ennui, devient au contraire
décorative sur un monument à trois faces. Presque
toutes les autres variantes sont ainsi des améliorations
de mouvements, de lignes, de modelés dans le sens
d'une expression plus serrée. L'impression des yeux
confirme ici la tradition historique ; on sait que le jubé
de Saint-Germain-l'Auxerrois, l'une des premières
œuvres de Goujon à Paris, fut exécuté vers 1542 et
que les grands travaux d'Écouen eurent lieu pendant
la disgrâce du connétable, de 1541 à 1547 ; c'est donc
aux environs de cette dernière date que se place le
travail de l'autel.

Les mêmes qualités qui signalent les reliefs de
l'autel se retrouvent dans le grand tympan du retable.
Ce tympan se trouve inscrit dans une façade de pierre
dont le soubassement, de même hauteur que l'autel, le
déborde à droite et à gauche, soutenant de chaque côté
deux colonnes de marbre noir, à socles et chapiteaux
de bronze, sur lesquelles repose un entablement. Dans
les métopes de la frise, séparées par des triglyphes,
des têtes souriantes de chérubins alternent avec les
rosaces dont le modèle se retrouve à l'extérieur du
château d'Écouen. La suite en est seulement interrompue au centre par un beau cartouche montrant,
en bas-relief, Dieu le père, accoudé sur le globe du
monde, méditant sur les nuées. Au-dessous, occupant
tout le centre, encadré dans une série d'élégantes mou-

lures et de délicieux entrelacs, portant à ses quatre angles l'alérion en bronze des Montmorency, se développe le grand bas-relief le *Sacrifice d'Abraham*. L'Abraham debout, maigre et nerveux, les bras et les jambes nus, a déjà posé la main gauche sur l'épaule du jeune Isaac, agenouillé à droite devant l'autel, les mains jointes et les yeux bandés. Cette dernière figure, de profil, d'aspect un peu féminin, avec ses cheveux retroussés sur la nuque comme ceux d'une vierge grecque, est d'un abandon charmant et d'une résignation touchante. A gauche, un ange, venu d'en haut, arrête aussi avec grâce la grande épée dont le patriarche va frapper son innocente victime. Dans toutes les figures la saillie est légère mais très vive, le dessin d'une précision extrême, le modelé attentif et savant. Quand on compare cette correction rigoureuse et ce goût prudent avec les enflures de style et les négligences de ciseau déjà si habituelles à ce moment aux virtuoses de l'Italie décadente, on comprend ce qui sauvera pendant deux siècles l'art français et lui assurera une supériorité durable, surtout dans la sculpture. Au-dessous du bas-relief on lit sur un long cartel cette inscription : « FIDE. OBTVLIT. ABRAHAM. ISAAC. CVM. TENTARETVR. ET. VNIGENITVM. OFFEREBAT. IN. QVO. SVSCEPERAT. REPROMISSIONES. ARBITRANS. QVIA. ET. A. MORTVIS. SVSCITARE. POTENS. EST. DEVS. — HEBRE. II°. De chaque côté, entre les deux colonnes, s'ouvrent les petites niches dont les statues ont été brisées ou volées [1].

1. L'autel d'Écouen a été gravé dans le grand ouvrage de

A côté de l'autel d'Écouen se trouve aussi provisoirement dans le Jeu de Paume un ouvrage du plus haut intérêt, dû à un sculpteur du XVIe siècle. C'est une tête en cire colorée d'Henri IV, tête extraordinairement vivante, qui semble avoir été faite avec l'aide d'un moulage sur nature, tant les détails en sont précis, mais qui implique une étude bien attentive et une connaissance bien sérieuse du modèle. Cette tête paraît avoir été ajustée plus tard à un demi-buste en terre cuite d'un caractère moins réel et d'un style moins franc. Quelques particularités, moins accentuées d'ordinaire dans les portraits du vaillant roi, soit par flatterie, soit par négligence : la largeur du visage un peu court, la vigoureuse saillie de la lèvre inférieure, cette marque des beaux parleurs, l'épaisseur du nez, tombant et busqué, gros au milieu, un peu tordu à l'extrémité, l'écrasement de l'oreille très plate, sont marquées ici avec une expressive sincérité. Les yeux, assez grands, d'un gris bleu, s'ouvrent avec vivacité sous de longs sourcils emmêlés. Les cheveux, les moustaches, la barbe en pointe sont négligés et grisonnants. La patte d'oie est fortement marquée et des rides profondes sillonnent le front large et puissant. Tel devait être Henri IV lorsqu'il tomba sous le poignard de Ravaillac. L'effigie en cire qui, suivant l'usage,

Baltard : *Paris et ses monuments, dessinés et gravés par Baltard, architecte, avec des descriptions historiques par Amaury Duval. An XIII.* On trouve aussi les *Évangélistes* et les *Figures allégoriques*, gravés au trait, dans le recueil de Réveil.

modelée par le sculpteur en titre de la Cour, fut placée sur son cercueil, ne pouvait pas être d'une ressemblance plus émouvante ; peut-être en avons-nous là, par une main maîtresse, le modèle ou la répétition.

On sait qu'une partie de l'ancien château de Chantilly, ce qu'on appelait le *Petit-Château,* une œuvre exquise aussi du XVIe siècle, fut épargnée, au XVIIIe, par les démolisseurs. L'intérieur comme l'extérieur est resté intact ; c'est là que nous trouvons des spécimens complets de l'art décoratif au XVIIe et au XVIIIe siècle. Quelques-unes des pièces faisant partie de l'ancien appartement du prince de Condé ont conservé l'aspect que leur donnèrent les travaux faits, d'après la tradition, de 1720 à 1740 environ. Les plus célèbres sont la *Galerie des Batailles,* le *Salon de la Grande Singerie* et le *Cabinet de la Petite Singerie.* « Au bout de l'appartement, dit Dargenville[1], est une galerie percée de cinq croisées et ornée de neuf grands tableaux et de quatre plus petits, qui exposent quelques-unes de nos conquêtes sous Louis XIII et Louis XIV, en commençant par le siège d'Arras, en 1640. L'action principale de la campagne occupe le milieu de chaque tableau, et les accessoires sont peints en petit dans des cartouches qui l'environnent. Toutes ces peintures sont de Le Comte, d'après Van der Meulen. » Nous pouvons tenir pour exacte cette dernière attribution, communiquée sans doute à Dargenville par les propriétaires du château ; sa description, comme tou-

---

1. Dargenville, *Voyage pittoresque des environs de Paris,* 1 vol. in-18, 4e édition. 1779, p. 414 et suiv.

jours, est fort incomplète. Tous les faits d'armes représentés sont des faits d'armes du grand Condé, et la série des toiles encastrées sur les deux longs côtés de la galerie commence, en entrant, non par le *Siège d'Arras*, en 1640, mais par le *Siège d'Aire*, en 1641. Chaque compartiment contient en effet, au centre, un motif principal, surmonté d'un grand cartouche portant l'indication du sujet, dans une draperie d'azur fleurdelisé, bordé en bas et sur les côtés de médaillons ovales représentant soit des épisodes de la campagne, soit des vues complémentaires. C'est ainsi que le premier tympan, faisant face aux fenêtres, montre, dans son cadre central, la *Bataille de Rocroy, donnée le 19e jour de May 1643 entre l'armée du Roy, commandée par Monseigneur le duc d'Anguien, et celle du Roy d'Espagne, commandée par Dom Francesco de Mello*, et porte, dans les plus petits cadres, à gauche, l'*Élévation de Thionville* et la *Carte du Gouvernement de Thionville;* au-dessous, le *Siège de Thionville*, l'*Ordre de bataille*, le *Siège de Sirck;* à droite, l'*Élévation de Sirck* et la *Carte du Gouvernement de Sirck*. A la suite se trouvent, comme sujets principaux, complétés de même par des épisodes, quatre autres grands compartiments : les *Combats donnés devant Fribourg ;* la *Bataille de Norlingen ;* la *Conqueste des villes de Cambray, Bergues, Mardick, Dunkerque et Furnes ;* la *Conqueste d'Ager*, avec cette inscription : « *Dans cette campagne, il leva le siège de Lérida. C'est la seule entreprise où les armes de France n'ont pas esté heureuses entre ses mains.* » La série n'est interrompue

que par la cheminée, au-dessus de laquelle on voit,
autour d'un portrait du héros de Rocroy, des trophées
d'armes, guidons, drapeaux, troués et déchiquetés,
portant l'aigle allemand à double tête, conquis sur le
champ de bataille. Au bas de la vitrine qui abrite ces
glorieuses reliques un superbe médaillon, en bronze
doré, répète ce profil étrange, si impérieux et si vif, de
l'impétueux capitaine, avec son nez busqué, ses pommettes sèches, sa lèvre hautaine, son œil hors de l'orbite,
qui lui donnait l'air d'un oiseau de proie. On pense
soudain à la grande phrase de Bossuet : « Comme une
aigle qu'on voit toujours, soit qu'elle vole au milieu des
airs, soit qu'elle se pose sur le haut de quelque rocher,
porter de tous côtés des regards perçants et tomber si
sûrement sur sa proie qu'on ne peut éviter ses ongles
non plus que ses yeux, aussi vifs étaient les regards,
aussi vive et impétueuse était l'attaque, aussi fortes et
inévitables étaient les mains du prince de Condé. » Ce
médaillon superbe est une pièce historique de la plus
grande valeur, car il nous donne les traits du grand
Condé l'année même de sa mort. Autour de la tête on
lit : LVD. PRINCEPS CONDÆUS. 1686. Et au-dessous : *A Coysevox f.*

L'autre série de tableaux historiques, placée sur la
paroi opposée, entre les fenêtres, montre successivement
la *Bataille de Lens*, le *Blocus de Paris*, la *Conquête de la
Franche-Comté*, le *Passage du Rhin*, le *Combat de Senef*.
En faisant représenter les combats autour de Paris, où
Condé avait combattu à la tête des ennemis du roi et des

ennemis de la France, le fils de Condé rappelait, avec
une noble franchise, la faute de son père comme il avait
rappelé plus haut sa défaite. Peut-être obéissait-il au vœu
de Condé lui-même lorsque, sur son lit de mort, il écrivit
à Louis XIV cette lettre fameuse que le roi fit lire devant
toute la cour et où, passant si légèrement sur ses services,
il accusait surtout « ses fautes, dont il faisait une si sincère reconnaissance ». Supposition d'autant plus probable que c'est bien à Henri-Jules de Bourbon qu'il faut,
d'après Dargenville, attribuer la commande du grand
tableau allégorique faisant, de ce côté, au centre, face à
la cheminée, et conçu dans la même pensée. « Dans le
plus grand tableau placé entre les fenêtres, dit-il, Michel
Corneille a employé une ingénieuse allégorie. Le grand
Condé foule aux pieds les conquêtes et les expéditions
qu'il a faites à la tête des troupes espagnoles ; elles sont
écrites sur des listels qui portent : *Retraite d'Arras,
1651. Combats de Bleneau et de Saint-Antoine, 1652.
Réthel, Sainte-Ménehould, Château Poiciers et Bar, pris
en l'année 1652. Rocroi pris en 1653. Saint-Guillem pris,
Cambrai secouru, 1657.* Le héros impose d'une main
silence à la Renommée, prête à publier indiscrètement
ses conquêtes de Valenciennes et de Condé (1656), et
lui ordonne, de l'autre main, d'annoncer son repentir.
Au bas du tableau, la Muse de l'histoire foule aux pieds
l'erreur, et arrache du recueil des actions de ce prince
les feuilles qui contiennent celles qu'il avait à se reprocher contre son roi et sa patrie. Cette composition est
due à l'imagination vive et brillante du feu prince de

Condé, son fils (Henri-Jules). » La description n'est pas d'ailleurs absolument exacte. On n'imagine guère ce mouvement d'une figure ordonnant, d'une main, à la Renommée de se taire, et, de l'autre main, à la même Renommée de chanter. La composition trouvée par Corneille est plus claire. Condé, debout, résolument tourné à droite, où l'Histoire s'apprête à écrire en le regardant, lève la tête avec un geste impératif vers une Renommée qui s'envole à tire d'ailes, soufflant à pleine bouche dans une double trompette, tandis que de l'autre main il s'efforce d'arrêter sur sa gauche, en lui saisissant sa trompette, une autre Renommée. Quant au vieillard nu sur lequel s'assied un peu cavalièrement l'Histoire, nous l'avions pris, nous l'avouons, pour le Temps ; c'est bien, ce semble, ce bonhomme qu'une Histoire complaisante a mission de dompter. La peinture, savante et souple, d'un faire calme et large, sent l'étude des meilleurs Italiens du xviiᵉ siècle, des Italiens clairs, et rappelle, avec quelques réminiscences de Rubens, l'exécution de Romanelli.

Les deux Salons peints en arabesques, dits *des Singeries*, qui nous paraissent aujourd'hui un des spécimens les plus curieux de l'art décoratif au xviiiᵉ siècle, ne semblent pas avoir intéressé les contemporains autant que la *Galerie des Batailles*. Dargenville, dans son édition de 1768, n'en souffle mot ; dans celle de 1779, il en parle assez légèrement : « Les deux cabinets, dit-il, sont peints en arabesques, tant sur la menuiserie qu'au plafond. » Rien de plus. Pas un mot sur l'artiste, bien qu'il signale dans une chambre à côté le *Portrait de M*ˡˡᵉ *de Clermont* aux eaux minérales, par Nattier, dont nous avons eu l'occasion de parler, et bien qu'il ait l'habitude de marquer, dans les châteaux qu'il visite, à Versailles, à Meudon, à Anet, les décorations de ce genre, presque toujours faites ou dirigées par Claude Audran. N'est-il pas bien singulier, si les délicieux panneaux de la grande et de la petite Singerie étaient dès lors regardés comme l'œuvre de Watteau, qu'il n'ait fait aucune mention d'un nom encore illustre à ce moment dans le monde des artistes et des amateurs? Il est fâcheux qu'aucun témoignage contemporain, qu'aucun certificat authentique ne vienne corroborer une tradition qu'explique sans doute l'originalité spirituelle de l'œuvre, mais que ne justifie pas, ce nous semble, avec une évidence frappante, la comparaison attentive des peintures de Chantilly avec les peintures authentiques de Watteau. Si variées qu'aient été les manières de ce talent souple et charmant, il est un trait qui le signale de bonne heure et qui ne lui fit jamais défaut, c'est la vivacité chaude de sa touche. Son pinceau, trempé dès l'abord dans la forte lumière des Flamands et des Vénitiens, jeta jusqu'au bout, sur ce qu'il touchait, des éclats de soleil. L'exécution des peintures de Chantilly nous paraît due, pour dire le vrai, à un ou plusieurs artistes d'une habileté extraordinaire, mais d'un tempérament moins ardent. L'abondance d'invention, la finesse de détails, la grâce d'intention, l'esprit de touche qu'on y admire, ne suffisent pas à nous imposer le nom de

Watteau. Les nombreux motifs d'arabesques contenus dans son œuvre, que nous retrouvons ici, ne suffiraient même pas à nous convaincre, car ces motifs y peuvent avoir été copiés ; ce sont d'ailleurs ces motifs traditionnels, datant de la Renaissance, qu'on voit successivement, à partir de Séb. Leclerc et de Bérain, se modifier, s'alléger, se tortiller, se compliquer, au gré de la mode du temps, entre les mains de Claude Gillot, des Audran, de Watteau, de La Joue, de Boucher, de Huquier, de Mondon, de Leprince, jusqu'à ce qu'ils meurent dans les mains fatiguées de Pillement et de Choffard.

Où l'influence de Watteau est évidente, c'est dans les figurines chinoises, qui jouent un assez grand rôle dans les compositions, bien qu'elles n'aient point cet air vif et fûté que Watteau conservait à ses plus honnêtes Chinoises de paravent, *Poï-Nou* ou *la Servante*, *Kouï-Nou* ou *la jeune fille*, la *déesse Ki-Mao-Sao* et *la déesse Thuo-Chuu*, adorée dans l'île d'Hamani ; c'est aussi dans les singes et guenons, affublés de vêtements du xviiiᵉ siècle, jouant avec la plus parfaite vraisemblance et la plus ravissante bouffonnerie la grande comédie humaine ; nous retrouvons là tous les aimables drôles à museau rose et à mains poilues que nous avons vus gambader dans les *Singes de Mars*, le *Marchand d'Orviétan*, le *Théâtre* et les *Dessus de Clavecins*. Cette population agile de quadrumanes malins arrive tout droit de chez David Teniers, qui les introduisit dans la peinture avec une certaine façon, leste et galante, de les présenter du bout du pinceau que n'oublièrent ni

Audran, ni Watteau, ni Chardin, ni même notre contemporain Decamps. La rage, pendant cinquante ans, fut aux singeries aussi bien qu'aux chinoiseries. Pas de grand château qui n'eût son salon ou son cabinet *des Singes*. Un certain nombre de décorateurs de talent, sans compter Watteau, s'adonnèrent à ce genre spirituel qui convenait si bien au goût satirique de l'époque ; Boucher qui, vers 1722, gravait à raison de 24 livres par jour les dessins de Watteau, pour le compte de M. de Julienne devenu son protecteur, avec son habileté déjà singulière de décorateur, dut s'acquitter fort couramment de semblables besognes, lorsqu'il avait la bonne fortune d'en être chargé. Nous n'oserions pas insinuer que les peintures de Chantilly soient de sa main ; elles ont une liberté d'allure qui suppose une autre expérience que celle d'un jeune homme de dix-huit à vingt ans ; toutefois, il nous semble qu'on peut d'autant mieux chercher de ce côté que la restauration du Petit-Château ne paraît pas avoir été commencée par le duc de Bourbon avant 1720. Est-il donc vraisemblable qu'on ait pu s'occuper immédiatement de l'aménagement intérieur et confier la peinture des boiseries à Watteau, qui voyageait alors en Angleterre et mourut l'année suivante en juillet ? Ce n'est guère probable. Claude Audran entrerait plus aisément en ligne, puisqu'il n'est mort qu'en 1734. La question ne peut être résolue que par un document écrit, mais ce n'est point à Chantilly qu'il faut le chercher, les archives du château pour tout le xviiie siècle ayant été détruites à la Révolution. Quoi qu'il en soit, de Watteau ou d'un de ses imitateurs, l'œuvre est exquise et demeure un des spécimens les plus charmants de cette décoration française, pittoresque et ingénieuse, parlant à l'esprit en même temps qu'aux yeux, si bien faite pour accompagner le badinage léger d'un entretien galant ou les aimables caprices d'une conversation toujours enjouée [1].

Le Salon de la *Grande Singerie*, salon de repos et d'étude, pourrait être aussi bien appelé le Salon de la *Grande chinoiserie*, ou tout au moins de la *Singerie chinoise*. Singes et Chinois, Chinoises et guenons alternent dans les panneaux, jouant tour à tour le rôle de maîtres et d'esclaves, de protagonistes et de comparses, singeant et chinoisant les manières, les gestes des seigneurs et dames de la cour de France. Le lien qui

---

1. M. Edmond de Goncourt, dans son *Catalogue*, a brillamment décrit les peintures de Chantilly. Ce connaisseur émérite ne partage pas nos doutes, nous devons le dire. Il croit reconnaître en plus d'un endroit non seulement l'invention de Watteau, mais encore son faire même. Toutefois, les inégalités qui nous inquiètent ne l'ont pas moins frappé, car il termine son appréciation par ces interrogations : « Le maître a-t-il peint les deux salons entièrement de sa main ? Le maître a-t-il fait pour quelques panneaux ce qu'il avait l'habitude de faire pour la plupart de ses décorations ? A-t-il donné, pour ces panneaux, un dessin, un croquis, une *invention ?* » (*Catalogue raisonné de l'œuvre peint, dessiné et gravé d'Antoine Watteau.* Paris, 1875, p. 199.) Cette dernière supposition, en tout cas, reste vraisemblable, qu'il s'agisse, comme inventeur, de Watteau ou d'un autre. Tout n'est certainement pas de la même main ; il y a eu un chef d'orchestre faisant les grands *soli*, mais avec lui plusieurs exécutants.

relie tous ces motifs est d'ailleurs assez vague. L'artiste
s'est gaiement abandonné à son caprice dans l'invention des scènes et des détails, ne conservant, dans la disposition de chaque morceau, que la symétrie nécessaire
à l'équilibre décoratif. Sur les lambris, la scène principale occupe toujours le centre ; au-dessous et au-
dessus, s'accrochent des trophées ou groupes d'accessoires explicatifs, dans un entourage léger de palmiers
à panaches, de treillages à jour, de piédouches en
l'air, au-dessus duquel flottent des lambrequins sans
attaches, des bouquets de fleurs sans lien, des pluma-
ges sans oiseaux, dans la pâleur lointaine d'un rêve où
les corps échappent à la pesanteur, où les objets sentent leurs formes s'évanouir. « Dans ces arabesques,
dit très bien M. de Goncourt, je retrouve la caractéristique de l'arabesque créée par Watteau... Tous ces
panneaux ont dans le haut le léger voltigement de
gaze, d'étoffe, de ses arabesques gravées ; tous ces panneaux ont, dans le bas, le petit cul-de-lampe peint, que
le maître a l'habitude de jeter dans ses compositions décoratives ainsi qu'un vignettiste jette un cul-de-lampe
au bas de la page d'un livre. » Dans ces culs-de-lampe
sont parfois peints, en camaïeu, des groupes d'amours
et d'enfants. C'est là surtout qu'il nous est difficile
de retrouver l'allure vive et les types joyeux de Watteau: quelqu'un de plus calme et de plus académique,
qui n'est ni Watteau ni Boucher, a passé par là.

Dans les motifs principaux, l'exécution, libre, brillante, spirituelle, se montre vraiment supérieure. Sur

la muraille de fond s'élèvent deux grands lambris, séparés par une porte. Le lambris de gauche montre un gros mandarin faisant la sieste dans un hamac, tapotant de la main gauche, d'un air rêveur, un tambour à grelots posé près de lui et, de la droite, agitant un hochet, tandis que deux singes accroupis, l'un à sa tête, l'autre à ses pieds, bercent sa somnolence d'une musique monotone, l'un râclant une sorte de guitare, l'autre sonnant du triangle. En bas, le thé chaud fume dans une théière de terre rouge entourée de ses tasses. Partout, se suspendent, en trophées, des instruments de musique et des armes bizarres de provenance ou d'intention chinoise. Sur le lambris de droite, la mandarine du mandarin goûte aussi le frais, assise sur un banc, son éventail et son bâton de grelots à la main; moins musicienne et plus coquette, elle se contente de se laisser adorer par deux singes fort révérencieux qui l'enveloppent des douces fumées de leurs encensoirs. Des instruments de musique et surtout des pots à parfum entourent cette dame sensuelle. Sur les battants des portes la décoration est plus grave. Les télescopes, les astrolabes, les règles, les équerres, s'y mêlent aux éventails et aux miroirs. Des insectes se débattent emprisonnés dans un bocal; un oiseau philosophe se regarde dans une glace. Un singe assis étudie gravement un plan à l'aide d'un compas, un autre savant de même race, le nez coiffé de bésicles, prend des mesures avec un fil à plomb.

A droite, près de la cheminée, c'est encore la Science

qui inspire le caprice du décorateur. Au-dessus d'un
écureuil qui fait jouer la vis d'une balance à frapper
des médailles, un Tartare, chimiste et céramiste, entouré de porcelaines de prix rangées sur des étagères
volantes, médite profondément, la main sur un livre,
en regardant un serpent flotter dans un bocal d'alcool.
Deux singes, deux de ses élèves sans doute, peignent à
ses côtés, l'un une potiche, l'autre un paravent. Des
soufflets, des creusets, des entonnoirs entourent ces
manipulateurs. Les battants de la porte voisine qui
mène à la Galerie des Batailles sont consacrés à la
musique et à la danse; sur le premier, tambourine et
flûte de tout son cœur un singe-orchestre, au-dessus des
pupitres et des violons; sur le second, au-dessus d'oi-
sillons frétillant sur leur perchoir, un singe-acrobate
voltige sur la corde.

Du côté de la fenêtre, sur les lambris faisant face aux
panneaux de fond où Chinois et Chinoises se laissent servir par des singes, la gent simiesque règne à son tour et
voit à ses pieds la race humaine. Ici, un singe d'importance, royalement nippé, accueille nonchalamment du
haut de son trône deux bambins agenouillés qui offrent
des joujoux à sa dédaigneuse majesté ; là, une guenon
de haute volée, poudrée et mouchetée, gratte d'un air
tendre les cordes d'une cithare entre deux jeunes Chinois qui l'accompagnent du grelot et du tambourin.

Sur le quatrième côté, la porte d'entrée est partagée entre les arts de la Paix et ceux de la Guerre. Le
battant gauche, couvert de palettes, pinceaux, porte-

crayons, tout l'attirail d'un peintre, montre un jeune singe-portraitiste assis devant son chevalet ; le battant droit, chargé de boulets, fusils, hallebardes et autres engins menaçants, est gardé par un singe porte-drapeau d'une allure ferme et martiale. Près de là, sur le grand panneau, une chasseresse, une vraie dame cette fois, fortement empanachée, une sorte de Diane tartare, est assise dans un paysage. Un singe en habit de piqueur lui présente le pied du dix-cors. Un autre, en habit de courrier, lui apporte une lettre. Des attributs de chasse l'environnent de toutes parts. Plusieurs de ces attributs se retrouvent dans le plafond où d'autres singes chasseurs, mêlés à des Chinois et Chinoises, courent à travers des volées d'oiseaux. De tous côtés, en haut comme en bas, les mêmes êtres capricieux s'agitent dans le même monde bizarre, sans interruption et sans contrastes, pour prolonger le plaisir des yeux et la vraisemblance du rêve.

Le boudoir ou cabinet de toilette, qu'on appelle la *Petite Singerie*, est une petite pièce très basse, peinte sur toutes les coutures comme une riche bonbonnière. Suivant une tradition du pays, c'est la comtesse de Pric que M. le Duc a laissé railler sous cette forme impertinente de la guenon. La fantaisie des détails est moins inattendue que dans la *Grande Singerie*, mais la satire est plus directe et l'observation plus marquée. Tous les motifs principaux sont des tableaux de genre qui nous jettent en pleine société du xviiie siècle, aussi bien que ceux de Chardin, de Jeaurat, de Lancret, avec cette seule différence que les jolis becs y sont des museaux pointus et les pieds mignons des pattes à griffe. Au fond, près de la glace, à gauche, quelle jolie scène que celle du *Bain*, dont la *Gazette* donne une charmante gravure! A droite, quelle aimable comédie que celle du *Jeu de cartes*, où un noble singe fait le jeu de deux jeunes guenons en déshabillés galants, lançant une œillade assassine à l'une d'elles, tandis que l'autre est plongée dans ses cartes! Sur les autres parois sont représentés d'autres épisodes du *high-life* du temps, la *Promenade en traîneau*, un couple de singes dans un traîneau d'or attelé d'un cheval empanaché, suivi d'une dame que pousse sur la glace un coureur aux armes de Condé; la *Toilette du matin*, une guenon fort coquette, assise devant son miroir, à qui une chambrière coupe les griffes, tandis qu'une autre la coiffe; le *Rendez-vous de chasse*, deux guenons-amazones, portant le tricorne enrubanné, la cravate bouffante, l'habit à grandes basques, arrêtées près de la table de pierre de la forêt de Chantilly, déjà couverte de provisions de bouches; les *Plaisirs des champs*, une guenon en peignoir, montée sur une échelle, cueillant des cerises; une autre, au pied de l'arbre, absorbant une jatte de lait. Partout, ces jolis tableautins sont entourés d'accessoires spirituellement choisis, que l'artiste a gaiement semés dans sa décoration. Dans le plafond, dont le parti pris général s'associe d'ailleurs parfaitement aux lambris, l'exécution semble venir d'une autre main, d'une main moins légère et moins fine. On y trouve un peu de tout : des enfants, des amours, des renards, des cigognes et des coqs jouant les fables de La Fontaine ; des oiseaux, des singes, des fleurs. Peinture soigneuse, peinture attentive. Il n'y a plus là, pourtant, cette vivacité de main et de pensée qui fait de la *Grande Singerie* tout entière et des lambris de la *Petite Singerie* des spécimens incomparables de cet art savant et délicieux du décor dans lequel nous étions passés maîtres au XVIIIe siècle, et dont notre insouciance a laissé peu à peu détruire presque tous les chefs-d'œuvre, sans que notre habileté soit bien certaine d'avoir retrouvé la science de les remplacer.

PEINTURE

VII

ÉCOLE FRANÇAISE (XIXe SIÈCLE)

C'est une épreuve sérieuse pour les peintures modernes de disparaître pendant quelques années, puis de
se représenter tout à coup, dans une collection publique
ou privée, rangées, à leur ordre chronologique, à la
suite ou en face de chefs-d'œuvre anciens. Combien en
avons-nous retrouvés, dans les musées provinciaux ou
étrangers, de ces tableaux à succès, dont l'apparition au
Salon avait fait émeute, que la presse avait chantés de
toutes ses voix, et la gravure reproduits par tous ses
moyens, et devant lesquels nous nous sentions stupéfaits
et glacés comme devant des choses mortes ! Tant sont,
hélas ! étranges et fréquents ces caprices de goût et ces
erreurs de jugement qui rendent une génération étrangère à celle qui la pousse et qui se succèdent souvent en
nous-mêmes avec une telle rapidité que l'homme mûr
doit s'étonner le plus souvent de ses enthousiasmes de
jeune homme, et le vieillard ajouter toujours quelque
indulgence aux opinions de l'homme mûr ! Aussi
n'est-ce pas, pour notre compte, sans quelque inquiétude que nous sommes entrés dans la galerie de Chan-

tilly, sachant que tant d'ouvrages célèbres des diverses écoles qui se sont suivies et combattues en France depuis le commencement du siècle s'y trouvaient réunis, et craignant d'éprouver, devant tant d'images classiques ou romantiques dont le respect ou le charme vivait encore dans notre mémoire, cet amer désenchantement qui invite à douter de la gloire. Cette inquiétude, nous devons le dire, n'a pas été de longue durée. La collection a été formée avec un goût sûr et prudent, qui s'est moins soucié de la quantité que de la qualité, de la dimension que de la perfection. La plupart des artistes du XIXe siècle y donnent une très bonne note, non pas toujours la plus retentissante, mais presque toujours la plus vraie, la plus personnelle, la plus caractéristique.

Prud'hon, nous l'avons vu, y ouvre le siècle avec un charme exquis. Le grand maître d'alors, l'autocrate de la peinture républicaine et impériale, David, il est vrai, n'y paraît pas, et c'est dommage. Un beau portrait de sa main fière eût planté un solide jalon dans la série. Le sage Gérard, malgré son savoir, ne fait pas oublier cette absence. C'est pourtant un excellent morceau que la tête de *Bonaparte, premier consul*, peinte d'après nature aux Tuileries en février 1803. L'analyse est fine, l'expression naturelle, l'exécution loyale, le style sans énergie particulière, mais grave et simple. On sent à l'honnêteté du faire l'exactitude de la représentation. Tous les autres portraitistes du temps nous ont-ils trompés, ou la transformation physique du pre-

mier consul par les satisfactions de l'autorité et les
ivresses de la gloire fut-elle si rapide qu'on eut peine
à la suivre ? Dans ce visage plein et rond, aux chairs
blanches, déjà molles, où s'ouvrent paisiblement de
grands yeux gris très fixes mais un peu vagues, comment retrouver, sans recherche opiniâtre, ce masque
anguleux, ferme et sec, aux yeux enfoncés et réfléchis
qui fut celui du vainqueur de Marengo ? Avec quelle
facilité la médaille nette et vive du condottiere italien
s'est changée en médaille large et calme d'empereur
romain !

> Déjà Napoléon perçait sous Bonaparte,
> Et du premier consul déjà, par maint endroit,
> Le front de l'empereur brisait le masque étroit.

Le portrait de Gérard prouve l'exactitude de la mé-
taphore du poète, qui n'est qu'une observation sur le
vif, une observation naturaliste, comme nous dirions
aujourd'hui, « nous autres, gens d'étude ». Mais quand
Gérard peignit le premier consul, le siècle avait trois
ans, un an de plus qu'à la naissance de Victor Hugo.
La brisure du masque était déjà complète. Un vaste
tableau du même baron Gérard, les *Trois âges*, un des
grands succès du Salon de 1808, ne nous fait pas, à
beaucoup près, le même plaisir. La gravure a reproduit, à satiété, cette savante composition, équilibrée
dans les règles, solennellement présentée, correcte-
ment dessinée, toute gonflée, suivant l'usage du temps,
d'intentions philosophiques. Malgré la protection de
Poussin et de Lesueur, dont les *Trois âges* se réclament

par des réminiscences continues, nous n'y pouvons vraiment voir qu'un effort plus laborieux qu'heureux pour dessiner en style académique un beau sujet humain autrefois peint par Titien en style naturel.

Le vrai dessinateur, le peintre de haut style qui triomphe ici, c'est Ingres. Les cinq chefs-d'œuvre qui le représentent sont trop connus pour que nous ayons à les décrire après Théophile Gautier, Charles Blanc, Henri Delaborde et tant d'autres ; mais quelle bonne et forte joie de les trouver, dans un tel milieu, plus dignes d'admiration que jamais, résistant avec la fermeté des ouvrages réfléchis, savants, convaincus, à toutes les atteintes du temps, comme ils ont résisté aux injures de la mode ! Dès 1804, presqu'à l'heure où Gérard peignait Bonaparte, le jeune pensionnaire de Rome peignait son *Portrait de l'auteur*, qu'ont successivement possédé le prince Napoléon et M. Reiset. Quelle virilité dans le dessin, quelle intensité dans l'expression ! La volonté du caractère, ne reculant pas devant certaines rudesses, s'y imprime dans la puissance des contours, la rigueur des modelés, le parti pris des colorations autant que dans la hauteur de l'attitude, la fierté du visage, la fixité du regard. Le *Portrait de Mme Devauçay* [1], un peu postérieur, est plus étonnant encore. Sans y faiblir dans sa résolution d'accentuer les contours, même en faveur d'une jeune femme, le peintre, pour exprimer la vie, trouve des carnations ten-

1. Gravé à l'eau-forte dans la *Gazette*, t. XXIII, 1re période, p. 58.

dres, toutes les délicatesses oubliées depuis les portraits florentins de Raphaël. Ingres possède déjà la plus difficile des audaces dans les périodes raffinées, l'audace de la naïveté devant la nature, l'audace de la réaction apparente qui n'appartient qu'aux âmes dédaigneuses des succès vulgaires et résolument éprises de vérité. C'est là son vrai génie, qui éclate dans deux œuvres, souvent discutées, parfois raillées, où le peintre, sans érudition spéciale, par le naturel élan d'une imagination sincèrement ouverte aux expressions de l'art dans tous les temps, ressuscite tour à tour l'antiquité grecque et le moyen âge avec une merveilleuse divination : la *Stratonice* et la *Françoise de Rimini*. De la *Stratonice* devait sortir toute l'école néo-grecque. Mais quelle distance entre le créateur et les imitateurs ! Comme l'un est remonté, d'un essor, tout droit vers la Grèce, tandis que les autres s'attardent dans les élégances du jour, l'esprit à la mode, les allusions contemporaines ! Avant que les statuettes adorables de Tanagra sortissent en foule de leurs tombes pour nous apprendre une fois de plus la grâce antique, Ingres l'avait retrouvée dans cette délicieuse Stratonice, si gracieuse et chaste en ses fines draperies. Que dire du drame présenté avec une justesse d'attitudes où le sens plastique et le sens poétique trouvent également leur compte ? La *Françoise de Rimini* montre, sur ce point, ce que pouvait le peintre. On a souvent raillé la mine burlesque de Lancilloto, le cou gonflé du Paolo ; selon nous, on a eu grand tort. Ce n'était guère aux romantiques à se moquer d'eux-mêmes ; Ingres, ce jour-là, était des leurs, mais il l'était sérieusement. En peignant le meurtre de Rimini, il avait l'imagination émue par les miniatures du moyen âge, comme en peignant la Stratonice, il avait cru vivre avec la statuaire et les fresques antiques. La *Vénus Anadyomène*, cette œuvre sereine que le peintre porta dans son cerveau, de 1808 à 1848, comme un idéal insaisissable de souveraine beauté, trahit peut-être, par quelque froideur, l'effort de cette longue recherche ; c'est pourtant une superbe page, très caractéristique, indiquant bien ce qu'a rêvé Ingres en fait de beauté. Ces cinq toiles forment un ensemble qui permet au maître sévère de supporter sans peine le voisinage éblouissant des coloristes qui l'entourent.

Ceux des romantiques qui n'avaient pas tout à fait perdu le respect des vieillards, reconnaissaient par instants ce qu'ils devaient à Gros ; ils avaient raison. Il y a là une petite esquisse des *Pestiférés de Jaffa*, si colorée et si vive, qu'on y sent grouiller déjà Géricault, Delacroix et, avec ces deux grands agitateurs, la multitude de leurs survivants. Géricault, tout à côté, ne paraît qu'avec sa dernière esquisse, un *Cheval sortant de l'écurie*, toile inachevée qu'Horace Vernet compléta en y peignant un groom. Le cheval est du Géricault, le groom est du Vernet. Chaque morceau a son mérite ; mais nous ne comprenons plus guère maintenant ces collaborations posthumes. En revanche, Delacroix se montre dans le plus grand éclat de sa force dramatique avec les *Deux Foscari*. Rien n'est mieux fait que l'ap-

parition de cette toile éclatante au milieu des toiles austères d'Ingres pour réduire à néant les partis pris d'école
et proclamer, par-dessus toutes les discussions théori-
ques, la puissance dominatrice des imaginations libres
et des âmes passionnées. Autant d'effervescence dans
les couleurs, autant de tourmente dans les lignes chez
les *Deux Foscari* que de tranquillité dans les nuances
et de noblesse dans le dessin chez la *Stratonice*. Des
deux œuvres pourtant sort, ici lentement, là impétueu-
sement, une émotion qui nous pénètre à la même profondeur ; car, des deux côtés, l'imagination est aussi
intense, la vision aussi hardie, l'observation aussi humaine. Les langages seuls sont différents. Tandis que
l'un exprime des passions encore contenues par des
formes noblement rythmées et des colorations savamm-
ment assoupies, l'autre les rend, dans leur explosion
dernière, par des ruptures de gestes violemment heurtés
et des vigueurs de tons puissamment exaltés. L'unité
des *Foscari*, dans leur vigoureuse orchestration, est
aussi saisissante que l'unité de la *Stratonice* dans son
harmonieuse mélopée. Oui, ces deux maîtres, ces deux
rivaux, si divers à l'abord, si voisins au fond, resteront
dans l'avenir, comme ils le furent de leur vivant,
l'honneur de notre école contemporaine ! Nous pouvons les réunir dans notre reconnaissance, plaignant
seulement ceux qui ne les peuvent comprendre tour
à tour et n'ont pas la joie d'être aussi émus par le cho-
ral brillant des couleurs que par l'hymne pur de la
forme.

Après le Delacroix dramaturge, voici le Delacroix
orientaliste. Sa justesse d'observation n'éclate pas en
accents moins chauds dans le *Corps de garde marocain*
que son originalité d'invention dans les *Deux Foscari*.
Ces trois soudards africains, pelotonnés sous d'épaisses
couvertures, dormant à pleins poings dans l'angle
d'une chétive masure, qu'éclaire mal un feu de tisons
fumants, ont un accent de vérité supérieure ; il n'en
faut pas tant, on le sait, à l'impeccable coloriste pour
faire jouer sur sa toile la lumière et la vie. La note vigoureuse que fait retentir ici Delacroix est intéressante
à comparer aux notes brillantes que donnent à ses côtés
les autres orientalistes, ses prédécesseurs ou ses successeurs, Decamps, Marilhat, Fromentin. Decamps est, à
vrai dire, l'enfant gâté du logis. Il compte à Chantilly
dix toiles, parmi lesquelles saute tout d'abord aux yeux
le fameux *Corps de garde sur la route de Smyrne à
Magnésie*, du Salon de 1834, qui appartint jusqu'à sa
mort à M. le marquis Maison et atteignit, aux enchères,
le prix de 80,000 fr. C'est resté un vigoureux morceau,
vaillamment brossé, avec un sens vif des groupements
pittoresques et des ardeurs de lumière. Il est fâcheux
que la peinture, chargée d'empâtements, saturée de bi-
tumes, ait poussé brutalement au noir, comme en
d'autres toiles de ce maître compromises par une « alchimie » trop compliquée, suivant l'expression de
Charles Blanc. La grâce et la finesse de ses compositions ingénieuses seront souvent, pour nos neveux,
gâtées par la décomposition de ces amalgames. Les

Enfants à la tortue et les *Enfants turcs au bord d'une fontaine*, pétris avec le même luxe de matière, subissent un peu la même altération ; les parties lumineuses, murailles, rochers, vêtements, étoffes, se solidifient et s'émaillent ; les parties simplement claires et moins chargées, telles que les chairs, s'allègent et se dérobent ; les parties sombres, imprégnées de bitume, forment des saillies de plus en plus opaques. Décompositions des couleurs, trahisons des restaurateurs, à quelles catastrophes êtes-vous exposés, pauvres peintres ! On peut bien vous gâter durant votre vie, car, après votre mort, votre œuvre vous suit parfois bien vite. Le temps n'aime décidément que les sculpteurs.

Quoi qu'il en soit, malgré d'inévitables alourdissements, ces deux scènes d'enfants turcs restent des œuvres charmantes, d'un arrangement très pittoresque, d'une observation très originale, d'une facture très ferme. De la même période datent deux magnifiques paysages, où la forte impression de l'Orient se ravive dans une vision historique ou littéraire, le *Souvenir de la Turquie d'Asie* et le *Don Quichotte* qui, montrant la même bravoure d'exécution, sont peut-être exposés au même péril. Il vint cependant une heure où Decamps se défia des maçonneries aventureuses : il allégea son faire, assouplit son pinceau, comprit ce que valait l'esprit à demi mot et la peinture à fleur de toile. Nous avons ici, de ce moment heureux, la délicieuse *Petite école turque*. Là grouille, dans un intérieur calme, sous une lumière assoupie, devant un maître peu respecté, une multitude de marmots turcs, si vivement troussés, avec des mines si drôles et des gestes si fins, que le plus délicat miniaturiste ne saurait mieux faire. Un *Porte-étendard turc* cavalcadant, tout pétillant de couleurs roses, sur son cheval blanc, dans la fumée d'un champ de bataille, nous semble aussi un chef-d'œuvre de vie, de mouvement, de lumière. C'est vers 1840 que Decamps commença à secouer le préjugé de l'empâtement à outrance; aussi ses œuvres dernières, même lorsqu'elles sont d'une inspiration moins franche, semblent-elles devoir longtemps conserver cette fraîcheur d'aspect si utile aux peintres de lumière. La *Petite école* est de 1846. Le *Bertrand et Raton* est de la même année; c'est une exquise drôlerie. Quant à la *Rébecca à la fontaine*, elle porte la date de 1848. C'est une de ces tentatives ingénieuses faites par Decamps pour traduire la Bible en paysages et en costumes syriens; on y démêle une recherche de style classique qui n'était pas dans le tempérament de l'artiste, mais qui fut assez vite dans ses habitudes. Peut-être en oublierait-on sans grand'peine les figures un peu minces; on ne peut oublier ni les perspectives austères, ni l'abondante lumière, ni la sereine atmosphère au milieu desquelles se profile la blanche procession.

Presque tous ces Decamps viennent de la collection Maison, que traversèrent aussi leurs voisins, trois excellents Marilhat, le *Port de Rosette*, une *Vue du Caire*, les *Syriens en voyage*. Le premier, quoique légèrement bruni, ruisselle pourtant de lumière, de cette lumière tiède et douce qui n'a pas d'éclats violents, comme le soleil de Decamps, et qui dévore moins avidement les formes des choses. Un escalier blanc plongeant dans la vague miroitante, un hangar posé sur une colonnade de granit rose, une ombre rafraîchissante tombant à larges pans d'une muraille surmontée de broussailles, et, parmi tous ces jeux d'ombres et de lueurs, une foule bigarrée agitant d'autres ombres et d'autres lueurs : tels sont les principaux éléments qui composent le *Port de Rosette*. Ce sont à peu près, sauf l'eau, ceux qui entrent dans l'ordonnance de la *Vue du Caire*, plus brillante et plus intacte. La rue ici, sous ses treilles feuillues, est encore plus fourmillante et la colonnade en granit rose est une colonnade antique. On sait combien Marilhat, dont l'éducation avait été profondément classique, gardait d'affection pour tous les débris de l'art ancien, et avec quelle précision d'architecte il les reproduisait dans ses paysages, quand il avait la joie de les rencontrer. La lumière l'enchante, mais sans l'éblouir. Sous sa couleur délicatement distribuée le dessin reste toujours ferme. Peu soucieux de se faire un procédé à lui, mais patiemment acharné à l'expression complète de sa sensation, il devient original à force de respect pour la vérité et d'amour pour ses souvenirs. L'Orient l'a ravi à la fois par la beauté de sa lumière, la netteté de ses formes, le caractère de ses figures ; il cherche, sans prétention ni fracas, à retrouver à la fois dans leurs relations naturelles, lumière, formes, figures sans rien exagérer ni rien sacrifier. La vision est moins hardie chez lui que chez Delacroix, moins vive que chez Decamps, elle est peut-être plus nette et plus étendue. On ne peut guère voir d'étude plus fine et plus sérieuse sur l'Orient que ses *Syriens en voyage*, les uns montés sur des chameaux, les autres à pied portant les bagages, traversant d'un pas pesant et mesuré, sous un ciel chauffé à blanc, l'interminable espace du sable altéré.

A côté de ce modeste et délicat Marilhat M. Ziem, à vrai dire, semble d'abord un peu tapageur. Sa *Fontaine en Orient* est cependant un de ses bons morceaux, d'une facture peu variée, mais solide et éclatante. Quant à Fromentin, il clôt la série des orientalistes avec l'un de ses chefs-d'œuvre, la *Chasse au faucon*, où son esprit sagace a résumé, dans une composition animée, d'une harmonie à la fois forte et subtile, toutes les finesses de son observation et tous les raffinements de son habileté. Pour ce tableau aussi l'épreuve est faite ; il peut prendre son rang dans la série des peintures que le temps respectera.

Géricault, Delacroix, Decamps, Marilhat, ne sont pas seuls à représenter le mouvement romantique. Presque tous ceux qui s'y associèrent, de près ou de loin, se montrent par quelque côté de leur talent. La *Confidence* de Léopold Robert et sa *Femme pleurant sur les ruines de sa maison détruite par un tremblement de terre*, qui émurent autrefois toutes les âmes sentimentales, nous paraissent aujourd'hui des tableaux un peu démodés, tendres au fond, secs dans la forme. La rigi-

dité des contours et la dureté des colorations étaient
probablement ce qui servait d'excuse à Robert, auprès
des élèves de David, pour le choix trop familier de ses
personnages. Par un retour étrange des choses, cette
rigidité et cette dureté nous gâtent aujourd'hui ses admirables qualités, son sentiment si humain, son émotion si profonde. Il faut, toutefois, aller au delà de
cette première surprise ; si le dessinateur est froid, l'artiste est ardent, et de son ardeur sympathique on surprend de nobles éclats dans ces deux toiles. Entre les
paysans romains de Léopold Robert et les paysans romains de M. Hébert, dont voici un petite *Mal'aria*, il
n'y a que la distance d'un pinceau rigide à un pinceau
tendre ; mais M. Hébert aurait-il pu succéder directement aux peintres de l'Empire ? Léopold Robert eut le
mérite de franchir le passage et de tendre la main à
tous ceux qui oseraient, après lui, regarder la nature,
en Italie, avec des yeux sincères.

Ary Scheffer, dans ses portraits au moins, n'est presque pas vieilli. Le portrait en pied de *S. A. R. le duc
d'Orléans, prince royal, en colonel de hussards*, n'est pas
d'une qualité particulière, mais celui du *Prince de Talleyrand*, fait en 1828, est un ouvrage d'un vrai mérite.
Celui de la *Reine Marie-Amélie*, peint à Claremont
en 1857, est un véritable chef-d'œuvre. La vieille
reine exilée est assise, toute en noir, dans un fauteuil
rouge, tenant, dans l'une de ses mains pâles, le portrait du roi, l'autre main tombée sur le bras du fauteuil.
Le visage amaigri, bienveillant et résigné, tout plein

de longues et profondes douleurs, s'encadre dans un bonnet noir bordé de dentelles blanches. On ne saurait imaginer rien de plus simple, de plus expressif, de plus poignant. Inspiré, ce jour-là, comme il ne l'avait jamais été, par la vénération et la reconnaissance, le noble artiste, que la mort approchait, réunit tout l'effort de sa science, comme dessinateur, comme peintre, comme psychologue, afin de fixer dignement une si digne image. Pour la fermeté et la liberté d'exécution ce portrait est, dans l'œuvre d'Ary Scheffer, une œuvre exceptionnelle ; pour la simplicité forte et calme de l'expression, nous croyons qu'il est unique.

Si les talents d'Ary Scheffer et de Decamps furent toujours appréciés dans la maison d'Orléans, ceux d'Horace Vernet et de Delaroche ne le furent pas moins. Nous ne nous étonnons donc pas de trouver à Chantilly, de la main du premier, une étude de *Chefs Arabes*, un intéressant petit portrait du *Duc d'Orléans* (le roi Louis-Philippe) en habit bleu, culottes blanches, bottes molles, des premiers temps de la Restauration, et nous sommes heureux d'y revoir le chef-d'œuvre du second, l'*Assassinat du duc de Guise*. Quarante-cinq ans ont, sans doute, un peu assombri ce tableau célèbre, exagéré la noirceur des ombres, terni la clarté des accessoires. Le dessin de Delaroche n'a pas assez de décision ni sa peinture assez de richesses pour supporter sans quelque dommage cette tombée fatale d'obscurité. Toutefois, sous une brume un peu froide, ses rares qualités de compositeur, d'his-

torien, de dramaturge demeurent vraiment tout entières. Si nous n'éprouvons ni l'éblouissement subit ni
la poignante sensation qui nous ont arrêté court devant les *Deux Foscari*, nous nous sentons, en revanche, devant l'*Assassinat du duc de Guise*, pénétrés,
peu à peu, par une terreur contenue, d'autant plus
durable qu'elle s'accroît à chaque instant de la découverte de traits exacts et vifs, soit dans la mise en
scène, soit dans les acteurs. Delaroche est à Delacroix,
dans l'ordre pittoresque, ce que Vitet est à Victor
Hugo dans l'ordre littéraire. L'un écrit en vers, l'autre
écrit en prose ; l'un entrevoit l'épopée, l'autre analyse
l'histoire. Dans l'esprit et dans l'art il y a place pour
tout et temps pour tout. L'*Assassinat du duc de Guise*
reste encore la plus complète expression de l'école
anecdotique et le modèle, non encore dépassé, de la
composition dramatique aussi fidèle que possible aux
réalités de l'histoire.

Les Français, qui n'ont pas toujours l'œil bien
exigeant, ont toujours l'esprit éveillé. Nous ne crai-
gnons pas la peinture un peu aigre, voire même un
peu plate et dure, pourvu qu'elle dise quelque chose
et le dise finement. De tout temps, nous avons été
ainsi. Aussi avons-nous toujours eu, dans la peinture
de genre, des artistes à succès, que les vieux Hollandais eussent un peu morigénés, mais qui perpétuent,
chez nous, avec un talent spécial qui est de la littéra-
ture autant que de la peinture, la tradition de l'ironie
décente, de l'observation piquante, de la mise en

scène spirituelle. Boilly appartient, sans ambages, à cette famille. Il met toute son attention à la reproduction rapide et vive des attitudes, des gestes, des physionomies. Ses petits tableaux sont souvent des documents précieux. Tel est son *Café Corazza en* 1820. Nous y retrouvons, attablés sous la lueur jaune des lampes, autour d'un damier, tous les personnages typiques de l'époque : le beau libéral en pantalon blanc, habit à la française de couleur tendre, avec son fier bolivar ; l'officier en demi-solde, sanglé dans sa redingote ; l'émigré, retour d'Angleterre, fidèle à ses culottes de nankin et à son tricorne. On croit lire une page de Balzac. Ce tableau de Boilly avait tenté, lors de l'invasion du Palais-Royal, en 1848, un des visiteurs anonymes, qui le dépeça et l'emporta. Les morceaux en furent retrouvés plus tard, recousus et revendus, en 1875, à M. le duc d'Aumale.

De grands efforts ont été faits de notre temps pour relever la peinture de genre en y mettant toute la somme de correction, d'éclat, de style qu'elle peut supporter, sans lui ravir aucun de ses agréments dramatiques, comiques ou poétiques. Decamps, comme coloriste, y a souvent réussi. Personne, comme dessinateur, n'a mieux fait que M. Meissonier, à la première génération, et M. Gérôme, à la seconde. Un *Dragon sous Louis XV*, en sentinelle, son mousqueton sur la cuisse, dans une campagne verte, sous un ciel lumineux, est un spécimen parfait du talent précis et net de M. Meissonier. Ces allures du cavalier et de la

bête sont d'une fermeté superbe, la coloration de l'uniforme rouge très brillante dans l'atmosphère pure, le
dessin d'une sûreté prodigieuse. Les *Suites d'un Bal
masqué* par M. Gérôme, qui furent le grand succès du
Salon de 1857, sont très intéressantes à comparer avec
l'*Assassinat du Duc de Guise*. Sauf la différence no-
table d'intérêt qu'il peut y avoir entre un Pierrot de
carnaval et le grand Balafré, entre un duel de vi-
veurs parisiens et une tragédie jouée par des acteurs
de sang royal sur le corps de la France, les procédés
de mise en scène et d'exécution sont à peu près les
mêmes chez l'élève que chez le maître. Seulement
M. Gérôme insiste avec plus de fermeté sur l'expression par le dessin, et ses colorations, de nuances plus
vives, d'abord sujettes à l'aigreur, trouvent jusqu'à
présent un secours avantageux dans l'action du temps
qui les enveloppe, les rapproche, les réchauffe.

On pourrait citer encore un grand nombre d'autres
toiles autrefois célèbres et qui restent toujours intéressantes, soit en elles-mêmes, soit comme pièces de
séries. De l'école de la Restauration voici encore Char-
let avec son *Soldat de la République*, Clément Bou-
langer avec ses *Enfants regardant sous un chou*, Eugène Lamy avec un *Déjeuner de chasseurs* et une
Promenade à Chantilly au XVIIIe *siècle*, Camille Roqueplan avec une *Vue du Val Fleury*, fine, vive, lumineuse. Les origines de Jules Dupré se peuvent étudier dans le *Port Saint-Nicolas*, œuvre de jeunesse,
qui ne diffère pas sensiblement de certains Bonington

et de certains Roqueplan, comme l'épanouissement
de Théodore Rousseau se peut admirer dans un petit
Paysage représentant une plaine marécageuse, devant
des bouquets de chênes trapus, sous un ciel chaleureux
et vibrant. M. Anastasi a plusieurs vues de l'*Étang de
Commelle* et d'*Amsterdam le soir;* M. Eugène Lavielle,
un *Cerf au repos sous la futaie* et des *Bouleaux et
Pins;* Mlle Rosa Bonheur, son *Berger des Pyrénées
donnant du blé à ses moutons;* M. A. Leleux, des *Bû-
cherons bretons;* Jules Noël, une *Vue du Tréport;* Daubigny, une *Vue du Château de Saint-Cloud.* Parmi les
œuvres contemporaines de la dernière heure nous
retrouvons à Chantilly les deux compositions populaires
de M. Protais, *Avant le combat* et *Après la bataille*, une
répétition, avec variantes, du *Duc d'Enghien* par
M. J.-P. Laurens, enfin la vivante toile de M. de Neu-
ville, le *Combat sur la voie ferrée.*

Pour compléter l'inventaire des peintures conservées
à Chantilly il faudrait énumérer encore tous les portraits de famille, placés dans les appartements, dont
les meilleurs parmi les modernes sont signés de
MM. Robert Fleury et Jalabert et dont la série vient
d'être heureusement complétée par la belle toile de
M. Bonnat, *Portrait de Mgr le Duc d'Aumale;* il
faudrait signaler aussi la récente arrivée des peintures
décoratives de M. Paul Baudry, autrefois placées dans
le salon de l'hôtel Pontalba, une des œuvres les plus
fraîches, les plus joyeuses, les plus délicates de la
jeunesse du maître. D'autres documents non moins

précieux pour l'histoire de l'art français sont accumulés dans la collection des cartons, aquarelles et dessins, une des plus nombreuses qu'il y eut jamais en France ; mais l'examen de cette collection est un travail de longue haleine et de recherche patiente que nous serions heureux d'entreprendre un jour.

1880-1881.

LES
DEUILS DE L'ART

(JUILLET 1871)

I

L'HOTEL-DE-VILLE DE PARIS

Chaque jour, à la même heure, je traverse un des quartiers les plus maltraités par les incendiaires de la Commune. Les décombres, enfumés et boueux, des maisons effondrées obstruent encore, de leurs monceaux difformes, la rue mal réparée. Les orages, qui se succèdent, font crouler un à un les pans de murs calcinés par les flammes, accumulant toujours de nouveaux débris, plus sales et plus méconnaissables, sur les débris de la veille. Chaque jour, à la même heure, j'aperçois les mêmes vieillards, accompagnés des mêmes enfants, trébuchant parmi les tisons éteints, soulevant du pied ces platras hideux, fouillant d'un œil fixe ces horribles cendres, avec une patience qui étonne et une anxiété qui épouvante.

Ce sont d'anciens habitants de la maison brûlée.

Parfois, on les voit se baisser avec une promptitude fébrile, et ramasser quelque objet informe qu'ils se passent de main en main. Ah ! qu'ils sont misérables ces fragments que le feu a tordus, fondus, amalgamés ! Quel qu'il soit pourtant, ce dernier souvenir des peines et des joies, éclat de métal ou tesson de terre, débris de la pendule familière qui sonnait le départ des enfants pour l'école, fragment de la tasse peinte où buvait l'aïeule malade, les enfants le contemplent avec un étonnement inquiet, les vieillards le pressent sur leur poitrine, avec une amère résignation, sans pouvoir toujours étouffer un sanglot.

Nous tous, Parisiens d'autrefois, ne serons-nous pas longtemps pareils à ces incendiés misérables ? Notre logis peut être sauf, notre ville est détruite ! Malgré nous, anxieux et troublés, nous irons souvent, parmi les ruines de nos monuments, ramasser les lambeaux épars de notre histoire interrompue, les fragments méconnaissables de notre richesse anéantie.

De toutes ces ruines effroyables, l'Hôtel-de-Ville est celle qui nous attirera toujours le plus tristement. Ce que le Capitole était pour Rome, le Palais-Vieux pour Florence, l'Hôtel-de-Ville en place de Grève l'était pour Paris : le sanctuaire respecté des traditions municipales, le témoin séculaire des luttes, pacifiques ou sanglantes, livrées au nom des libertés parisiennes.

La postérité refusera de croire que des mains françaises aient osé mettre la torche à un monument si français, élevé par nos pères avec tant de patience, enrichi par eux avec tant d'amour. Cette rupture, violente et cynique, avec toutes les traditions antérieures, quelles qu'elles soient, n'est pas un des caractères les moins affreux de l'insurrection de 1871, une des preuves les moins fortes de ce désordre mental, dans lequel les souffrances du siège avaient jeté une partie de la population, et qui explique seul certaines aberrations monstrueuses jusqu'alors inconnues à l'histoire.

L'Hôtel-de-Ville de Paris fut installé sur son emplacement actuel par le fameux prévôt des marchands, Etienne Marcel. Le 7 juillet 1357, Marcel et les échevins de la ville, ses assesseurs, achetèrent de Jehan et Marie d'Auxerre, au prix de 2880 livres parisis, une maison sise en place de Grève, connue sous le nom de la *Maison aux Piliers*, pour y tenir le conseil. Jusqu'alors le « *Parloüer aux Bourgeois* » avait occupé divers locaux de la cité, devenus successivement trop étroits, à mesure que ses attributions s'étendaient.

Le logis nouveau, sans être magnifique, était, du moins, plus vaste ; on y comptait « deux cours, des cuisines hautes et basses, grandes et petites, une chambre de parade, une autre appelée le *Plaidoyer*, une chapelle lambrissée, une salle couverte d'ardoises, avec plusieurs autres commodités. En 1430, il y avait un grand grenier pour l'artillerie. » Les dépenses de luxe, faites par le conseil municipal, étaient, à cette époque, des plus modestes. L'une des plus grosses consistait à faire couvrir les dalles de leur parloir « d'une grosse natte en hiver, et, en été, d'une jonchée d'herbe fraîche, renouvelée tous les matins, de mai en septembre ». En 1424, une jardinière, Colette-la-Moinesse, reçoit 32 sols parisis, pour avoir fidèlement accompli cette tâche.

Néanmoins, quand les ressources le permettaient, les échevins ne se faisaient point faute d'embellir la maison commune, et adressaient alors un appel aux artistes en renom de la bonne ville. « Vers 1430, Mahiet Biterne peignit la chambre qui tenait au bureau, et l'embellit de fleurs de lys et de rotins entremêlés et rehaussés des armes de France et de la ville. »

La Maison aux Piliers ne tarda pas elle-même à devenir trop étroite et à paraître bien mesquine aux représentants de la population parisienne. D'ailleurs, elle était vieille, commençait à branler sur ses jambes de chêne, menaçait ruine ; on la démolit en 1533.

Sur son emplacement, Pierre Viole, prévôt des marchands, escorté des échevins Claude Daniel, Jehan Barthélémi, Martin de Blagelongue, Jehan Courtin, posa, le 15 juillet, la première pierre de l'édifice que nous connaissons. Les plans en avaient été dressés par un architecte italien, Domenico Boccador, de Cortone, qui se mit de suite à l'œuvre. Les travaux, interrompus à diverses reprises par les guerres civiles, furent enfin poussés avec vigueur, sous Henri IV, par le prévôt François Miron et l'entrepreneur Marin de la Vallée. En 1606, le palais (tel que l'avait dessiné Boccador?) se dressa tout entier sur la place de Grève.

Ce bâtiment élégant, dont les proportions heureuses enchantent encore l'œil au milieu des ruines, compre-

nait, avec la cour d'honneur, les deux pavillons Saint-
Jean et Saint-Esprit. Pendant deux siècles, on en respecta l'ordonnance, on ne lui fit subir que des modifications insignifiantes. Ce ne fut qu'en 1836 que l'agran-
dissement fut décidé ; la construction isolée de Domenico
Boccador perdit alors son aspect primitif, en se trouvant
tout à coup entourée et alourdie par l'agglomération des
pavillons massifs et des longues galeries qui la pressè-
rent de toutes parts. Quelque effort qu'aient pu faire
MM. Godde et Lesueur pour ménager la transition entre
l'ouvrage ancien et le travail moderne, ils n'ont pu retrouver dans leurs adjonctions ni le charme de style
que la Renaissance avait imprimé à l'ancien Hôtel-de-
Ville, ni le goût délicat qui en avait dirigé l'exécution
dans ses moindres détails.

Cette partie ancienne du palais, c'est-à-dire l'entrée
d'honneur, surmontée du campanile, et les pavillons
adjacents, contenait ses ouvrages les plus précieux au
point de vue de l'art décoratif. L'ornementation élégante
des escaliers et galeries, les bas-reliefs latéraux de la porte
d'entrée, œuvres célèbres de Pierre Biard, imitateur de
Michel-Ange, l'auteur de la première statue d'Henri IV
dans le tympan de la porte, statue détruite en 1792, les
deux cheminées monumentales de la salle du Trône dont
l'une était l'ouvrage du même Biard (1613), l'autre,
celui de Thomas Boudin, maître sculpteur de Paris
(1617), les boiseries de la salle du Zodiaque qu'on a pu
attribuer à Jean Goujon, méritaient d'occuper une
place élevée dans l'histoire de notre art français au

xvi* siècle. Il n'en reste aujourd'hui que le souvenir.

L'Hôtel-de-Ville moderne était moins riche en ouvrages de sculpture, mais les décorateurs de ses salons éblouissants avaient laissé, au milieu de dorures fastueuses, une assez large place aux peintres. Sous Louis-Philippe, sous la seconde République, sous le second Empire, des travaux considérables y furent exécutés par les plus célèbres artistes français. Sans vouloir décrire toutes ces œuvres, dont la valeur artistique était d'ailleurs fort inégale, nous pouvons du moins les énumérer. La liste en est longue et peut faire méditer les peintres sur la vanité des gloires humaines que les murs de pareils monuments ne savent mettre à l'abri ni des atteintes brutales de l'ignorance ni des sauvages profanations de la sottise.

Dans les galeries-couloirs qui conduisaient au premier étage, quelques beaux paysages d'Hubert-Robert, quelques charmantes tapisseries, représentant les sites les plus pittoresques de la Seine, d'après les maîtres contemporains, donnaient la bienvenue au visiteur, et dans la petite salle aux tentures de cuir, précédant les salons, la jolie statuette en argent de Bosio, *Henri IV enfant*, lui envoyait son aimable sourire au passage. Des artistes, un peu froids, mais savants et consciencieux, vrais peintres du juste milieu dont ils faisaient les beaux jours, Court, Lachaise, Hesse, Schopin, Vauchelet, s'étaient partagé la décoration des salles suivantes, y compris le fameux salon des Arcades.

Ici, Schopin avait représenté dans le plafond, le

Jour et la Nuit et les *Douze signes du zodiaque* et sur les panneaux, les *Quatre éléments* et les *Quatre saisons*. Hesse, abondant en allégories, avait métamorphosé en belles femmes, dont tous les losanges du plafond s'étaient emplis, la très longue série des vertus physiques, politiques et morales sur lesquelles doit s'appuyer un gouvernement pour paraître supportable à ses gouvernés. L'impitoyable programme avait même imposé au peintre ingénieux l'obligation d'y faire figurer, parmi toute une famille de Concordes, la Concorde la plus nécessaire en ce lieu, la *Concorde administrative!*

Là, Picot avait, dans un plafond monumental, installé sur son trône la reine de ce palais, la *Ville de Paris*, entourée de ses enfants et présidant une grande distribution de médailles et d'encouragements devant le temple de l'Immortalité. Cette vaste composition, laborieuse et soignée, rappelait, pour son malheur, par le sujet, le *Triomphe de Venise* au Palais des Doges et, par l'ordonnance, la *Dispute du Saint-Sacrement* au Vatican. Or, Picot n'était pas Raphaël, et n'aurait pas voulu être Véronèse. La perte de ces respectables peintures, si pénible qu'elle soit, n'est donc point de celles dont la postérité ne voudra pas être consolée.

Peut-être faut-il avoir la même résignation à l'égard des allégories de Vauchelet qui remplissaient le salon Jaune, sans trop s'attarder à regretter les belles frises de Jadin, dans la salle des banquets, puisque Jadin peut les refaire; il faut attendre, pour pleurer, que nous trouvions les ruines du salon dit de l'Empereur, où la flamme a dévoré une des grandes œuvres d'Ingres. Là, nous laisserons la parole à M. Charles Blanc, dont le langage magnifique conservera au moins pour la postérité le souvenir douloureux du chef-d'œuvre qui n'est plus : « Un des triomphes d'Ingres, dit M. Charles Blanc dans son livre, ce fut le plafond qu'il peignit pour l'Hôtel de Ville, l'*Apothéose de Napoléon I*er. Ingres l'avait conçue comme un camée colossal. Le héros est représenté nu, sur un quadrige olympique et couronné par une renommée, tandis qu'une victoire ailée — figure adorable, création de génie, — le conduit au temple de la gloire, étincelant d'or, rayonnant de lumière.

« Au-dessous du char, s'élève un trône vide qui se détache sur un fond de mer azurée où l'on distingue une île sombre ; à gauche, la France levant la tête vers l'apparition du nouveau dieu ; à droite, l'anarchie combattue par je ne sais quelle figure symbolique, une Thémis sans doute, assez malheureusement empruntée de la figure qui, dans saint Symphorien, représente la mère du martyr. Dessinée avec énergie sous des formes athlétiques, cette partie de la composition, sans liaison aucune avec la partie supérieure, présente des raccourcis recherchés qui jurent avec l'intention évidente de donner à ce plafond le caractère d'un doux bas-relief ou plutôt d'une immense pierre gravée.

« A l'époque où il se produisit, ce manifeste politique en peinture était capable d'indisposer et même d'irriter beaucoup de spectateurs. Cependant, la bourgeoisie, toute froissée qu'elle était alors, consentit à admirer les parties vraiment admirables de cette *Apothéose*, je veux dire la figure du héros triomphant sur son char attelé de quatre chevaux superbes, conformes aux traditions du grand art et dessinés dans le sentiment de la plus haute sculpture, par un artiste à qui étaient familières les frises antiques et ces monnaies frappées à Tarente ou à Syracuse, sur lesquelles frémissaient des attelages héroïques.

« Le plafond d'Ingres était si bien fait pour rappeler le style des médailles qu'un de ses élèves, M. Oudiné, en a fait une excellente, sans avoir presque à diminuer les saillies et à supprimer des plans, par une convention numismatique. Quant à l'exécution de la peinture, elle était lisse, ferme, facile, et, autant qu'il nous en souvient, on n'y sentait point ou l'on y sentait fort peu la main alourdie d'un vieillard. »

Le même salon contenait, au-dessus de la cheminée, un *Portrait de l'empereur Napoléon I*ᵉʳ, par Gérard. C'étaient, dans l'Hôtel-de-Ville, les ouvrages les plus exposés, par la nature des sujets, à subir les contre-coups des mouvements politiques. Les grandes peintures des autres salles, dont les allégories poétiques n'exprimaient que des idées générales, semblaient devoir survivre à toutes les commotions de la rue. Rien n'était, à coup sûr, moins agressif, que les élégantes figures du salon des arts, par Landelle, l'*Architecture*, la *Gravure*, la *Sculpture*, et on ne pouvait guère saisir de flatterie réactionnaire dans le plafond même de

Riesener, *le Repos après l'Anarchie*, qui ornait la première salle des prévôts des marchands.

Quant à M. H. Lehmann, qui avait été chargé du travail le plus important du palais, et qui décora à lui seul, toutes les voussures et tous les pendentifs de la grande galerie des Fêtes, il avait compris sa tâche à la façon des maîtres de la Renaissance, en choisissant pour sujet de ses 56 compositions l'histoire allégorique du genre humain. Ce travail colossal, où l'on ne comptait pas moins de 180 figures, dont la plupart avaient six pieds de proportions, fut commandé, dessiné, exécuté dans le court espace de 10 mois, du 28 janvier 1852 au mois de décembre de la même année.

La précipitation avec laquelle ces peintures durent être faites, pour obéir à des ordres irrésistibles, ne permit pas à l'éminent artiste de pousser également toutes ses figures jusqu'à la même perfection. La Galerie des Fêtes formait néanmoins un des ensembles décoratifs les mieux réussis de notre temps, et, si le style de ces compositions variées ne se maintenait pas toujours à la même élévation, il restait pourtant assez grave et assez riche pour s'harmoniser sans effort avec une architecture éclatante, dont le voisinage eût été funeste à un artiste moins consommé.

La série complète de ces intéressantes compositions a été photographiée et publiée, en 1854, par M. Henri Lehmann lui-même, sous le titre : *Peintures murales de la Galerie des Fêtes*. Ce recueil précieux fera mieux comprendre que toutes les descriptions, à ceux qui voudront l'étudier, l'étendue des regrets qui doivent suivre l'anéantissement de la Galerie des Fêtes.

Et cependant, nous ne sommes pas au bout de nos deuils, car nous allons arriver aux ruines du salon de la Paix. Avant de chercher dans ces décombres le souvenir des peintures ardentes d'Eugène Delacroix, nous allons remuer d'autres débris, ceux de la salle des Cariatides, dont le plafond était de Gosse, ceux du second salon des Arts, où Landelle avait évoqué la *Musique*, la *Peinture*, la *Poésie*, ceux de la deuxième salle des Prévôts où M. Muller avait représenté *les Communes remerciant Charles le Gros de leur affranchissement.*

M. Théophile Gautier a décrit le salon de la Paix de sa plume la meilleure, dans ses *Beaux-Arts en Europe*. La précision de la description rend aujourd'hui singulièrement précieuse cette page enthousiaste et colorée :

« Le salon de la Paix à l'Hôtel-de-Ville, dit M. Th. Gautier, est un travail d'une importance monumentale. Il se compose d'un grand plafond circulaire, de huit caissons et d'une frise divisée en onze sujets; il se rattache, par la façon dont la composition est comprise, par les qualités du style et la localité du ton, à ce qu'on pourrait appeler la seconde manière du peintre, c'est-à-dire la libre et neuve interprétation de l'antiquité.

Les plafonds ne sauraient guère être habités que par des allégories et des abstractions mythologiques. Ce domaine transparent de l'air siérait mal à d'opaques réalités, et on se figure difficilement des personnages modernes voltigeant dans l'azur, à moins qu'ils ne soient dépouillés par l'apothéose ou l'idéalisation de ce qu'ils auraient de trop actuel, de trop positivement vrai.

« Le sujet du plafond principal est la Terre éplorée levant les yeux au ciel pour en obtenir la fin de ses malheurs. En effet, Cybèle, l'auguste mère, a parfois de bien mauvais fils qui ensanglantent sa robe et la couvrent de ruines fumantes; mais le temps de l'épreuve est passé; un soldat éteint sous son talon de fer la tache de l'incendie. Des groupes de parents, des couples d'amis séparés par les discordes civiles, se retrouvent et s'embrassent; d'autres moins heureux ramassent pieusement de tristes victimes.

« Au-dessus, dans un ciel d'azur, doré de lumière, d'où s'enfuient les nuages, derniers vestiges de la tempête balayés par un souffle puissant, apparaît la Paix sereine et radieuse ramenant l'abondance et le chœur sacré des Muses, naguère fugitives; Cérès, couronnée d'épis et appuyée sur sa blonde gerbe que ne fouleront plus désormais les pieds d'airain des chevaux de guerre, repousse l'impitoyable Mars et les Erynnies qui se réjouissent des calamités publiques : la Discorde, que blesse cette tranquillité lumineuse, s'enfuit comme un oiseau nocturne surpris par le jour et cherche, pour s'y cacher, les ténèbres de l'abîme, tandis que, du haut de son trône, Jupiter, de ce même geste qui foudroya les Titans, menace encore les divinités malfaisantes, ennemies du repos des hommes.

« Les caissons enclavés dans le dessin ornemental du plafond contiennent des divinités bienfaisantes amies de la paix : Cérès, la mère nourricière du genre humain ; la Muse, noble fille du loisir ; Bacchus, le doux père de la joie ; Vénus, qui, selon le proverbe, a froid sans Bacchus et sans Cérès ; Mercure, qui préside au commerce ; Neptune, calmant les flots soulevés par le récent orage ; Minerve, la vierge sage, portant sur sa poitrine la cuirasse d'azur des guerriers et sur son cimier le hibou, symbole de la pensée ; et enfin Mars, enchaîné comme un Scythe captif dans un triomphe athénien. »

M. Théophile Gautier terminait alors en ces termes la description des peintures du *Salon de la Paix* récemment achevées par Eugène Delacroix :

« Le *Bacchus*, parmi ces figures, toutes d'un beau caractère et d'une grande tournure, se distingue par la poésie de la couleur ; le sang de la grappe circule comme une pourpre divine dans son beau corps affaissé sous les pampres ; une demi-teinte rosée voltige autour de lui comme le reflet d'une coupe de cristal remplie de nectar et traversée par un rayon de soleil. C'est un des meilleurs morceaux du peintre.

« Onze sujets, tirés de la vie d'Hercule, forment autour de la salle comme une sorte de frise interrompue par les baies des fenêtres et l'élévation monumentale de la cheminée.

« Les compositions se suivent sans ordre chronologique, selon les convenances de juxtaposition et de contraste : Hercule, exposé après sa naissance, est recueilli par Minerve, qui l'apporte à Junon.

« Le robuste enfant prend le sein de la déesse et en fait jaillir en perles blanches la voie lactée. — Plus loin, il ramène Alceste des enfers et la rend à Admète, son époux ; il tue le Centaure, survivant retardataire des créations monstrueuses ; il enchaîne Nérée, dieu de la mer, pour le forcer à lui révéler les secrets de l'avenir ; il s'empare, triomphe plus facile, du baudrier d'Hippolyte, reine des Amazones ; il étouffe Antée, que la Terre, mère de ce Titan, essaye en vain de secourir ; il délivre Hésione, fille de Laomédon, exposée pour être dévorée par un monstre marin comme Andromède et comme Angélique ; il écorche le lion de Némée pour se revêtir de sa peau ; il apporte sur ses robustes épaules le sanglier d'Erymanthe, qu'il a pris tout vivant à la course. Dans un autre cadre, placé entre le vice et la vertu, à ce carrefour du chemin où la vie se bifurque comme l'Y de Pythagore, il n'hésite pas à suivre le guide austère qui mène à la gloire à travers les travaux et les périls.

« Le dernier tableau de la série représente Hercule arrivé au bout de la terre et se reposant auprès de ces colonnes fameuses, bornes du monde, au delà desquelles verdit l'immense Océan, aux solitudes inconnues. Le demi-dieu est assis dans une attitude de repos puissant, avec la tranquillité d'un héros qui n'a plus rien à faire, et dont la mission est accomplie. Cette figure est superbe ; on ne saurait mieux rendre la majesté formidable et calme de la force, et la joie sereine d'une grande tâche terminée. Au second plan, le soleil, ayant terminé sa course, se plonge dans la mer avec son attelage fumant; les tristes violettes du crépuscule se mêlent à l'azur froid du soir. Tout est quiétude, silence, fraîcheur : la symbolique journée du héros dompteur de monstres et protecteur des opprimés est finie : le monde peut respirer. »

Tel était ce vaste ensemble de décorations pittoresques qui était venu peu à peu compléter la décoration architecturale des magnifiques galeries de l'Hôtel-de-Ville. Il ne se passait guère d'année que nos artistes célèbres ne fussent appelés à ajouter quelque richesse nouvelle à cette splendeur séculaire. L'administration préfectorale, sous l'Empire, mit naturellement à redécorer, tellement quellement, son palais de la place de Grève; la même hâte fébrile qu'on lui voyait apporter dans la besogne de démolition et de reconstruction à outrance qu'elle s'était imposée à l'égard du vieux Paris. Tous les travaux qu'elle fit achever si précipitamment, un peu de toutes mains, ne lui firent pas autant d'honneur que le plafond d'Ingres, le salon de Delacroix et la belle série des compositions de H. Lehmann. Néanmoins, on ne saurait se souvenir sans un vif regret de quelques œuvres moins importantes, dont l'intérêt était encore très réel, telles que les *Saisons*, de L. Cogniet, dans la salle du Zodiaque; les *Vues des bords de la Seine*, par Bellel, Hédouin, Flandrin, Desgoffes, Lecomte, dans la galerie de pierre ; les décorations de Benouville et de Cabanel dans la salle des Cariatides.

Aujourd'hui, rien de cela n'est plus. Le prudent entrepreneur des travaux de la ville, en 1608, le vieux Marin de la Vallée, s'était trop engagé encore dans son contrat avec les échevins, lorsqu'il promettait de faire sa construction si solide qu'elle n'eût jamais « à se gâter et dépérir de la lune, soleil, gelées et autres incommodités fors et *excepté du tonnerre et autres furies qui pourraient arriver du ciel.* » D'autres sont venues de la terre, sont sorties du sol même de la ville pour anéantir son ouvrage mené si paisiblement à bonne fin, et ronger, jusqu'à les mettre en poudre, « ces belles coulomnes, sizelées et canelées » dont l'architecte ne parlait qu'avec amour. Cette fois, la rage de dévastation qui paraît, comme une maladie incurable, saisir à certaines périodes, de siècle en siècle, les parties malsaines de la population parisienne, sévit avec un emportement et une rapidité qui n'ont permis de lui rien arracher. Ce qui semblait devoir l'apaiser ou l'attendrir a été dévoré, sans pitié, par la même colère d'aveuglement et de stupidité. La flamme qui a brûlé le plafond bonapartiste de Schopin, dans la salle du vote « *Les principales villes de France acclamant l'empire* », a fait disparaître, avec la même jalousie, « *La rentrée des Parisiens à l'Hôtel-de-Ville, le 14 juillet* 1789, *après la prise de la Bastille* », toile révolutionnaire peinte par Paul Delaroche dans sa jeunesse, et que les vicissitudes de la politique avaient fait reléguer dans les greniers du palais, à l'abri des admirations intempestives.

Tel est, par malheur, le sort réservé à presque tous les monuments de l'art, chez un peuple aussi mobile dans ses volontés qu'a toujours été le peuple français, tel qu'on peut le suivre à travers l'histoire. La passion unique de l'activité présente le saisit si entièrement, dans ses grandes crises, qu'elle ne lui laisse pour son passé qu'un sentiment ironique de mépris et d'indifférence qui ne manque pas de se tourner en haine dans les âmes viles et les esprits grossiers. Avant même cette dernière tempête où il a sombré, l'Hôtel-de-Ville de Paris avait déjà subi bien des orages, qui l'avaient dépouillé et appauvri. La Ligue, à la fin du xvie siècle, avait jeté au vent une partie des archives municipales; au xviie, la Fronde avait envahi son enceinte, mis le feu à ses portes, pillé ses dépôts, brûlé et troué tous les tableaux qui s'y trouvaient, le 27 juin 1652. Au xviiie, la Commune de 1792 ne se montra pas plus respectueuse pour les souvenirs artistiques qu'il contenait. C'est à cette époque qu'il faut placer la disparition d'une série considérable de grandes toiles remontant jusqu'au xvie siècle et représentant tous les Prévôts des marchands, accompagnés de leurs échevins, toiles commandées suivant un usage séculaire, durant leurs fonctions, par les magistrats électifs, aux meilleurs peintres de l'époque. En 1602, cette tâche fut dévolue à Jérôme Francœur, de Paris;

en 1603, à Jehan, d'Angers, etc... En 1620, François Pourbus en fut chargé, et près de ses tableaux tous les autres, dit un contemporain, « n'étaient que peintures de village ou du pont Notre-Dame ».

Au xviie siècle, Mignard, Jean de Boullongue, Fr. de Troyes, Largillière, paraissent avoir plus d'une fois brigué l'honneur de représenter, dans son costume d'apparat, le corps municipal dont les prérogatives étaient singulièrement amoindries par l'absolutisme royal, mais qui avait du moins conservé ce privilège de représenter réellement la bourgeoisie parisienne qui continuait à l'élire dans les formes consacrées. L'esquisse d'un de ces tableaux officiels, par Largillière, a été léguée au musée du Louvre par M. Lacaze, et se trouve dans la salle qui porte le nom de cet intelligent amateur. Il peut donner une idée des prétextes que saisissaient les échevins, dans le cours de leur magistrature, pour se faire grouper, par un peintre, dans un tableau rappelant les événements mémorables qui avaient pu signaler leur passage aux affaires. Ce tableau est de 1687. Le prévôt des marchands, Henry de Fourcy, président aux enquêtes, avait alors pour échevins Nicolas Chuppin, quartinier, Gabriel de Sanguinière, conseiller au Parlement, Henri Herlau, conseiller de ville, et Pierre Lenoir. Largillière les a représentés délibérant sur les mesures à prendre pour organiser des fêtes, à propos de la convalescence du roi Louis XIV. L'illustre sculpteur, Coysevox, est appelé par eux et leur apporte le modèle d'une statue. Dans le fond, on voit le roi, à table, présidant le repas que lui donne la ville.

Quel intérêt n'aurait pas aujourd'hui, pour les historiens, les artistes, les patriotes, une collection où se trouveraient les portraits de ces illustres Prévôts des marchands, que la population parisienne sut choisir alors pour les mettre à sa tête, Guillaume Budé, le maître de la librairie royale ; Pierre Viole, le fondateur de l'Hôtel-de-Ville, l'un des plus illustres membres de cette antique famille de parlementaires qui résista parfois vigoureusement au pouvoir royal et donna lieu au proverbe : « Il n'y a pas au parlement de bonne danse sans viole » ; Augustin de Thou, Jacques-Auguste de Thou le grand historien, François Miron, Claude Le Peltier, Jérôme Bignon, Étienne Turgot, Jean de la Michodière, de Caumartin, magistrats qui ont tous laissé des traces de leur passage dans Paris embelli par eux, vrais Parisiens de Paris, puisqu'on ne pouvait élire alors, suivant l'antique coutume, aux magistratures de l'Hôtel-de-Ville, que des *bourgeois ayant leur établissement à Paris et nés à Paris !*

L'Hôtel-de-Ville détruit va, sans nul doute, sortir de ses cendres. Il est dans notre tempérament national de relever avec enthousiasme ce qui a été renversé avec colère. L'Hôtel-de-Ville de Paris ne peut être enlevé de la place de Grève. Il reparaîtra donc quelque jour, à nos yeux impatients, tel que nous l'avons connu, avec ses grands toits luisants, ses colonnades sculptées, ses hautes lucarnes. Néanmoins, nous y regretterons toujours des absences irréparables, celles d'Ingres et de Delacroix, car ceux-là sont morts, et nul ne refera leur œuvre.

Quant aux artistes vivants, comme M. Henri Lehman, qui ont vu, dans la grande catastrophe, s'engloutir les créations les plus chères de leur intelligence; ils peuvent, ils doivent chercher leur consolation dans le courage fortifiant de l'activité nouvelle, et dans l'espoir renaissant des œuvres prochaines.

« Par dessus les tombes ! » criait l'illustre Goëthe, navré par la mort de Schiller. Par dessus les ruines, par dessus les ruines ! ô chère France insultée et dévastée, ô cher Paris incendié et calomnié ! — Non, ce n'est pas un simple caprice du Destin qui, dans la catastrophe de l'Hôtel-de-Ville, a fait sortir des flammes, intactes et debout, toutes les statues des grands hommes de la France, rangées dans leurs niches protectrices et regardant avec calme ces décombres formidables ! Et c'est pour nous rappeler les éternelles lois qui gouvernent le monde et le devoir pressant des espérances viriles que, sur le faîte des ruines qui regardent la Seine, parmi les pans informes des cheminées écroulées et des lucarnes détruites, se dressent, noircies par l'incendie mais survivantes et victorieuses, les vraies Divinités, celles qui veulent encore, malgré tant de crimes et de fautes, nous montrer le chemin de l'avenir, la *Justice* et le *Droit*, tous les *Arts* et toutes les *Sciences!*

II

LE PALAIS DES TUILERIES

C'est une bien rare fortune, dans la vie d'un architecte, de pouvoir mener un ouvrage jusqu'au bout, et de livrer à la postérité un monument complet exprimant son génie tout entier. Dans les constructions privées, d'une dimension restreinte, mille accidents surviennent, du dedans ou du dehors, qui suspendent son travail, l'interrompent ou le troublent ; à plus forte raison, s'il s'agit d'un vaste palais. L'artiste qui dessine un plan pour un monument public doit se résigner d'avance à penser que ce plan ne sera jamais exécuté ainsi qu'il l'a conçu. S'il peut mettre la main à l'œuvre, la Mort l'y viendra surprendre, avant qu'il ait fini ; s'il meurt, avant d'avoir fini, ses successeurs trahiront certainement sa pensée, en se dérobant, avec jalousie, à l'autorité posthume d'une imagination étrangère.

Presque tous nos grands architectes de la Renaissance française ont subi cette triste destinée. Le réverend Père en Dieu, conseiller et aumônier du roi Henri II, abbé de Saint-Serge, Noyon et autres lieux, l'illustre Philibert de l'Orme, n'y a pas échappé mieux

que les autres. La tradition populaire a beau lui attribuer en bloc le palais des Tuileries, on ne saurait
l'en rendre responsable ; jamais testateur ne fut si
indignement trahi par ses mandataires, jamais artiste
prudent et réfléchi ne fut écrasé si brutalement par
une bande ignare de maçons pesants. Où le com-
mensal de la Muse avait rêvé un palais enchanté, le
séjour du repos, de l'élégance et du plaisir, des pédants majestueux ont bâti une nécropole. L'excellent
architecte, si nerveux et si irritable, au dire des contemporains, eût regardé peut-être avec peu de tristesse cet incendie abominable qui maltraitait moins
son ouvrage que n'avaient fait ses propres confrères,
et le débarrassait enfin du voisinage de ces coupoles
massives, de ces pilastres prétentieux, de ces maçonneries monotones, supporté pendant deux siècles avec
un inconcevable ennui !

Quand Catherine de Médicis, quittant les Tour-
nelles, après la mort du roi Henri II, acheta, hors des
remparts de la ville, un terrain cultivé et boisé, sur
l'emplacement d'anciennes fabriques de tuiles, elle
cherchait une retraite commode et charmante pour
son récent veuvage. Le futur palais des Tuileries devait avant tout contraster avec ces tristes forteresses
mantelées et crénelées où les rois de France avaient
jusqu'alors caché leurs vies, et emprisonné leurs
femmes avec un soin qui lui semblait excessif. Le
révérend Philibert dessina les plans sous les yeux
avisés et exercés de la Florentine. Afin que l'archi-

tecte se maintînt sans peine dans la ligne prescrite, un conseil de dames de la cour lui fut adjoint, et Marie de Pierrevive, Dame du Perron et d'Argentère, fut « Commise par la majesté de ladicte Royne à la construction du bastiment du palais des Tuileries ».

Un goût féminin et délicat présida, on le voit, dès l'origine, à la construction d'une résidence moins de deuil que de plaisir, où la cour des Valois ne voulait plus rien retrouver du caractère militaire et défensif encore empreint dans le Louvre qui faisait d'ailleurs partie de la ville et d'où l'on n'apercevait la campagne qu'à travers la Seine. Des portiques élégants, aux tympans incrustés de marbres précieux, des colonnades ombreuses, propices aux lentes promenades, des terrasses garnies de statues, d'arbustes et de fleurs devaient faire l'ornement de ce palais splendide, entouré de manéges et de volières, au milieu des jardins et des bosquets. Bernard Palissy fut invité à exécuter, dans le parc, les fantaisies les plus originales de son inspiration rustique. Il y installa ses ateliers et ses fours, et bâtit la grotte bizarre, en coquilles, terres cuites et faïences, qu'il a décrite dans son livre. Le surnom du lieu lui resta : on l'appela longtemps maître Bernard des Thuilleries.

Philibert de l'Orme ne laisse aucun doute sur ses intentions, dans son *Livre d'architecture*. Il y donne les motifs qui l'ont conduit à choisir pour ce palais l'ordre ionique, jusqu'alors peu employé par ses contemporains : « La raison pourquoi j'ai voulu figurer et naturellement représenter ledict ordre ionique au palais de la royne, c'est pour autant *qu'il est féminin* et a esté inventé après les propositions et ornemens des dames et déesses, ainsi que le dorique, des hommes, comme m'ont apris les anciens : car, quand ils vouloient faire un temple à quelque dieu, ils y emploient l'ordre dorique, et à une déesse, le ionique. » Dans les idées du temps, la déesse, c'était Catherine ; le monument devait donc, dans son ensemble, porter l'empreinte de la Divinité.

Cette pensée eût été réalisée sans nul doute et nous la retrouvons dans les fragments de l'œuvre de Philibert qui ont survécu aux altérations postérieures, aussi bien que dans les plans d'ensemble conservés par du Cerceau ; mais la mort surprit trop tôt l'architecte, alors qu'il n'avait achevé que son pavillon central, couronné d'un dôme circulaire, à lanternon ajouré, et les deux galeries latérales, surmontées de grands toits à la française, où se dressaient des lucarnes sculptées. Jean Bullant, qui reprit le travail, respecta les plans de Philibert ; c'était un contemporain, l'ami, comme de l'Orme, de Pierre Lescot, de Jean Goujon, d'Androuet du Cerceau. Il éleva, dans le même style, le pavillon méridional, à l'extrémité de la galerie, pavillon qui devait faire l'angle, et permettre aux constructions de s'allonger, en retour, à quelque distance, devant la Seine, pour former l'un des côtés du parallélogramme où seraient enserrés les cours et jardins intérieurs. Jean Bullant mourut à son tour. La vieille reine, plongée dans les intrigues, effrayée par les astrologues, s'enfermait dans l'hôtel de Soissons et n'approchait plus des Tuileries qu'avec terreur, parce qu'on lui avait prédit que Saint-Germain lui serait fatal et que les Tuileries se trouvaient sur la paroisse de Saint-Germain. Quand elle disparut, la France était déchirée par la guerre civile. La construction des Tuileries fut tout à fait abandonnée.

Au roi Henri IV, le plus furieux bâtisseur, le plus pressé et le plus pressant que Paris ait connu avant le dernier empereur, était réservée la tâche d'achever les Tuileries. Il s'y décida en même temps qu'à prolonger la galerie du Louvre au-dessus des remparts et des fossés de la ville, à travers les terrains vagues « afin d'avoir une issue pour sortir de Paris » en cas de troubles. Cette fois, on n'y alla pas de main morte ; Jacques Androuet du Cerceau, oublieux des enseignements paternels, bouleversa de fond en comble les plans de Philibert. La révolution accomplie en politique était considérable. L'autorité royale, concentrée décidément en des mains énergiques, n'avait plus à redouter les résistances provinciales, ni chez les nobles, ni dans les villes. Le xvie siècle, si vivant, si chercheur, si original, le siècle de la Renaissance et de la Réforme, venait de se clore dans une effroyable crise ; le xviie siècle commençait avec l'installation de l'absolutisme politique, qu'allait bientôt suivre l'organisation de l'absolutisme religieux.

Les arts ne furent pas longs à prendre le caractère

d'unité solennelle et de faste théâtral qui devait correspondre à la pensée contemporaine. Malgré la présence réprobatrice des constructions de de l'Orme et de Bullant, du Cerceau appliqua résolument aux Tuileries le style dit colossal, et les acheva ainsi, sans tenir compte des proportions primitives, à grand renfort de pilastres accouplés et d'architraves rompues. Ce système factice, emprunté aux architectes italiens plus préoccupés d'établir des façades apparentes que des constructions solides, donnait aux monuments l'aspect inquiétant d'un décor plat et creux, derrière lequel on ne sent pas de corps. La grande aile du midi et le pavillon de Flore furent achevés dans ce principe.

Quand arriva Louis XIV, Louis Levau et d'Orbay n'eurent plus qu'à imiter du Cerceau pour rendre la mutilation définitive et complète. L'œuvre de Philibert fut écrasée à droite, comme elle l'était déjà à gauche, par un amas de constructions pédantesques et glaciales, que termina, du côté de la rue Saint-Honoré, le triste pavillon de Marsan.

Au milieu de toutes ces crises, le pavillon de l'Horloge avait perdu l'escalier miraculeux que venaient admirer tous les architectes de l'Europe. En revanche, on l'avait, comme les ailes voisines, surchargé d'un étage, encombré d'une attique, affublé d'un dôme quadrangulaire, dont la masse dut remplacer son ancienne coiffure ronde, trop légère et trop brillante pour les épaisses constructions qui l'entouraient.

La décoration intérieure du palais avait subi les mêmes vicissitudes que son plan extérieur. D'ailleurs, de tous les palais royaux, celui des Tuileries fut toujours le plus négligé sous ce rapport, aucun souverain, avant Napoléon, n'y ayant guère habité qu'en passant. Nous savons pourtant que Catherine de Médicis en avait confié l'ornementation à Bunel, le fameux peintre de la première galerie d'Apollon et aux sculpteurs Paul Ponce et Jean Bullant ; mais rien n'a survécu de leurs ouvrages.

Les grands appartements furent décorés à neuf, d'un bout à l'autre, par l'ordre de Colbert. Ils conservaient encore, au moment de l'incendie, malgré quelques modifications insignifiantes, cet aspect solennel d'une grandiosité triste et d'une somptuosité théâtrale, qui leur fut donné par les artistes de Louis XIV, Mignard, Noel Coypel, Jean Nocret, Francisque Milet, Nicolas Loyr, Louis Lerambert, Girardon, etc.

Aucune statue fameuse, aucune toile classée comme un chef-d'œuvre unique n'a péri, à vrai dire, avec le palais des Tuileries. Néanmoins, la perte de ces grands ensembles décoratifs où s'imprime la pensée collective d'une époque par la main d'un groupe d'artistes, est tout à fait regrettable, autant pour l'amateur que pour l'historien. Quelques-unes de ces salles n'étaient pas d'ailleurs arrivées jusqu'à nous, sans avoir subi de notables avaries. Tel fut le sort de la galerie de Diane, ou galerie des Ambassadeurs, décorée par Colbert avec tant de magnificence, et ornée, dès cette époque, de superbes copies d'après les fresques de Carrache au palais Farnèse dues aux pensionnaires du roi. Sous Louis XV on y empila des chambrettes pour loger des officiers. Bonaparte, devenu empereur, la fit déblayer en 1806. Les *Amours des Dieux* reparurent dans les voûtes, avec l'aide de MM. Abel de Pujol, Blondel, Hersent, Vafflard, Vauthier. Les guirlandes de fleurs et de fruits qui couraient au-dessus de la corniche, ouvrage célèbre de Monnoyer dit Baptiste, durent être refaites par Leriche.

Le grand salon, autrefois cabinet de Louis XIV, avec sa cheminée monumentale en marbre blanc, ses fastueux ornements de bronzes dorés, son plafond surchargé de moulures enroulées et d'allégories en ronde bosse par Lerambert et Girardon, ses lambris gracieusement décorés par Coypel, rappelait mieux encore le passage du Roi-Soleil. Un des grands panneaux de cette pièce était occupé par le célèbre tableau du baron Gérard : *Le grand roi présentant à sa cour son petit-fils comme roi d'Espagne.* La même pompe éclatait dans la chambre à coucher devenue la salle du Trône, dont le plafond, peint par Bertholet Flemael, chanoine de Liége, avait joui d'une certaine réputation au dix-septième siècle. Il représentait, dans un style assez lourd, la *Religion défendant la France* ou plutôt la monarchie, et accompagné à l'ordinaire d'allégories belliqueuses et flatteuses.

C'était pour le salon de la Paix et pour celui d'Apollon que la courtisanerie artistique avait réservé ses adulations les plus prodigieuses et les plus raffinées. Félibien, qui nous a donné, après leur achèvement, une explication contemporaine de ces peintures, y voit des allusions louangeuses jusque dans la couleur des vêtements. Ici, le Soleil sur son char, traîné par quatre chevaux, précédé du Temps, de l'Éternité, du Printemps et de la Renommée, c'était Louis XIV, à la fleur de l'âge, saisissant les rênes du gouvernement. Là, les Heures, pressées autour du char, rappelaient, par leurs attributs, les Arts que protégeait le roi, les ouvrages que faisait faire le roi, jusqu'aux bals et comédies où daignait s'égayer le roi. Quant aux voûtes du plafond, où l'on voyait *Procris donnant un dard à Céphale*, la *Statue de Memnon frappée du soleil*, *Clytie changée en tournesol*, le *Soleil chez Thétis*, les courtisans y trouvaient tout naturellement, suivant le même Félibien, une excitation claire et permanente à ne point négliger leurs devoirs quotidiens de génuflexions, inclinaisons et pâmoisons devant l'astre à perruque dont le regard les touchait avec dédain.

Les sphynx à têtes de femmes n'étaient pas là, non plus, rangés inutilement sur le passage des courtisans qui se rendaient au lever d'Apollon ; ils leur rappelaient la vigilance, la grâce, la souplesse, la complaisance, la discrétion, toutes les vertus nécessaires à des astres inférieurs qui veulent être longtemps admis à rouler, en satellites éclatants, dans l'orbitre de l'unique soleil, d'où viennent toute lumière, toute force, toute grâce et toute pensée. Nicolas Loyr, qui traduisit, de son pinceau, ces conceptions étonnantes, était pourtant un homme d'un vrai talent. C'était le fils d'un orfèvre de Paris, l'élève de Sébastien Bourdon et de Lebrun. Ces compositions, si compliquées d'intentions, étaient traitées d'une façon pittoresque, avec simplicité dans les attitudes, avec clarté dans l'expression. Il est probable que les courtisans prêtèrent beaucoup à l'artiste de leur propre platitude, et cherchèrent, dans ses allégories, des encouragements à la sottise personnelle, plus que lui-même n'en avait voulu mettre. Le même Loyr avait peint les triomphes en grisailles qui ornaient le Salon Blanc.

A part ces décorations, la richesse intérieure des Tuileries consistait en objets mobiliers d'un grand prix, soit par la rareté de la matière, soit par le précieux du travail, bien plus qu'en véritables objets d'art. Les bustes et les portraits qui remplissaient la grande salle des Maréchaux n'offraient, en général, qu'un intérêt historique. Les peintures gracieuses de M. Chaplin, dans les appartements privés, avaient été le seul ouvrage de quelque importance commandé par le second Empire.

Si déplorable qu'elle puisse être, la ruine de ce Palais n'a donc pas été, au point de vue des arts, un de ces désastres vraiment irréparables pour l'intelligence humaine dont elle ne saurait, à aucun prix, se consoler.

LE
SALON DE PARIS

ET SES VICISSITUDES

C'est en 1699 que l'Académie royale des peintres et sculpteurs exposa, pour la première fois, ses ouvrages dans le Louvre. Depuis ce temps, les expositions d'art, patronnées ou dirigées par l'État, se sont succédé à courts intervalles, le plus souvent d'année en année, avec une régularité qui fait honneur à la puissance productive des artistes français. Mais il en est du Salon comme de toutes les institutions, qui ne durent qu'à la condition de se transformer sous l'action des transformations sociales. Depuis deux siècles, son organisation s'est constamment modifiée avec une mobilité d'autant plus grande que l'esprit des artistes dont les intérêts sont en jeu est un esprit plus libre et plus éveillé, plus prompt à s'éprendre des idées nouvelles, plus ardent à poursuivre la perfection insaisissable. Les changements, presque toujours progressifs, que cette agitation perpétuelle a apportés dans le régime des expositions, seront sans doute suivis encore de bien d'autres. L'importance, chaque jour plus grande, que prennent les beaux-arts et les artistes dans la vie intellectuelle et commerciale des peuples modernes, change forcément les conditions dans lesquelles s'exerçait, jusqu'à présent, la protection mal définie du gouvernement. Les devoirs de l'État n'ont rien d'immuable, non plus que ses droits ; l'intérêt seul de la chose publique les resserre ou les étend, l'utilité de son intervention ne peut être mesurée qu'aux circonstances. Le gouvernement a jugé que le moment était venu de rendre aux artistes, dans leur intérêt comme dans le sien, une indépendance qu'ils avaient laissé perdre. L'expérience montrera s'il s'est trompé d'heure. En tout cas, le mouvement naturel des choses devait infailliblement amener, tôt ou tard, une solution de ce genre. Un coup d'œil jeté sur les vicissitudes antérieures de l'exposition suffira à montrer les difficultés du problème que, d'un commun accord, l'État et les artistes s'efforcent aujourd'hui de résoudre par la liberté.

I

Lorsqu'une douzaine de peintres et sculpteurs se
réunirent, en 1648, à Paris, pour établir une Académie, c'étaient des révoltés. Ils organisaient l'insurrection des vrais artistes contre la corporation des gens
de métier, peintres à la toise, tapissiers, doreurs, sel-
liers, etc., qui voulaient à toute force, en vertu de privilèges séculaires, les emprisonner dans leur règlement
suranné, les condamner à tenir boutique, les garder
sous son contrôle. La maîtrise avait la loi pour elle ;
comme tous les révoltés contre les institutions féodales,
les artistes firent appel au roi. Que demandaient-ils?
Peu de chose, suivant les mœurs d'aujourd'hui ; beaucoup, suivant les usages d'alors : le droit de poser un
modèle, celui d'assembler quelques élèves autour de
ce modèle, celui de vendre ou d'échanger librement
leurs ouvrages, celui enfin d'exercer leur art sans avoir à
prouver cinq années d'apprentissage et quatre années
de compagnonnage. Tous ces droits leur étaient in-

terdits par les règlements de la maîtrise, datés de 1391, renouvelés en 1582, homologués à nouveau en 1620 par le Châtelet, ayant force de loi.

La tentative d'émancipation remontait à quelques années. « Un bourgeois de Paris, dit Sauval, logé près de Saint-Eustache, prêta sa salle à quelques amis, au nombre de sept ou huit, tous jeunes gens qui savoient un peu dessiner, mais dans la résolution de se perfectionner d'après le naturel. Pour cela, ils choisirent un petit homme, faible, appelé Vandeschoux, qui leur servit de modèle près de six mois, et alors se rendoient à la rue du Coq, *dans la cave de l'un d'entre eux, qui leur fut fort commode parce que c'étoit en hiver.* Après Vandeschoux ils prirent un certain ivrogne de savetier nommé Marin, mais bel homme et bien formé. Cette manière de trafic à montrer son corps simplement et à gagner sa vie à son aise fut cause que, depuis, Dubois, Branlan et Girard, tous bien faits, s'offrirent pour modèle à tous venants et prenoient de l'argent. » Parmi les dangereux conspirateurs qui se cachaient dans une cave pour admirer les torses de Vandeschoux et de Marin, se trouvaient Eustache Lesueur, Sébastien Bourdon, Charles Lebrun, L. de la Hire, Michel Corneille, François Perrier. La maîtrise poursuivit ces audacieux par toutes voies légales. En 1646, portée par le vent de fronde qui soufflait sur Paris, elle introduisit requête tendant à interdire au roi lui-même le droit d'entretenir à la cour des peintres exerçans à l'abri de son contrôle. Pour appuyer la requête, elle fit saisie chez deux peintres de sa majesté, Levêque et Bulot, et confisqua leurs tableaux. Le Châtelet déclara la saisie valable, enjoignant aux peintres du roi « lorsqu'ils ne seroient point employés pour le service de leurs majestés, de travailler en chambre pour la communauté, avec défense d'exécuter aucun ouvrage pour destinations non consenties par les dits maîtres, à peine de confiscations des dits ouvrages, de 500 livres d'amende et même de punition exemplaire. » Les mêmes conclusions contenaient, entre autres défenses exorbitantes, celle « d'exposer en vente aucun tableau ».

Cet effroyable despotisme eut pour effet naturel d'unir plus étroitement le groupe de résistance et d'exciter son courage en le rapprochant de la cour, non moins blessée que les artistes par le rigoureux arrêt du parlement. Les maîtres-jurés, en faisant saisie chez tous les peintres royaux, n'avaient respecté qu'une seule porte, celle de Lebrun récemment arrivé d'Italie. Lebrun repoussa cette exception comme un outrage et ne voulut point séparer sa cause de celle de ses amis. Avec la décision et l'activité qu'il montrait déjà en tout, il se mit résolûment à leur tête, les engagea à faire face à l'ennemi et à se constituer en académie sur le modèle des académies italiennes, dont quelques-unes avaient dû soutenir des luttes pareilles pour se soustraire à la tyrannie des corporations d'arts et métiers. Dès lors, les affaires des artistes prirent une face nouvelle. Lebrun leur trouva d'abord un protecteur dévoué dans M. de Charmois, qui se chargea de présenter leur requête à la reine mère outragée. Le 20 janvier 1648, le conseil d'État, par un arrêt rendu en présence du roi, reconnut l'académie de peinture et de sculpture et interdit aux maîtres-jurés de lui « donner aucun trouble et empeschement ». La lutte toutefois n'était pas terminée. L'académie était pauvre, la maîtrise était riche. Cette dernière entama procès sur procès, ouvrit école contre école, restaura à grand bruit l'académie de Saint-Luc en lui donnant pour « prince » Mignard, déjà piqué contre Lebrun d'une incurable jalousie, et obtint même un moment, en 1651, de l'Académie aux abois un traité de jonction. Lebrun, seul, ne souscrivit pas à cette paix fourrée et se tint sur la réserve ; il n'attendit pas longtemps. En 1654, l'Académie dut l'appeler de nouveau à son secours ; il la plaça sous la protection du cardinal Mazarin, mais elle faillit encore périr par suite des difficultés d'argent, des tiraillements d'amour-propre, de l'inertie du plus grand nombre. Lebrun la sauva une dernière fois à la mort du cardinal, en s'adressant à Colbert, dont il pressentait la grandeur. Il avait enfin trouvé son homme. Les statuts furent renouvelés en 1653. Personne n'osa plus inquiéter l'Académie, désormais pensionnée par le roi (1).

De cette époque datent les premières expositions pu-

______

(1) On peut suivre les curieuses péripéties de cette lutte acharnée dans les *Mémoires pour servir à l'histoire de l'Académie royale de peinture et de sculpture*, probablement dus à Henri Testelin, l'un de ses premiers secrétaires, publiés par M. A. de Montaiglon, et dans le beau livre de L. Vitet, *l'Académie royale de peinture et de sculpture*.

bliques. L'article 25 des statuts renouvelés prescrivait que tous les ans, lors de l'assemblée générale, en juillet, « chacun des officiers et académiciens seroient obligés d'apporter quelque morceau de leur ouvrage pour servir à décorer le lieu de l'Académie ; auquel jour se fera le changement ou élections desdits officiers dont seront exclus ceux qui ne présenteront point de leurs ouvrages ». Les procès-verbaux de l'Académie, en cours de publication (1), prouvent qu'on eut bonne volonté d'exécuter le règlement. En 1667, on y voit 60 livres données au sieur Péron, concierge, « pour son soin et sa peine durant quinze jours qu'a duré l'exposition publique », et 15 livres « au modèle » qui a aussi été employé plusieurs journées. En 1669, on expose les envois des pensionnaires de Rome « avecq liberté aux estudians de donner leur advis par écrit ou de vive voix, lesquels seront examinés par l'Académie. » Cet encouragement à l'exercice de la libre critique chez les jeunes artistes n'a rien qui doive surprendre ; c'était la conséquence de l'obligation imposée par les statuts à tout académicien de faire à son tour des conférences sur quelques points de son art. L'Académie occupait alors un appartement dans le palais Brion, dépendance du Palais Royal, construit par Lemercier sur l'emplacement

(2) *Procès verbaux de l'Académie royale de peinture et de sculpture publiés pour la Société de l'Histoire de l'art français d'après les registres originaux conservés à l'École des Beaux-Arts,* par M. Anatole de Montaiglon.

qu'occupe aujourd'hui le Théâtre-Français. Elle s'y trouva vite à l'étroit. Dès 1671, les salons intérieurs ne suffisent plus au placement des œuvres présentées ; on descend en plein air et on « entoure de tableaux » la cour de l'hôtel de Richelieu. Le jour de la distribution des prix, Lebrun fait une conférence sur « la physionomie humaine ». En 1673, l'exposition, plus nombreuse, se renouvelle dans les mêmes conditions. C'est *sub jove crudo* que se déroulent, entre autres toiles célèbres, suspendues aux murailles, les quatre épopées de Lebrun : la *Défaite de Porus*, le *Passage du Granique*, la *Bataille d'Arbèles*, le *Triomphe d'Alexandre*. Ces immenses compositions, d'une ordonnance si décorative, d'une allure si triomphale, dans toute la fraîcheur et l'éclat d'un coloris alors vif et frais, n'eurent point à se plaindre, paraît-il, d'avoir affronté la pleine lumière. Les idées des artistes sur l'éclairage de leurs œuvres n'étaient point alors si compliquées qu'aujourd'hui. Quelques années plus tard, quand le Salon se fait déjà au Louvre, nous verrons Jouvenet se contenter d'une place au dehors. Durant un siècle encore l'Académie de Saint-Luc, rivale intermittente de l'Académie royale, accroche tous les ans, le jour de la Fête-Dieu, les chefs-d'œuvre de ses membres sur les murs de la place Dauphine, devant les tapisseries suspendues pour le passage de la procession. L'exposition de 1673 ouvre la série des expositions de l'Académie dont les livrets nous ont été conservés (1).

(1) La collection des livrets de l'exposition de 1673 à 1800, de-

Le zèle des académiciens, qui languissait volontiers quand Lebrun négligeait de l'entretenir, paraît s'être assez vite refroidi au sujet des expositions comme au sujet des conférences. Les tiraillements qui eurent lieu en 1675 à propos du placement des tableaux dont quelques-uns « estoient eslevés excessivement en des lieux où ils ne peuvent pas estre vus » et l'impossibilité de trouver un meilleur local contribuèrent sans nul doute à faire mettre en oubli les statuts. Malgré la subvention royale de 2,000 livres, la pénurie de la société restait d'ailleurs inquiétante. En 1677 et en 1679, on ne fit pas d'exposition, parce qu'on ne trouva pas en caisse de quoi payer les frais. Les dépenses devaient pourtant être fort modestes, si l'on en juge par ce que coûtait encore le Salon dans le siècle suivant. Nous avons les notes détaillées de 1759 et de 1782 ; la première s'élève à 222 livres, la seconde à 758 livres, et l'année 1782 passe pour une année de folles innovations : on y fournit jusqu'à des gants aux ouvriers « pour manier les bordures ». Malheureusement le bilan de l'Académie se soldait toujours en déficit ; en 1679, les dépenses excédèrent de 705 livres les recettes, qui avaient atteint 4,563 livres 13 sols. L'indifférence s'en mêla aussi : en 1681 et en 1683, on réunit à grand'peine un nombre suffisant de peintures. De guerre lasse, on renonça aux expositions.

venue très rare, a été réimprimée. C'est dans le très intéressant volume de *Notes et Documents*, joint par M. J.-J. Guiffrey à cette réimpression, que nous puisons en grande partie les détails qui vont suivre.

Il fallut un changement de régime et l'avénement d'un nouveau surintendant pour rendre à l'Académie son activité. Mansart, successeur de Colbert, en prenant le protectorat, invita les académiciens à tenir leurs engagements et, pour leur en faciliter l'exécution, leur concéda la grande galerie du Louvre. Une estampe de l'*Almanach royal* nous a conservé l'aspect de cette exposition. Les murailles sont tendues de magnifiques tapisseries, parmi lesquelles celles des *Actes des apôtres*, d'après les cartons de Raphaël. Comme celles-là, dit le livret, « sont d'une beauté extraordinaire, il n'y a aucun tableau dessus, mais seulement des ouvrages de sculpture. » Les tableaux sont placés sur trois et quatre rangs en hauteur, assez près du sol, espacés entre eux. Le fond de la galerie est formé par un dais sous lequel se place le trône royal. C'est vraiment le *Salon* des arts, et le nom en restera. Non seulement le décor était magnifique, mais les objets exposés étaient dignes du décor. Trois cents tableaux ou statues y représentaient le talent des académiciens. On y voyait seize toiles de Noël Coypel, douze de Bon Boullogne, huit de Jouvenet, sept de La Fosse ; François de Troy, à lui seul, avait apporté vingt-quatre portraits et Largillière onze, avec deux grandes compositions. Coysevox, Girardon, Renaudin, y avaient posé sur des socles décoratifs de leur invention les modèles de leurs derniers groupes ou statues commandés pour Versailles. L'exposition de 1704, organisée dans les mêmes conditions, ne fut pas moins brillante. « La

partie de la galerie employée a 110 toises de long, et
de chaque côté, entre les croisées, dix-sept trumeaux
ornés de tapisseries où sont rangés les ouvrages de
peinture et au milieu de la galerie, devant les trumeaux
et dans les embrasures des croisées, les ouvrages de
sculpture. » Noël Coypel y reparaît avec vingt-sept tableaux, de Troy avec vingt-cinq, Antoine Coypel avec
dix-sept, Jouvenet avec seize, Largillière avec vingt-
deux, Rigaud avec vingt-cinq. C'est alors que les trois
grands tableaux de Jouvenet, aujourd'hui au Louvre, la
Résurrection de Lazare, les *Vendeurs chassés du temple*,
le *Repas chez Simon*, descendirent « dans la cour, au
pied de l'escalier qui sert de sortie ». La France fut trop
triste durant la vieillesse de Louis XIV et trop légère
durant la régence pour qu'on s'occupât de l'Académie
et de ses Salons. Il faut attendre jusqu'à l'année 1725
pour retrouver le règlement mis en vigueur. Le duc
d'Antin eut alors la pensée de faire du Salon un concours extraordinaire. Un prix de 5,000 livres devait
être donné aux deux meilleurs tableaux. Les dimensions étaient seules fixées, le sujet restait au choix des
concurrents. Le jugement « avec avis motivés » fut
prononcé par les académiciens non exposants. On par-
tagea le prix entre de Troy le fils pour son *Retour de
chasse de Diane* et Lemoine pour sa *Continence de
Scipion*. L'opinion publique protesta contre le jugement de l'Académie et désigna à la faveur du roi le
tableau de Charles-Antoine Coypel. A la suite de ce
concours, qui troubla l'Académie, neuf ans de silence

s'écoulent de nouveau ; mais en 1737 l'exposition prend définitivement possession du grand Salon carré du Louvre, où elle s'ouvrira désormais tous les deux ans, sinon tous les ans, pendant plus d'un siècle.

On essaya d'abord de la périodicité annuelle. De 1737 à 1747, les salons se succèdent sans interruption, mais, en 1747, le public se plaignit du nombre des ouvrages et de leur médiocrité. De la médiocrité, passe encore, nous n'en savons rien, mais du nombre, cela nous semble un peu fort, à nous qui affrontons au minimum des étalages de deux mille et parfois de quatre mille tableaux. Le salon en comptait alors, bon an mal an, deux cents en moyenne. Le directeur des bâtiments, M. Lenormand de Tournehem, soumit l'affaire au roi : « Il suffiroit, dit-il, que le salon se réduisît tous les ans à cent cinquante tableaux exquis. » Quelques jours après, il envoyait ses instructions à Coypel. « Le 17 du mois d'aoust, tous les tableaux que les membres de l'Académie voudront exposer seront transportés dans la galerie d'Apollon. Ils seront rangés de manière qu'on soit à portée de les bien voir. On convoquera pour le lendemain une assemblée particulière composée premièrement du directeur, des quatre recteurs et des deux adjoints à recteurs. L'assemblée nommera encore à la pluralité des voix un ancien professeur, six professeurs, trois adjoints à professeur, et deux conseillers. Ces officiers réunis examineront scrupuleusement et sans passion les tableaux présentés et, par la voix du scrutin, supprimeront ceux qui ne leur paraîtront pas dignes d'être mis sous les yeux du public. » Telle fut l'origine de l'institution du jury, qui devait fonctionner jusqu'à la révolution. M. Guiffrey remarque justement qu'on avait, du premier coup, imaginé, pour sa formation, partie par des membres de droit, partie par des membres élus, la combinaison à laquelle on devait revenir cent ans plus tard, après mille tâtonnements, chaque fois qu'il s'agirait d'une exposition universelle ou de tout autre grand concours solennel. Malgré le fonctionnement de ce jury, les expositions parurent si faibles qu'on décida en 1751 de les rendre biennales ; elles n'eurent plus lieu, en effet, que tous les deux ans jusqu'en 1791.

Les procès-verbaux de l'Académie, la correspondance des bâtiments du roi, les livrets publiés depuis 1737, laissent deviner à quelles sortes de difficultés intérieures on se heurtait fréquemment. La plus grande de toutes avait été, nous l'avons vu, celle d'obtenir un local convenable. Le séjour même du Louvre ne fut pas, en tout temps, un séjour tranquille. Suivant les circonstances, on errait de la grande galerie dans la galerie d'Apollon et de la galerie d'Apollon dans le salon carré. Le salon carré ne tarda pas à devenir aussi un séjour insuffisant. Il n'est sorte de plaisanterie qu'on ne trouve dans les feuilles du temps sur cette déplorable installation.

> Il est au Louvre un galetas,
> Où dans un calme solitaire
> Les chauves-souris et les rats
> Viennent tenir leur cour plénière.

> C'est là qu'Apollon sur leurs pas,
> Des beaux-arts ouvrant la barrière,
> Tous les deux ans tient ses états,
> Et vient placer son sanctuaire.

« On ne peut mieux définir », ajoute le voyageur anglais qui cite ces vers du marquis de Villette insérés dans le *Courrier de l'Europe* en 1777, voyageur qu'on croit être sir Joshua Reynolds, « on ne peut mieux définir le lieu où se fait l'exposition. Il faut ajouter seulement qu'on débouche, par une sorte de trappe, d'un escalier, quoique assez vaste, presque toujours engorgé : sorti de cette lutte pénible, on n'y respire qu'en se trouvant plongé dans un gouffre de chaleur, dans un tourbillon de poussière, dans un air infect, qui, imprégné d'atmosphères différentes d'individus d'espèce souvent très malsaine, devait à la longue produire la foudre ou engendrer la peste, qu'étourdi enfin par un bourdonnement continuel, semblable au mugissement des vagues d'une mer en courroux. Au reste, ce mélange de tous les ordres de l'État, de tous les rangs, de tous les sexes, de tous les âges, dont se plaint le petit-maître dédaigneux ou la femme vaporeuse, est pour un Anglais un coup d'œil ravissant. C'est peut-être le seul lieu public où il puisse retrouver en France l'image de cette liberté précieuse dont tout offre le spectacle à Londres... Là, le savoyard coudoie impunément le cordon bleu ; la poissarde, en échange du parfum dont l'embaume la femme de qualité, lui fait fréquemment plisser le nez pour se dérober à l'odeur forte du brandevin qu'elle lui envoie. Là, les écoliers donnent des leçons à leurs maîtres... Mais aussi que de cabales se forment dans cette obscure enceinte! que de complots s'y forgent! Que de méchancetés! que de noirceurs! La fureur y aiguise ses traits! L'envie y prépare ses poisons! » Une petite gravure du temps, attribuée à Saint-Aubin, montre, en effet, l'escalier à rampe de fer, dont parle l'écrivain anglais, débouchant sur le salon carré à peu près à l'endroit où se trouve aujourd'hui la *Belle Jardinière*. Le concierge de l'Académie, en costume de suisse, assis devant une table, vend les livrets, sa hallebarde au poing. Deux célèbres gravures de Martigny nous ont conservé aussi l'aspect des salons de 1785 et de 1787. On doit avouer qu'en fait de places, les académiciens n'étaient pas difficiles. Les tableaux superposés jusqu'aux frises occupent cinq étages; ceux du roi donnent l'exemple de l'humilité. C'est au quatrième rang, à cinq mètres au-dessus du sol, que les *Horaces de David* prononcent leur serment héroïque. Ils ont, au-dessous, *le Dauphin et Madame, fille du roi*, par Mme Lebrun, au-dessous encore, *la Reine, le Dauphin et Madame se promenant dans le jardin anglais du petit Trianon*, tous portraits en pied de grandeur naturelle; en revanche, ils supportent, dans les combles, un *Énée emportant son Père Anchise*, par Suvée, alors adjoint à professeur et bientôt directeur de l'école de Rome. Cinq petits cadres sont juchés au-dessus de la grande porte ; nous tremblons d'y reconnaître *Cinq Têtes ajustées dans le genre historique*, par le savant Taillasson, appartenant à M. de Nicolaï, premier président du grand conseil. Au salon de 1787, on s'échelonne plus haut encore. Le *Priam demandant à Achille le corps d'Hector*, par Doyen, professeur et peintre de Monsieur, surmonte le *Portrait de Madame Adélaïde*, par Mme Guyard, premier peintre de Mesdames, lequel a 8 pieds 6 pouces et surmonte le *Socrate* de David, qui en a 6. *Priam* se console en sentant piétiner au-dessus de son cadre de 10 pieds *Alexandre domptant Bucéphale* par Monsiau. Ce dernier est à 8 mètres au-dessus du sol. C'était à regretter les murs, en plein air, qui suffisaient à Lebrun et à Jouvenet !

Il ne semble pas, cependant, que ces installations étranges aient excité des lamentations et des désespoirs comparables à ceux qui suivent aujourd'hui le combat autour de la cymaise, combat plus acharné que celui des Grecs et des Troyens autour du corps de Patrocle. Il est vrai que la *cymaise* n'était alors qu'une moulure architecturale, généralement placée haut, dans les corniches des frises ; or, l'on ne se bat jamais bien que lorsqu'on se bat avec des mots, justes ou non, mais nouveaux et sonores. Le choix de l'entourage pouvait aussi faire passer sur les désagréments de la situation. Tel qui se tiendra poliment collé contre un mur, une soirée durant, sans gémir ni souffler, dans un salon étroit de bonne compagnie, ne se met-il pas à crier comme un diable, pour peu qu'on le coudoie ou que son siège soit dur dans une réunion publique ? La fonction de l'artiste chargé par ses confrères de placer les ouvrages ne fut pas cependant, malgré la courtoisie réglementaire, toujours exempte de petits ennuis. En 1699 et en 1704, c'est le paysagiste Hérault, beau-frère de Coypel, qui est chargé de ce soin en même temps que de la décoration du local ; il s'en tire à merveille, nous l'avons vu. Après lui Stiémart, puis Portail, tous deux conservateurs des tableaux du roi, semblent être, de droit, en cette qualité, les tapissiers de l'exposition ; mais à la mort du bonhomme Portail, en 1763, l'Académie réclama le droit de choisir son placeur. M. de Marigny s'empressa de souscrire à la demande. Chardin, déjà trésorier de la compagnie, Chardin que son infatigable obligeance et sa solide affabilité désignaient pour toutes les fonctions délicates, fut chargé de la besogne. Le directeur Cochin avait expliqué à M. de Marigny qu'ainsi « le Salon pourrait être mieux arrangé à la satisfaction de l'Académie », que, d'ailleurs, M. Chardin, habitant Paris, pourrait donner plus de temps que feu Portail, résidant à Versailles, et, par son rang dans l'Académie, « concilier les esprits, en leur conservant le droit d'ancienneté dont les artistes sont jaloux, sans préjudicier à l'agrément du coup d'œil ». L'excellent Chardin fit de son mieux, et l'Académie fut, l'année suivante, si touchée de son zèle qu'elle sollicita, par une démarche des plus honorables, pour lui et « à son insu », une pension de 1,000 livres. Cette fois, Cochin, retournant l'argument dont il s'était servi, insista près de M. de Marigny sur tout le désavantage qu'il y avait pour Chardin à habiter Paris, « car M. Portail, écrit-il, après avoir

employé quelques jours nécessaires pour l'arrangement
général, était à l'abri de toute persécution en se réfu-
giant à Versailles, au lieu que M. Chardin est obligé
d'être continuellement occupé de cette affaire pendant
tout le temps du Salon. » Le directeur des bâtiments
fit observer que le Salon n'avait lieu que tous les deux
ans ; il ajouta cependant 250 livres à la pension du
peintre. Malgré la reconnaissance de l'Académie,
Chardin renonça vite à la corvée. En 1775, on dut décider qu'elle serait obligatoire et que tous les académiciens, à tour de rôle, installeraient le Salon. En 1785,
Pierre, le directeur, est désespéré ; tous ses confrères
lui échappent : « Le Salon, écrit-il à M. d'Angiviller,
donne beaucoup de désagrément à l'artiste qui est
chargé de l'arranger. La plupart refusent de s'en charger. Ceux qui se laissent persuader s'en dégoûtent.
M. Amédée Van Loo ne vouloit pas suivre ; enfin je l'ai
fait consentir. » Van Loo, dont le tour venait, était en
effet assailli d'injures et de lettres anonymes avant de
s'être mis à l'œuvre, mais, dès qu'il eut reçu l'ordre
d'agir, il le fit avec intelligence et fermeté. Il proposa
des modifications heureuses dans les dispositions de la
salle, établit, pour les petits tableaux, des cloisons mo-
biles, « en attendant qu'on puisse faire un établissement
qui auroit été pour toujours, la première dépense
fournie ». Hélas ! ce simple désir de Van Loo n'est pas
réalisé à l'heure qu'il est, et nous ne sommes guère plus
avancés en 1881 qu'on ne l'était en 1785. Les beaux-
arts, campés dans le Palais de l'Industrie, disputant

chaque année, à grands frais, des galeries toujours refaites et toujours défaites, aux animaux gras, aux chevaux, aux fromages, aux machines, attendent encore « qu'on puisse faire un grand établissement qui serait pour toujours, la première dépense fournie ». Quoi qu'il en soit, les innovations intelligentes de Van Loo n'eurent pas plus de succès que ses désirs. On dut, sur les plaintes des exposés, ordonner un déplacement général, faire descendre en bas, durant une semaine, les tableaux qu'il avait mis en haut. Ce déplacement fut sa vengeance. « Chaque tableau descendu, dit le directeur Pierre dans son rapport, joue le même rôle qu'il jouait plus élevé. Les seuls mauvais tableaux deviennent plus épouvantables. » Les sculpteurs surtout donnaient un mal terrible. Après avoir choisi leurs places, ils les voulaient toujours changer. En 1787, l'Académie est obligée de prendre une mesure rigoureuse ; elle décide qu'on fera choisir « d'abord les plus anciens et de suite les cadets ». Peu de temps auparavant, profitant de l'absence des officiers de l'Académie, Caffieri avait, de sa propre autorité, transporté sa grande figure de *Molière* de la place qui lui était assignée et « l'avoit campée tout au travers du chemin et d'une croisée du cabinet de M. Amelot ». Ce M. Amelot était le commis de M. d'Angiviller, le directeur des bâtiments du roi. On juge de sa surprise quand, entrant chez lui, il n'y vit plus clair. Il fallut de force réintégrer *Molière* à sa première place.

Plus que ces petites querelles d'amour-propre, plus

que toutes ces mesquines tracasseries inséparables de
toute organisation, ce qui semble alors exaspérer les
académiciens et les dégoûter des expositions, toujours
reprises par l'ordre exprès du roi, c'est l'impertinence
des écrivains qui se permettent de juger leurs œuvres.
Chaque Salon faisait déjà éclore une multitude de brochures, de pamphlets, de journaux qu'on vendait aux
portes du Louvre ; cette licence les mettait hors d'eux-
mêmes. Si l'on n'avait sous les yeux la correspondance
de l'Académie avec la direction des bâtiments, on aurait
peine à croire que des hommes de grand talent, mûrs
et réfléchis, connaissant leur valeur, rompus aux difficultés de la vie, comme étaient la plupart d'entre eux,
aient pu être aussi chatouilleux à des piqûres de plume,
aussi incapables de supporter la discussion, aussi
prompts à réclamer, pour des vivacités ou des légèretés
qui leur semblent des crimes, les répressions les plus
violentes. Le correspondant anglais de 1777, que nous
avons déjà cité, en homme aguerri à la liberté de la
presse, s'étonne fort de cette sensibilité des artistes
français : « Ils ont aujourd'hui un chef, dit-il, qui,
jaloux de ménager leur faiblesse, leur épargne, autant
qu'il peut, ces mortifications. Autre abus sans doute,
puisque la critique n'est pas moins utile au talent que
la louange : l'une l'aiguillonne et l'éclaire, l'autre l'encourage quelquefois, mais le plus souvent l'engourdit. »
Leur chef, M. d'Angiviller, prenait en effet la peine de
lire, avant de les autoriser, toutes les brochures qu'on
imprimait sur le Salon, mais il se lassa vite de cette

inutile besogne. Ses lettres nous le montrent décidé à
tout laisser passer et renvoyant tout au lieutenant de
police : « Je me suis fait la loi de n'approuver ni désap-
prouver aucun des petits ouvrages de ce genre. Persuadé
que toutes ces mauvaises plaisanteries affecteront peu
les artistes et les gens sensés, je laisse à votre jugement
et à celui du censeur le soin de voir ce qui peut être
passé. » Plus tard, il écrit encore à M. Lenoir : « Je sens
que c'est en vain qu'on entreprendrait de s'opposer à ce
torrent de brochures méchantes ou insipides ; il faut
donc le laisser s'écouler en se bornant à l'épurer... Au
reste, et fort heureusement, dans un mois d'ici, il subsistera à peine trace de ce débordement. » Les prédécesseurs de M. d'Angiviller, M. Lenormand de Tournehem
et M. de Marigny avaient, à plusieurs reprises, été sup-
pliés par l'Académie d'intervenir. « Je suis bien fâché,
répond M. de Tournehem en 1748, que des sottises pareilles puissent chagriner nos peintres, mais la meilleure
réponse qu'il y auroit à faire seroit de les mépriser. »
M. de Marigny leur avait mieux prêté l'oreille. Sur une
lettre de Cochin, le 17 septembre 1765, qui lui demande
d'exiger la signature de tous les auteurs de critiques sur
le Salon, il écrit en marge : « J'attends la critique et
j'écrirai ce qu'il faut à M. de Sartiges. » Ses ordres ne
furent pas bien rigoureux pourtant, car on a, de cette
année même, plusieurs libelles anonymes. Quelques
années après, Cochin, directeur de l'Académie, déjà
aguerri ou mieux avisé, prenait enfin le bon parti.
Comme il avait bec et ongles, il rendit aux mauvais plai-

sants la monnaie de leur pièce et mit les rieurs de son côté en répliquant par la *Réponse de M. Jérôme, râpeur de tabac et riboteur*, à la brochure de Daudé de Jossan, *Lettre de M. Raphaël, peintre de l'Académie de Saint-Luc, entrepreneur général des enseignes de la ville, faubourgs et banlieues de Paris, sur les peintures, gravures et sculptures qui ont été exposées cette année au Louvre.* La plupart des brochures écrites alors sur le Salon brillaient plus, il faut le dire, par la gaîté que par le respect des convenances. La bizarrerie du titre, la verdeur du langage, la vivacité des plaisanteries étaient les appâts ordinaires que tendaient les folliculaires à la curiosité publique. On ne distinguait pas bien encore, dans ce premier exercice de la liberté d'écrire, ce qui est permis à la critique de ce qui lui est interdit ; des grossièretés ordurières ou calomnieuses y compromettent volontiers les observations justes ou spirituelles, même chez les moins légers. Toutefois il serait fâcheux pour nous que Cochin et ses confrères eussent fait mettre au pilon tout ce papier noirci ; de ce fatras confus jaillissent souvent des lueurs inattendues qui éclairent vivement les mœurs du siècle, et nous y suivons, sous des formes vivantes, l'agitation qui accompagnait déjà dans la société française la renommée des artistes.

Ces brochures, jointes aux documents déjà cités, fourniraient à foison de singuliers détails et des anecdotes piquantes sur le monde des arts au xviiiᵉ siècle. Il ne convient pas de s'y arrêter ici. Un fait, bien plus important, qui ressort avec éclat de la lecture de toutes ces

pièces au grand honneur de la vieille Académie, c'est
la continuité pendant deux siècles de son action consciencieuse et énergique sur la marche de l'école française, malgré les difficultés de toute sorte qu'elle eut à
surmonter. Corporation indépendante, fondée par l'initiative de quelques nobles esprits plus avides de gloire
que d'argent, qui s'indignaient de voir l'art confondu
avec le commerce, elle avait, pour se bien distinguer du
corps industriel des maîtres peintres, dans les premiers
articles de ses statuts, dédié « à la vertu » le local de ses
réunions, déclaré qu'elle ne se réunirait jamais pour
faire « aucuns festins ni banquets », et que « l'envie, la
médisance, la discorde » entraîneraient l'exclusion des
membres, chacun ayant d'ailleurs le devoir de « dire
librement ses sentimens » sur les ouvrages de ses confrères. L'Académie, sauf quelques faiblesses assez rares
dans le cours d'une si longue carrière, resta, on peut le
dire, fidèle à cette fière déclaration. La discipline la plus
rigoureuse ne cessa d'y régner ; les plus illustres artistes,
peintres privilégiés de tous les souverains d'Europe, se
faisaient honneur d'obéir, avec une soumission touchante, aux décisions de leurs officiers. Ce n'était point
une sinécure d'être académicien ; les engagements qu'on
prenait en prêtant serment étaient nombreux et lourds
à tenir. D'abord on devait, avant d'être définitivement
élu, présenter, dans un délai fixé, un tableau ou une
statue sur un sujet donné par l'Académie. Ce tableau
ou cette statue devenait le bien de l'association et allait
grossir un admirable musée d'études, malheureusement

dispersé aujourd'hui, dont les plus beaux restes forment
le fonds de la galerie française au Louvre. Dès que l'artiste était académicien en titre, il se trouvait soumis à
toutes les charges que l'élection de ses confrères lui pouvait conférer et d'abord à celle du professorat. Chaque
académicien, à son tour, pendant un mois de l'année,
posait le modèle tous les jours. Non seulement il était
tenu de corriger et de tenir assidus les élèves pendant
les séances, mais il devait encore travailler devant eux,
« dessiner ou modeler le modèle afin qu'il serve
d'exemple », car ces dessins et maquettes formaient une
seconde collection publique destinée à l'enseignement.
Il était exposé, en outre, suivant un roulement déterminé, à remplir les fonctions de recteur de l'école,
chargé de l'administration durant trois mois, à faire la
lecture d'une conférence dans l'une des assemblées de
quinzaine, à diriger l'installation du Salon, comme
nous l'avons vu. Nul ne pouvait, nul ne voulait dé-
cliner ces honorables obligations. Si l'on se montrait
susceptible à l'excès pour les discussions venant du
dehors, on acceptait, en revanche, dans l'intérieur de
l'Académie, dont faisaient partie tous les amateurs et
théoriciens éclairés du temps, les plus libres discussions.
Les élèves, on le sait, étaient admis à discuter publique-
ment les ouvrages de leurs maîtres, et tous les votes sur
les concours étaient motivés. L'Académie était donc
comme une grande famille ouverte et active où, maîtres
et élèves, vieillards et adolescents, travaillaient en commun, discutaient en commun, vivaient en commun.

La féconde pensée, sans cesse échauffée par des rapports intimes et quotidiens, qui animait tout ce monde, était celle de maintenir par une émulation constante la supériorité de l'Académie. On sait quelle habileté technique, quelle liberté d'action, quelle unité d'esprit cette sérieuse éducation assura pendant cent cinquante ans à l'école française.

L'une des grandes forces de l'Académie était la constitution d'une hiérarchie ingénieusement graduée qui offrait à tous, depuis les débuts jusqu'à la fin de la carrière, un aliment constant pour leur ambition. D'abord simple agréé, puis académicien en titre, ensuite adjoint à professeur, professeur, adjoint à recteur, recteur, tout peintre ou sculpteur pouvait espérer devenir encore, par l'élection ou l'ancienneté, trésorier, secrétaire, chancelier, directeur. Sur le déclin de sa vie, il prenait place parmi les conseillers et anciens. Le nombre des académiciens étant illimité, l'entrée du corps était ouverte à tous les artistes de talent, sans distinction de genre, d'âge, de sexe ni même de nationalité. Antoine Coypel est élu à vingt ans; trois ans après, il est déjà adjoint à professeur. Madame Girardon (Catherine Duchemin) est la première femme admise en 1663. Mademoiselle Boullongne et mademoiselle Chéron la suivent de près. L'Italienne Rosalba Carriera était de l'Académie. La Hollandaise Marguerite Havermann, « peinteresse de fleurs », y fut reçue en 1722, mais, comme elle chercha à éluder les obligations des statuts, elle en fut impitoyablement exclue en 1723, malgré sa jeunesse, malgré son titre d'étrangère, « malgré de fortes recommandations », dit le secrétaire Hulst. Sur ce point seul, l'Académie finit par craindre l'envahissement. En 1770, on fixa à quatre le nombre des académiciennes; c'étaient, au moment de la révolution, mesdames Coster-Valayer, Roslin-Giroust, Vigée-Lebrun, Labille-Guyard.

Le désintéressement des académiciens n'est pas, en général, moins remarquable que leur dévoûment à l'œuvre commune. La plupart étaient pauvres, résignés à l'être, et l'Académie, qui leur prenait leur temps, leur prenait encore leur argent. La gêne y fut continue. La subvention royale, les droits d'entrée imposés aux nouveaux élus proportionnellement à leurs ressources, les cotisations annuelles des titulaires, la modeste rétribution demandée aux élèves tant qu'on ne put les accueillir gratis, ainsi que le voulaient les statuts, tout passait aux modèles, huissiers et concierges, à l'entretien des salles, à l'éclairage, au chauffage, à la distribution de grands prix et de petits prix. Quand la caisse était vide, on faisait appel à la générosité des plus riches. Dès qu'elle se remplit un peu mieux, on donna des pensions aux élèves indigents. Jamais pourtant ces naïfs artistes, dans le grave amour qu'ils portaient à la jeunesse et dans le respect simple qu'ils éprouvaient pour leur art, n'osèrent penser qu'on pût tirer profit de la curiosité publique. Les expositions furent toujours gratuites. Le produit du livret, qui devint assez vite une rentrée importante, fut longtemps abandonné au concierge qui le rédigeait. Le personnel subalterne était alors choisi avec le plus grand soin, car le règlement prévoit le cas où les huissiers exerceraient eux-mêmes quelque art et leur donne le droit d'assister à certaines leçons. Ce n'est que sur le tard, en 1755, que Cochin, alors secrétaire, chargé de la révision du catalogue, demanda que le bénéfice lui en revînt. Cochin était, par malheur, l'un des plus riches académiciens. M. de Marigny décida que le produit du livret n'appartenait ni au secrétaire, ni au concierge, mais bien à l'Académie. A cette époque, c'était déjà un revenu de 10,000 livres en moyenne. L'Académie encaissa désormais la recette, mais en attribuant 600 livres au rédacteur, 2 sous sur chaque exemplaire au concierge vendeur, et 2 sous aux modèles servant de gardiens.

Malheureusement l'Académie, si dévouée à son œuvre, si digne dans tous ses actes, ne sut pas, à certains moments, résister, plus qu'aucune autre association, aux entraînements de l'esprit de corps. D'opprimée qu'elle avait été d'abord, elle n'avait pas tardé, suivant la fatalité commune, à devenir elle-même oppressive. Le gouvernement autoritaire de Lebrun lui donna, sur ce point, des traditions regrettables que les directeurs suivants, lorsqu'ils se trouvèrent avoir même tempérament, ne manquèrent pas de reprendre. La faveur de la cour lui servit souvent à s'attribuer des privilèges presque aussi étendus

que les privilèges tyranniques de l'ancienne maîtrise,
et l'administration royale eut même à lui résister, en
diverses occasions, plus qu'à la soutenir. Si le but
qu'elle poursuivait, celui de maintenir à un niveau
supérieur l'enseignement des arts, était un but estimable, les moyens qu'elle employa parfois étaient de
ceux que le souvenir de son passé aurait dû lui faire
répudier. Dès 1676, l'Académie fait fermer de force,
dans Paris, les ateliers où des étudiants, demeurant
trop loin du Palais-Royal, avaient installé des modèles.
L'antique Académie de Saint-Luc, sa rivale obstinée,
fut poursuivie par elle avec une tenacité sans exemple, obligée de chercher sans cesse, pour ses expositions, dans l'hôtel inviolable de quelque grand seigneur, un local provisoire dont elle était bien vite
chassée. Enfin, après plus d'un siècle de luttes, sa sup-
pression définitive fut obtenue en 1776 et l'Académie in-
sulta à sa chute en inscrivant sur son sceau cette devise
ironique : *Libertas artibus restituta*. D'autres sociétés
plus jeunes eurent naturellement le même sort. Des
expositions ouvertes au Colisée furent interdites, celles
de la place Dauphine tolérées seulement pendant quelques heures. Malgré ces abus intolérables de pouvoir,
les services rendus par l'Académie étaient si considérables, sa situation était encore si respectée, sa constitution intérieure dont elle-même proposait la réforme relativement si libérale, que Mirabeau put la défendre, que
l'Assemblée constituante n'y voulut point toucher et qu'il
fallut, pour l'emporter, l'irrésistible ouragan de 1793.

II

Tout en laissant vivre de nom l'Académie, la Constituante lui avait, de fait, enlevé les expositions en décidant que tous les artistes, français ou étrangers, membres ou non de l'Académie, y seraient admis sous la seule surveillance du ministre de l'intérieur. La mesure était commandée par le mouvement impétueux de l'opinion publique, qui, dans son enthou siasme ardent pour toutes les libertés, s'impatientait de tout reste d'autorité, apparent ou réel. « L'empire de la liberté s'étend enfin sur les arts, s'écrie le rédacteur du livret de 1791 ; elle brise leurs chaînes, le génie n'est plus condamné à l'obscurité. » Le fait est qu'entraînée, là comme partout, par l'impérieuse nécessité d'unifier et de centraliser, la grande Assemblée, rompant avec tout le passé, substituait, avec une généreuse imprévoyance, au nom des principes absolus d'égalité parfaite, l'autorité unique de l'État dominateur à l'activité multiple des groupes indépendants. Ce n'était pas seulement l'Académie royale discréditée par ses accès d'intolérance qui devait sombrer dans la tempête, avec son fort système d'enseignement et sa féconde solidarité ; la destruction allait atteindre toutes les académies provinciales, ses correspondantes, qui maintenaient à Marseille, à Lyon, à Bordeaux, à Toulouse, l'activité des écoles locales, formant, par leurs leçons, en même temps que des artistes admirables pour les grands travaux, d'excellents ouvriers pour l'industrie. Les sociétés libres elles-mêmes, qui s'étaient péniblement fondées depuis quelques années, les rivales courageuses de l'Académie, l'*Académie des arts et métiers*, la *Société des amis des arts*, qui avaient ouvert des expositions libres, allaient être frappées par l'horreur implacable et irraisonnée qui s'attachait au mot honni de corporation. Nos écoles provinciales ne se sont jamais relevées de ce coup, et il a fallu un demi-siècle d'abaissement dans notre industrie pour que la France s'aperçût, par les expositions universelles, de l'insuffisance technique de ses ouvriers, rien n'ayant, pendant longtemps, remplacé l'éducation méthodique autrefois donnée par les corporations spéciales. On ne saurait, à vrai dire, faire un crime aux réformateurs convaincus de 1790 de n'avoir pas prévu les conséquences d'une situation absolument nouvelle, non plus qu'aux anciens membres de l'Académie d'avoir parfois cédé aux entraînements de leur situation privilégiée. Il est certains courants de mœurs ou d'idées contre lesquels les individus isolés et clairvoyants protesteraient vainement et qui emportent fatalement les décisions de toute assemblée. L'Académie, à qui on laissait une ombre d'existence, ne se fit d'ailleurs pas illusion. On l'avait chargée d'examiner les ouvrages présentés; sur sept cent quatre-vingt-quatorze, elle n'en écarta que *deux!* En 1789, l'exposition, faite par les seuls membres de l'Académie, avait été de trois cent cinquante objets; elle fut doublée par cette libre admission. C'est la proportion qui se retrouvera, presque toujours, entre les expositions triées et les expositions en bloc; en 1847, deux mille sept cent trente objets avaient été acceptés par l'Académie; en 1848, tout jury ayant été supprimé, on en aura cinq mille cent quatre-vingt-un. Il faut arriver à l'étonnante production de ces dernières années pour voir le jury forcé d'écarter les deux tiers des ouvrages présentés. Le Salon de 1791 parut, cela va sans dire, un peu mêlé, mais donna l'état exact de la valeur de l'art français. « J'y vis du sublime, du beau et du bon, du médiocre, du mauvais et de la croûterie, dit Wille le graveur; enfin le concours est prodigieux, et chacun promulgue son sentiment. » Les événements de 1792 empêchèrent l'ouverture du Salon, qui avait lieu alors en août et septembre (sous l'ancien régime, il s'ouvrait d'ordinaire le 25 août, jour de la Saint-Louis, et durait jusqu'au 1ᵉʳ octobre). Le 18 juillet 1793, la Convention décréta décidément l'abolition de l'Académie de peinture et de sculpture comme de toutes les autres académies. A sa place, on constituait

une *Commune générale des arts* ouverte indistinctement à tous les artistes. Pendant qu'on se battait à
la frontière, la *Commune générale* ouvrit courageuse-
ment le Salon, qui contenait six cent vingt-huit tableaux, cent quatre-vingt-deux sculptures, vingt-
quatre dessins d'architecture. « Il semblera peut-être
étrange à d'austères républicains de nous occuper des
arts quand l'Europe coalisée assiège le territoire de
la liberté. Nous n'adoptons point cet adage connu :
Inter arma silent artes. Nous rappellerons plus volontiers Protogène traçant un chef-d'œuvre au milieu de
Rhodes assiégée, ou bien Archimède méditant sur un
problème pendant le sac de Syracuse. De pareils
traits portent avec eux un caractère sublime qui
convient au génie, et le génie doit à jamais planer
sur la France et s'élever au niveau de la liberté. »
L'aspect de l'exposition ne contredisait pas ces hau-
taines déclarations. Tous les artistes, les ci-devant académiciens en tête, avaient voulu y paraître. Les
tableaux patriotiques ou d'actualité y tenaient d'ailleurs petite place. Plus la crise révolutionnaire et
patriotique devient âpre et douloureuse, plus l'imagination des artistes, par une tension énergique vers un
idéal lointain, se réfugie, soit pour se fortifier, soit pour
se distraire, vers l'antiquité classique. C'est là qu'ils
cherchent, comme le faisaient, à côté d'eux, les ora-
teurs et les littérateurs, soit des exemples héroïques
dans les traditions historiques du monde grec et romain, soit des consolations attrayantes dans ses légendes

mythologiques. Les sujets « commandés pour la nation » étaient une *Hélène poursuivie par Énée*, de Vien ; une *Mort de Sénèque*, de Robert Lefebvre ; une *Mort de Pauline, femme de Sénèque*, de Taillasson. Vien et Taillasson avaient tous deux fait partie de l'Académie ; Lefebvre était élève de l'Académie. C'était, en réalité, par le talent de ses membres, l'Académie qui gouvernait encore la *Commune des arts*. Aussi la nouvelle association ne tarda-t-elle pas à être suspecte, et, sur la dénonciation de quelques membres déjà formés d'avance en *Société républicaine et populaire des arts*, elle fut bientôt dissoute par la Convention qui venait de l'instituer.

Nous possédons les procès-verbaux de la *Société républicaine et populaire des arts* du 1ᵉʳ ventôse au 1ᵉʳ prairial de l'an II dans le journal *Aux armes et aux arts!* que publiait l'un de ses secrétaires, l'architecte Détournelle. La politique y tient, on ne peut s'en étonner, autant de place que les arts. Dès la première séance, on remarque « qu'il manquoit une infinité de membres et que c'étoient précisément les sournois agitateurs (les académiciens). Alors on proposa de s'épurer : un noyau de patriotes connus fut formé ; un creuset préparatoire fut chauffé, le feu ardent dont on l'entretient sans cesse écarte les faux patriotes. » Tout en protestant, à chaque séance, de son horreur pour les corporations, la société, qui se recrutait par l'élection, en constituait une à son tour ; on exigeait, pour chaque candidat, la présentation par quatre membres

et un certain nombre de garanties assez difficiles à
préciser, entre autres celle de ne pas faire partie d'un
club *proscrit par l'opinion publique*. Certains épisodes,
comme celui de la dénonciation de leurs maîtres et de
leurs camarades par Wicar, Dandrillon, Sablet, De-
bures, Moinet, Gois, Gérard, revenant d'Italie, sont
douloureux à rencontrer; certains autres prêteraient au
sourire, si le temps n'était si sombre et si les acteurs
n'étaient si graves. La société, par exemple, à la suite
de cette dénonciation, discute, à plusieurs reprises, si
les ouvrages des traîtres doivent être anéantis, et l'on
vote la « brûlure pour leurs tableaux ». On peut croire
ce qu'assure Détournelle, que « les débats furent vifs
dans cette séance où déjà la discorde souriait de voir
des artistes divisés ». D'ailleurs Détournelle, esprit
tempéré, n'est point pour les moyens violents; il estime
qu'on ne peut être accusé de modérantisme « parce
qu'on veut conserver le tableau qui n'a rien fait et
guillotiner l'auteur qui s'est rendu coupable d'ingra-
titude ». C'est là qu'on agite également la réforme du
costume national, qui doit être à la fois plus commode
et plus beau que le costume en usage, mais unique cependant pour toutes les classes de citoyens; on hésite
longtemps avant de savoir si l'on prendra pour modèle
les habillements grecs, étrusques, romains ou arabes.
On finit par mettre la question au concours et par décider qu'on ne se présentera devant la Convention
qu'avec un costume fait et composé. Rien ne donne,
comme ces discussions étranges à propos des arts, dis-

cussions toujours animées, quelquefois éloquentes et lumineuses, une idée saisissante de l'exaltation des esprits dans cette extraordinaire période. Des élans admirables d'imagination s'entremêlent aux arguties les plus subtiles; des idées simples, vives et sensées se heurtent, dans le fracas d'un langage toujours déclamatoire, aux rêveries les plus naïves, avec un accent de sincérité et de bonne foi qui, en somme, ébranle et émeut. Dans ces têtes agitées par l'angoisse universelle, soit que la passion patriotique ou révolutionnaire les brûle d'une flamme héroïque, soit qu'une terreur concentrée les trouble et les affole, bouillonne un prodigieux afflux de sensations et de pensées qui s'échappe, au moindre choc, en paroles retentissantes. Il n'est projet si gigantesque, il n'est théorie si imprévue que ces âmes surexcitées et presque toutes enivrées d'une imperturbable confiance dans l'avenir n'accueillent avec enthousiasme. Ces hommes, nourris de l'antique, trouvent souvent des mots antiques. Quelqu'un ayant proposé un jour de demander à la Convention 60,000 livres pour acheter des moulages d'après les statues du Vatican, un autre membre déclare qu'il est inutile d'imposer à la patrie une si lourde dépense : « Nous serons maîtres de Rome à la campagne prochaine, et nos victoires nous assureront la jouissance de tous ces chefs-d'œuvre ! »

La *Société républicaine et populaire*, malgré son patriotisme violent, ne fut pas appelée à prendre une part directe dans l'organisation des expositions. Pour le concours même des élèves qu'on eut alors à juger, la Convention nomma elle-même le jury ; elle ne prit dans la société que vingt-cinq artistes et leur adjoignit, en nombre égal, des littérateurs, des savants, des acteurs, un cultivateur, un cordonnier. Afin de rappeler aux artistes les principes qui devaient les diriger, Ronsin, commandant-général de l'armée révolutionnaire, Hébert, substitut du procureur de la commune, Fleuriot, substitut de l'accusateur public, en firent aussi partie. Les interminables discussions auxquelles donna lieu ce concours sont la partie la plus curieuse du journal de Détournelle. « Les artistes vont être aujourd'hui jugés autrement que par l'Académie, leur avait dit le président Dufourny ; il s'agit de savoir si la Révolution leur a donné un caractère qui les distingue, s'ils sont vraiment révolutionnaires. » Quelques-uns des jurés portent la logique du principe jusqu'à déclarer que les récompenses doivent être surtout données à ceux des concurrents qui sont sortis du programme, comme ayant, plus que les autres, l'esprit révolutionnaire. Fleuriot va jusqu'à s'indigner que les concurrents « aient, avec une lâche complaisance, suivi l'esclavage du programme ».

Quant au jury appelé à décerner, pour la première fois, des récompenses à la suite du Salon de 1793 (il n'y a pas trace de récompenses aux anciennes expositions de l'Académie), il fut élu par les artistes exposants avec un mandat illimité. Nous voyons les mêmes membres fonctionner pendant quatre ans sur l'invitation du ministre de l'intérieur. C'étaient Vien, David, Gérard, Bienaimé, Thibault, Meynier, Allais, Vernet, Vincent, Naigeon, Fragonard, Giraud, Bertellemy, Redouté, Morel-Darleu. Ils se plaignent immédiatement du petit nombre de médailles mis à leur disposition, quoique le ministre en accordât trente pour la seule section de peinture. Ces médailles étant de sept classes, leur distribution devait donner lieu à des difficultés de toute sorte. Ce fut ce jury, composé, comme on le voit, des chefs de l'école, que François de Neufchâteau consulta lorsqu'il entreprit la réorganisation administrative du service des lettres, sciences et arts. Il leur demanda, entre autres choses, leur avis sur la formation du conseil chargé de fixer les sujets pour les commandes de l'État et d'en surveiller l'exécution. Le jury répondit nettement qu'il ne fallait point de contrôle et crut « devoir représenter au ministre que forcer un artiste de se soumettre à une direction étrangère, ce serait paralyser les élans du génie ». F. de Neufchâteau répliqua sur-le-champ que, puisqu'il en était ainsi, « il croyait devoir décider lui-même la question ». — « Ce n'est pas un problème difficile à résoudre, ajoute-t-il, dans une lettre assez verte, que de savoir si les arts doivent être dirigés de manière à répandre les principes et les institutions du gouvernement qui les salarie et les honore. Tout gouvernement a la faculté, en proposant des prix, de mettre des conditions à ses bienfaits et de fixer les dispositions relatives à son sujet, à son exécution... Les artistes, depuis la Révolution, qui a tout fait

pour eux, n'ont presque rien fait pour elle... » A la
suite de cette correspondance, le jury disparut, et le
ministre seul se chargea du Salon.

On voit, par cette première rupture, quelles seront
les causes fatales des difficultés sans cesse renaissantes,
sous tous les régimes, entre les artistes et l'État. D'une
part, la masse croissante des artistes, n'ayant plus de
points d'appui fixes au dehors, s'accoutumera de plus
en plus à considérer l'État comme le gérant responsable et obligatoire de ses intérêts, et le fatiguera par
instants de ses plaintes, de ses exigences, de ses prétentions. D'autre part, l'État, préoccupé comme il doit
l'être des seuls intérêts publics, mais imprudemment
engagé dans la vague responsabilité d'une protection
générale dont les limites reculent chaque jour, s'efforcera, par soubresauts, de ressaisir l'autorité qu'il a
laissé perdre, de résister au débordement des médiocrités qui l'exploitent, de rendre à son patronage sa
dignité, sa valeur, son utilité. Le malaise qui résulte
de cette situation fausse va se traduire en traits de plus
en plus nets dans les oscillations périodiques que subira
le règlement du Salon, à partir de la Révolution, tantôt
dans le sens de l'État, tantôt dans le sens des artistes,
suivant le courant des mœurs, de la politique ou de la
mode.

Le gouvernement républicain s'était efforcé d'abord
de sauver le principe de la liberté absolue en laissant
le Salon ouvert à tous venants. « Les concours vraiment
utiles, dit l'avant-propos de 1795, sont les expositions

publiques et sans exception. Si elles ont l'inconvénient d'entendre quelquefois se mêler dans ce concert quelques voix faibles et discordantes avec d'excellents chanteurs, il est léger pour le bien qui en résulte. C'est aux ordonnateurs de ces sortes d'expositions à jeter ces faibles voix dans les chœurs et à faire jouer des *solo* aux grands *virtuoses*. » Les principes inflexibles du législateur ne résistent pas, on le voit, à la force des choses ; sa logique, sans qu'il s'en doute, cède vite à sa raison. Faire jouer des solo par les grands virtuoses, n'est pas faire le choix qu'on s'était interdit, n'est-ce pas présenter au public dans de meilleures conditions les ouvrages les meilleurs, n'est-ce pas, en un mot, faire acte de préférence ? Que cette préférence s'exerce par l'intermédiaire d'un jury administratif ou d'un jury électif, ce n'en est pas moins un acte d'autorité. Cet acte d'autorité est-il légitime et nécessaire ? Ainsi l'ont dû penser tour à tour, éclairés par l'invincible nécessité, tous les gouvernements qui se sont succédé dans notre pays ; ainsi l'ont dû penser les artistes eux-mêmes chaque fois qu'ils ont organisé eux-mêmes le Salon. Les reproches de partialité, d'arbitraire, d'exclusivisme n'ont guère été moins vifs, lorsqu'ils s'adressaient à un jury exclusivement composé d'artistes élus que lorsqu'ils s'adressaient à un jury administratif. Ce dernier, dont la compétence, s'il est mal choisi, peut être mise en doute, reste en tout cas plus désintéressé dans les questions d'écoles et de personnes. L'année suivante, en 1796, le ministre Benézech est tellement assailli de plaintes sur la médiocrité du Salon qu'il pense à rendre les expositions biennales comme sous l'ancien régime. En 1798, François de Neufchâteau, qui organisait alors notre première exposition nationale d'industrie, rétablit un jury d'admission. En 1799, il se voit forcé de revenir sur cette mesure ; il en avertit le public et s'efforce, en même temps, de parer aux inconvénients connus d'un déballage général en s'adressant à la conscience même des exposants. Il les invite, durant le Salon, à faire porter dans une salle spéciale « celles-là seules de leurs productions *qu'ils jugeront les plus dignes de concourir* ». L'histoire ne dit pas si la salle spéciale suffit à contenir les concurrents. Toujours est-il qu'on voit le jury revenir l'année suivante, jury indulgent, car le nombre des ouvrages catalogués s'abaisse à peine. En 1803, tout rentre sous une discipline militaire ; il n'est plus question, l'on s'en doute, de rien débattre avec les artistes. Le premier consul donne à l'Institut, nouvellement reconstitué, la consigne de diriger les expositions. Désormais, l'autorité de David, l'ancien destructeur de l'Académie royale, mène, tambour battant, durant tout l'empire, les arts et les artistes. La Restauration veut équilibrer plus justement les influences dans le jury en adjoignant à des membres choisis dans l'Institut quelques administrateurs et quelques amateurs. Les Salons deviennent alors intermittents. Il y en a cinq sous Louis XVIII, en 1814, 1817, 1819, 1822, 1824, un seul sous Charles X, en 1827. Une des premières ordonnances du roi Louis-

Philippe décida enfin que les expositions seraient annuelles. En effet, durant tout son règne, sauf l'interruption de 1832, pendant le choléra, elles se succèdent régulièrement, de 1831 à 1847. Le jury était composé des quatre premières sections de l'Académie des beaux-arts (peinture, sculpture, architecture, gravure), fonctionnant ensemble.

Alors ne cessèrent d'éclater les récriminations les plus violentes et parfois les mieux justifiées. Les reproches autrefois adressés à l'Académie royale, association libre de travail et d'enseignement, largement ouverte, n'étaient que des tendresses si on les compare aux torrents d'injures dont fut abreuvé l'Institut, corps honorifique, officiel, strictement limité, se renouvelant peu. M. Vitet, avec sa largeur accoutumée de vues et sa haute indépendance de jugement, a fait ressortir la différence des deux institutions et l'impossibilité fondamentale pour l'Académie actuelle d'apporter, dans ses rapports avec les artistes, la souplesse nécessaire : « En restaurant l'édifice, on n'en a conservé que la partie supérieure. L'Académie nouvelle n'est pas directement en contact avec les artistes. Elle n'a aucun moyen de grouper autour d'elle et de s'attacher par les liens de l'adoption tous les jeunes talents qui naissent et grandissent chaque jour et à qui l'avenir appartient... Autrefois les académiciens n'étaient pas tous égaux et ne jouissaient pas tous des mêmes droits, des mêmes prérogatives. Il y avait entre eux des degrés, degrés qui étaient franchis tantôt par l'ancienneté, tantôt par l'élection ; leur nombre, limité seulement dans les rangs supérieurs et illimité dans les autres, pouvait, par une élasticité souvent heureuse, s'étendre ou se restreindre au besoin, de telle sorte qu'il y avait toujours place pour un talent vraiment digne d'être admis. Ce sont là de sérieuses différences, des différences de principe qui modifient profondément le caractère, les devoirs et l'influence de semblables institutions. »

Les inconvénients que présentait la concession exclusive du droit de juger et de récompenser à un corps permanent et restreint furent multipliés par le mode adopté pour les opérations. C'était, nous l'avons vu, le mode collectif. Les œuvres de tout genre, tableaux, statues, gravures, dessins d'architecture, étaient donc jugées indifféremment par les membres présents, quelle que fût leur spécialité. La présence de neuf membres seulement étant nécessaire, il arrivait fréquemment qu'un tableau ou une statue étaient jugés par une majorité considérable d'architectes, ces derniers se montrant, paraît-il, aussi exacts aux séances que les peintres et sculpteurs l'étaient peu. On colportait mille anecdotes scandaleuses sur cette prépondérance des architectes. La férocité de Fontaine surtout était proverbiale ; on lui attribuait ce mot : « Je suis peu aimé des peintres, mais je le leur rends bien, et toutes les fois que je peux refuser de la peinture, c'est de grand cœur. » La bataille romantique était dans son plein. Certaines exclusions retentissantes donnaient beau jeu

aux commérages et aux lamentations. Le jury apportait
évidemment dans son examen un parti pris fondé sur
des convictions respectables, mais qui jetaient le désespoir parmi les jeunes gens. A partir de 1840, la
crise devient aiguë. Les novateurs les plus justement
aimés, Jules Dupré, Théodore Rousseau, Meissonier,
renoncent au Salon. Ingres lui-même, que ces mesquines querelles fatiguent et dégoûtent, n'y veut plus
paraître. Comme ses confrères de l'Académie les plus
populaires, Paul Delaroche, Vernet, Schnetz, il a
d'ailleurs dégagé depuis longtemps sa responsabilité
en n'assistant pas aux séances du Jury. En 1847 l'exas-
pération dans les ateliers atteint son paroxysme ; on cite
parmi les refusés les peintres Hesse, Hédouin, Chassé-
riau, Corot, Desgoffe, Daubigny, J. Gigoux, Guignet,
parmi les sculpteurs Ottin, Mène, Dantan, Maindron
et bien d'autres.

C'est à ce moment que parut, comme un programme
d'insurrection, une brochure, *De l'oppression dans les
arts*, qui fit grand bruit. On y rappelait l'histoire des
arts en France, on y posait pour la première fois des
conclusions facilement réalisables. On y prouvait qu'il
suffisait de s'entendre pour être libres, on y montrait l'association de secours, récemment fondée par
les artistes, comme pouvant servir de noyau à une corporation active qui défendrait tous les intérêts matériels et moraux. En attendant, on y demandait modes-
tement une part dans la formation du jury pour les
artistes élus par leurs pairs. La demande n'ayant point

été accueillie et l'agitation grossissant, un travail plus complet sur l'*Exposition et le Jury* fut préparé pour l'année suivante dans le même groupe. Les rédacteurs étaient, on l'a su depuis, MM. Frédéric Villot, Clément de Ris, Boissard. La distribution, commencée le 10 février 1848, n'était pas terminée quand éclata la révolution; les circonstances lui donnèrent une force inattendue. Le projet de règlement qui formait la conclusion du livre était conçu avec une clarté et un sens pratique qui devaient en faire bientôt le manuel des organisateurs d'expositions. Les artistes y reconnaissaient la nécessité d'un jury d'admission, mais demandaient que ce jury fût nommé par eux. Ce jury, afin d'éviter les entraînements de coterie, se divisait en deux sections, dont la seconde révisait les ouvrages refusés par la première. Chaque genre n'était justiciable que de ceux qui le pratiquaient. L'exemption était créée au profit des artistes récompensés afin de les mettre à l'abri des revirements du goût ou de l'indifférence des générations nouvelles. On désirait enfin que les Salons ne fussent plus faits au Louvre, où l'on perdait pendant plusieurs mois la vue des chefs-d'œuvre anciens, mais dans un local spécial. Presque toutes les réformes demandées ont été appliquées depuis, et l'expérience a prouvé le bon sens de ceux qui les avaient étudiées.

Dans le premier moment de la révolution, l'effervescence était pourtant trop grande pour qu'on s'en tînt à des changements si modérés. Le gouvernement pro-

visoire s'installait à peine qu'une pétition lui fut portée, au nom d'un groupe d'artistes, par Barye, Diaz
et Couture. On y réclamait non seulement des réformes au Salon, on y demandait aussi « que les fonctionnaires qui, par la nature de leur emploi, exercent une action immédiate et directe sur les beaux-
arts, fussent élus par la corporation des artistes en assemblée générale. » C'était, cette fois, la substitution
pure et simple d'une corporation, non encore consti-
tuée, au pouvoir exécutif. Lamartine, avec sa noble
bienveillance, accueillit les pétitionnaires et les engagea à former cette assemblée. La réunion eut lieu à la
salle Valentino. Comme il s'agissait d'une organisation universelle des arts, peintres, architectes, sculpteurs, graveurs, journalistes, acteurs, musiciens, chanteurs, danseurs, tout le monde entra. Ce fut un pêle-
mêle sans nom, un tumulte affreux. « Les personnes
qui avaient provoqué la réunion voulaient, on le suppose du moins, proposer la création d'un ministère
spécial des beaux-arts. » Ainsi s'exprime *la République
des arts*, rédigée par MM. Pelletan, Thoré, Paul Mantz,
A. Esquiros. Les gens sensés comprirent qu'on avait
voulu trop embrasser. On décida des réunions par
groupes. Les peintres seuls, toujours plus intéressés
que leurs confrères dans la question du Salon, paraissent avoir poursuivi leur projet. Après dix mois de
discussions, ils parvinrent à rédiger leurs statuts le
4 janvier 1849. La corporation des peintres, fidèle à
ses traditions d'empiétement, y déclare résolûment

que les encouragements de l'État lui sont dus. « Art. 2. La section de peinture est juge et doit être consultée en tout ce qui concerne l'art de la peinture, aussi bien dans l'appréciation des questions d'art que dans ce qui touche à la dignité des artistes. — Art. 4. Nul ne doit participer aux encouragements de l'État qu'en vertu de droits acquis déterminés par la section de peinture. » Il va sans dire que la corporation seule avait le droit de décider les acquisitions de l'État et de désigner les artistes méritant la croix d'honneur. Tous les artistes non admis au Salon par son jury n'avaient plus le droit d'exister aux yeux de l'administration. La vieille Académie royale était dépassée. Dans la naïveté de son inexpérience, l'assemblée des peintres s'arrogeait sans hésitation, d'un seul coup, au nom de la démocratie et de la liberté, plus de privilèges que n'en avaient rêvé Lebrun et David pour les corps où ils régnaient. Le comité qui avait signé ces statuts avait pour présidents, Decamps et Eugène Delacroix; pour vice-présidents, Léon Cogniet, Corot, Drolling, Armand Leleux, Célestin Nanteuil; pour secrétaires, Boissard, Dauzats, Gérôme, Jollivet, Lazerges, Henri Lehmann, Ch. Lefebvre, Justin Ouvrié, Pérignon, Riesener.

Le gouvernement cependant n'avait pu attendre pour ouvrir le Salon. Les objets d'art, au 24 février, étaient déjà déposés au Louvre. Le ministre de l'intérieur, Ledru-Rollin, décida que tous les ouvrages, sans exception, seraient exposés; il y en avait cinq mille cent quatre-vingt-un. La commission de placement fut élue en assemblée générale. Avec une droiture qui honore les artistes français et qu'on retrouve chez eux chaque fois qu'il s'agit d'une mesure sérieuse à prendre en dehors des discussions stériles où triomphent trop souvent les médiocrités turbulentes, ils firent ce qu'avaient fait leurs ancêtres de 1791 : ils élurent en tête ceux de leurs maîtres dont ils admiraient le talent, respectaient le caractère et connaissaient l'équité, quelle que fût, d'ailleurs, leur école, qu'ils fussent ou non de l'Institut. Léon Cogniet passe le premier, et l'élévation méritée de Couture et de Théodore Rousseau n'entraîne pas même la chute d'Abel de Pujol et de Brascassat, deux des académiciens les moins populaires. Cette commission empila, aussi bien qu'elle put, dans le Louvre, la masse confuse d'objets qui lui fut livrée : « Le Salon, dit Thoré, l'un des plus ardents propagateurs du mouvement, offre un spectacle excessivement curieux. Il y a là des tableaux comme on n'en a jamais vu chez les vitriers de campagne, comme on en voyait cependant quelques-uns à chaque Salon, admis par le jury. Il n'y a de changé que le nombre prodigieux de ces images excentriques. Ce qui est singulier et triste, c'est qu'il n'y a pas un talent nouveau dans ce pêle-mêle d'œuvres étranges. » Malgré son dégoût, Thoré persiste à demander encore, pour l'année suivante, « l'essai de la liberté définitive à la condition qu'un comité intelligent sépare les œuvres d'art de toutes ces ordures inqualifiables ». Il espère d'ailleurs que le changement de régime politique va rapidement faire éclore un art véritablement poétique et civilisateur et que l'accueil qui leur est fait décidera « les barbouilleurs » à embrasser une autre profession. « Après l'avertissement du ridicule, pourquoi d'estimables citoyens persisteraient-ils à forcer l'entrée du monde poétique quand la société républicaine leur offre la truelle au lieu du pinceau? »

Cette offre de truelle ne parut à personne une garantie suffisante contre les erreurs de vocation et les illusions d'amour-propre : les artistes eux-mêmes réclamèrent un jury. Le règlement de 1849 donna la consécration officielle à presque tous les articles du projet élaboré par MM. Villot, Clément de Ris et Boissard. Il sembla un moment qu'on avait trouvé un régime durable dans lequel les artistes, suffisamment libres, et l'État, suffisamment responsable, pourraient vivre sans trop de bruit. Cependant il n'en fut rien. Soit que l'administration ait été trop autoritaire, soit que les artistes deviennent trop exigeants, plus nous approchons de l'époque actuelle, plus on voit le règlement, sans cesse remanié, se modifier irrégulièrement sans direction suivie, avec une mobilité qui implique, de la part du gouvernement, une singulière indécision dans la conscience de ses droits ou de ses devoirs. En 1850, l'État affirme ses droits en composant différemment le jury d'admission et le jury de récompenses. En 1852 et en 1853, il équilibre les deux influences en réservant moitié des voix aux artistes et moitié à l'administration. Cette solution, fondée sur les règles correctes de toute opération collective, parut encore insuffisante. En 1857, on reprend le régime autoritaire de 1831 ; c'est l'Institut qui, de nouveau, devient l'unique juge. De nouveau aussi, les clameurs s'élèvent, si menaçantes pour la popularité de l'administration que, cette fois, le ministre cède au torrent ; en 1864, il évince l'Institut du Salon en même temps que de l'École des beaux-arts, cède les trois quarts du jury aux exposants, ne se réserve plus qu'un quart de voix, décrète l'égalité des récompenses et l'unité de médaille. Les inconvénients de ce régime mixte, d'ailleurs si bienveillant, ne tardèrent pas à se faire sentir. Les artistes, aux trois quarts maîtres dans le palais, tendirent insensiblement à s'y rendre les maîtres tout à fait, et supportèrent avec peine la minorité, pourtant impuissante, de membres nommés qui lui était adjointe ; l'administration débonnaire, réduite à une action illusoire, s'impatienta de conserver aux yeux du pays une responsabilité qui n'avait, pour ainsi dire, plus d'objet. Ce régime incertain auquel on était revenu, par lassitude, en ces temps derniers, n'a jamais donné une satisfaction franche ni aux intérêts des artistes, ni aux intérêts de l'art. On s'y est toujours agité mal à l'aise, comme dans un lit mal fait.

On traîna ainsi jusqu'en 1870. A cette époque, la création d'un ministère des beaux-arts réveilla les espérances des mécontents et les aspirations des réformateurs. La France commençait à renaître aux désirs de liberté. Le bruit courut vite dans les ateliers et les

écoles que le ministre offrait aux artistes l'indépendance. Il ne s'agissait que de s'entendre pour en user.
On s'agita, on se réunit, on discuta, on pétitionna ;
quelques-uns exhumèrent les vieux plans de réforme
de 1793 et de 1848, lesquels impliquaient, en général,
la soumission absolue de l'État, dont les caisses seraient
toujours ouvertes, à la volonté absolue des artistes, dont
les mains seraient toujours remplies. Parmi tant
d'élucubrations excentriques, un projet sérieux et
pratique, soigneusement élaboré par un homme
d'expérience spéciale, joignant à la connaissance
profonde du passé l'amour éclairé du présent, obtint
l'adhésion du plus grand nombre. Le projet d'une
Académie nationale des artistes français, plus largement ouverte encore que l'ancienne Académie royale,
n'ayant d'autres privilèges que la concession d'un
local pour ses expositions, mais formant une association active en mesure de gérer les affaires de la
communauté, se couvrit avec rapidité de quatre cents
signatures. Les noms des plus illustres membres de
l'Institut y figurent en tête à côté des noms des réformateurs les plus bouillants. Malheureusement, le projet
resta sur le papier, et, comme le temps pressait, le ministre, ne trouvant personne à qui remettre cette
liberté, qu'il offrait de grand cœur, dut prendre, comme
toujours, des mesures pour ouvrir le Salon. Toutes
barrières d'ailleurs furent renversées. Le jury, composé exclusivement d'artistes élus par tous les anciens
exposants, admit, presque en bloc, tout ce qu'on lui

offrit. L'exposition de 1870, par ses discordances fatigantes, rappela, à quelques drôleries près, le bazar incohérent de 1848. Personne ne douta à ce moment que l'expérience ne fût conclunate et que l'État ne dût, s'il était obligé de garder la responsabilité du Salon, afin de lui rendre son ancienne splendeur, apporter dans l'organisation des changements sérieux.

Les événements de 1870-1871 retardèrent d'un an l'ouverture d'une nouvelle exposition, mais le souvenir de ce qui s'était passé était trop présent aux esprits pour qu'on y voulût revenir. La révolution de septembre avait d'ailleurs réuni l'administration des beaux-arts à celle de l'instruction publique ; le devoir du ministre se trouvait désormais tracé. Les beaux-arts redevenaient ce qu'ils peuvent être au point de vue de l'État, un moyen puissant d'élever l'esprit public et d'ennoblir les imaginations populaires par l'attrait instructif des images expressives : l'État ne devait donc plus songer qu'à relever le niveau de la production par l'encouragement raisonné des artistes sérieux et des œuvres méritoires. L'élection du jury resta confiée aux artistes, mais le droit de suffrage fut restreint aux exposants récompensés et le nombre des ouvrages à recevoir expressément limité. Les numéros du catalogue tombèrent de 5,434 à 2,067. Grâce à ce triage, les Salons de 1872 et de 1873, où les bonnes œuvres, moins compromises par un entourage de hasard, se soutenaient les unes les autres, ont laissé une trace profonde dans l'esprit public et exercé une influence décisive sur l'école, sans que les chefs-d'œuvre y fussent plus nombreux qu'aux Salons précédents et suivants. Les exclus, cela va sans dire, crièrent à la tyrannie. Nul ne voulut se dire que Paris est grand, que les salles, ateliers, cercles, boutiques n'y manquent jamais, où chaque peintre est libre de soumettre ses travaux au jugement public. Nul ne voulut penser qu'après tout la république, pas plus que la monarchie, n'a d'intérêt sérieux à prendre à sa charge tous les gens qui s'avisent de manier un pinceau, non plus qu'à entretenir indistinctement tous les forgeurs de drames, tous les faiseurs de sonnets, tous les fredonneurs d'opérettes, tous les roucouleurs de romance qui pullulent sur son territoire indulgent. Soit irréflexion, soit apathie, soit timidité, personne ne chercha encore le remède là où il peut être, dans l'exercice de la liberté, tant l'habitude de se fier à l'État pour tous ses succès et d'accuser l'État de tous ses échecs avait rendu chez tous l'activité débile et la volonté languissante !

Sur ces entrefaites, l'administration des beaux-arts fut confiée, en 1873, au marquis de Chennevières, l'auteur du fameux projet d'*Académie nationale des beaux-arts*, signé avec enthousiasme, en 1870, par quatre cents artistes en belle humeur d'indépendance. La loyauté et la logique obligeaient le nouveau directeur des beaux-arts à ne point oublier les paroles libérales de l'ancien conservateur des musées. Un pressant appel fut donc adressé aux signataires de cette constitution pour qu'ils la missent régulièrement en pratique avec l'autorisation pleine et entière du gouvernement. Cette fois encore la liberté, vue de près, épouvanta ceux qui l'avaient appelée. Quelques groupes se formèrent, il est vrai, pour jeter les bases d'une association ; mais le mouvement resta limité ; ces groupes de bon vouloir finirent par se disperser faute d'adhérents. « Malgré mon insistance obstinée, dit un rapport administratif, les artistes, frappés d'une injustifiable défiance envers eux-mêmes, ont renoncé à la liberté et à l'initiative qui leur étaient offertes et les mettaient dans les mêmes conditions indépendantes que les artistes de toutes les autres nations de l'Europe. Ils ont préféré depuis lors, tout en maugréant chaque année et contre les règlements et contre les jurés élus par eux-mêmes, demeurer soumis à la coutume administrative qui depuis trente ans régit leurs expositions. Cependant les vices de cette coutume vont chaque année s'aggravant davantage. »

On voit que, si les artistes n'ont pas pris plus tôt leurs affaires en mains, ce n'est point faute d'invitations réitérées. Malgré les nombreux changements de personnes, l'administration n'a point varié de principes, à cet égard, depuis 1870. Tous les conseils, toutes les commissions, quelle que fût leur origine, tour à tour consultés à ce sujet, ont invariablement émis le vœu que les intérêts des artistes et que les intérêts de l'art fussent, dans l'avenir, nettement séparés. « L'État, ont-ils dit, doit s'occuper des œuvres, non des individus. Son patronage doit être réservé aux travaux d'intérêt public, aux efforts désintéressés, aux manifestations élevées de l'intelligence ; il n'a point à s'étendre jusqu'à la production courante de tous les ouvrages peints et sculptés dont l'écoulement naturel se fait par les voies commerciales. S'il couvre de sa garantie une exposition, cette exposition ne peut être qu'une exposition de choix. Il faut que la nation y trouve un enseignement et que les artistes y cherchent des exemples. S'il y a des récompenses officielles, ces récompenses doivent être assez précieuses pour qu'on les estime, assez rares pour qu'on s'en honore. Rien de plus légitime, sans doute, que le sentiment qui pousse tous les artistes, même les débutants, même les amateurs, à se soumettre au jugement public ; mais qui donc mieux qu'eux-mêmes réglera les conditions dans lesquelles ils le veulent faire ? Il n'est point juste que l'État compromette sa responsabilité là où il a abandonné son autorité. Les expositions annuelles, dans leur désordre actuel, n'ont plus d'officiel que le nom. Qu'on les laisse donc gérer par les intéressés avec toutes charges et tous profits. Quand l'État croira devoir, dans un but d'éducation publique ou de gloire nationale, exposer la situation de l'école française, il n'en sera que plus libre pour réunir, sans limiter la place aux maîtres, tous les vrais chefs-d'œuvre qui honorent le pays. » Cette pensée dicta d'abord le décret du mois de décembre 1878, qui instituait les expositions triennales et récapitulatives, en abandonnant progressivement les expositions annuelles à la gestion directe des artistes. La même pensée dicta le règlement de 1880, qui essaya de substituer un classement méthodique au pêle-mêle alphabétique, dont l'égalité apparente ne profite qu'à un petit nombre ; mais la façon dont le jury accueillit cette tentative et la faillit rendre impossible par l'admission en bloc des œuvres les plus médiocres, prouva que l'administration ne rendrait aux expositions un caractère impartial d'enseignement élevé qu'à la condition d'y reprendre la haute main. Au mois de décembre 1880, le nouveau conseil supérieur des beaux-arts, appelé à donner son avis, se prononça, comme les précédents conseils, pour que la question des expositions annuelles fût remise aux artistes, l'État ne faisant plus, sous sa responsabilité, que des expositions solennelles et rétrospectives aux époques qu'il lui conviendrait de fixer. L'*Association des artistes*, connue sous le nom de *Société Taylor*, fonctionnant honorablement depuis longtemps, paraissait présenter toutes les garanties désirables pour se charger de cette gestion, mais, devant les interprétations malveillantes données à son initiative, cette association dut se retirer. A moins de considérer le vœu du conseil comme non avenu, à moins de faire supposer, de sa part, une arrière-pensée dans l'offre d'indépendance qu'elle venait de faire, l'administration n'avait plus qu'à mettre en demeure les artistes de s'organiser. C'est ce qui fut fait d'abord par un arrêté convoquant tous les artistes en assemblée générale pour l'élection d'un comité chargé de leurs intérêts, ensuite par la communication du sous-secrétaire d'État, qui décida la formation de la société par les soins de laquelle s'ouvre en ce moment le Salon. La commission du budget a approuvé cette résolution en proposant de limiter dorénavant le crédit des expositions à la somme nécessaire pour les acquisitions.

III

Quelles conclusions tirer de ce résumé rapide ? Nous n'avons à étudier ici, ni en théorie, ni dans l'histoire, d'autres questions se rattachant au Salon. Nous n'avons pas à nous demander si l'influence d'expositions aussi rapprochées est plus nuisible qu'utile à l'éducation des artistes et au développement de leur originalité, si le système de récompenses adopté n'a pas pour effet certain d'enlever trop tôt les débutants à l'apprentissage, d'encourager des vocations mal assurées, de détourner des ateliers industriels un grand nombre d'excellents travailleurs pour en faire des artistes déclassés. Ces questions sont trop graves pour être traitées en passant. Des documents que nous avons analysés sur un seul point, celui de l'organisation, résultent, si nous ne nous trompons, trois conséquences frappantes : la première, c'est que l'exposition annuelle est désormais une habitude intelligente dont on ne saurait, sans conséquences fâcheuses, enlever le plaisir aux Parisiens et la gloire aux artistes français ; la se-

conde, c'est que cette exposition a besoin, pour retrouver son éclat et remplir un but utile, d'une réforme
décisive ; la troisième, c'est que cette réforme décisive
ne peut être opérée que par une autorité responsable
et unique, soit par l'association des artistes, si elle se
trouve assez mûre pour établir son indépendance sur
des bases durables, soit, à son défaut, mais à son défaut seulement, par l'État reprenant avec franchise et
fermeté sa liberté d'action.

Les agitations dont nous avons suivi les traces dans
les secousses imprimées sans trêve à la direction du
Salon n'ont pas, après tout, été stériles. Les institutions vivantes et faites pour vivre excitent seules à ce
point l'ardente émulation des esprits à les corriger et
les améliorer. S'il est nécessaire de faire la part des
imperfections humaines dans les dissentiments plus
vifs que profonds, plus subtils qu'amers, dont le retour
semble régulier dans les rapports des artistes avec
l'État, on doit reconnaître que ces dissentiments ont eu
presque toujours pour motifs honorables, d'une part,
le légitime désir de donner à l'art qu'on exerce une
plus grande liberté d'expansion, d'autre part, la louable
intention de donner à l'art qu'on encourage une plus
haute utilité sociale. Chez les artistes, l'égoïsme pro-
fessionnel, naturel à toutes les corporations, oubliant
de tenir compte de l'entourage social et des nécessités
générales ; chez les dépositaires du pouvoir, l'égoïsme
gouvernemental, presque fatalement développé par
l'exercice de l'autorité, oubliant de tenir compte des

libertés particulières, ne s'y manifestent, en réalité, que par accès rapides et bien vite oubliés. Le bon vouloir est, en général, non douteux de part et d'autre. L'État a besoin des grands artistes autant que les grands artistes ont besoin de l'État, et les séparations ne pourraient jamais être bien longues entre eux. L'art n'est pas seulement l'honneur d'un pays, il en est aussi la force. Nos statues, nos tableaux, nos gravures portent la gloire et la pensée de la France à toutes les extrémités du monde, là où ne flotte même pas son drapeau. Aucun gouvernement ne saurait les oublier sans manquer à sa mission et sans compromettre, non seulement les intérêts intellectuels, mais encore les intérêts matériels de la nation.

S'ensuit-il que la protection due aux arts soit également et indistinctement due à tous ceux qui les exercent? La question n'en est pas une. Une société ne doit son concours qu'à ceux qui lui sont utiles, dans la sphère intellectuelle comme dans le domaine matériel, à ceux qui ne peuvent vivre et travailler sans ce concours. Il est naturel, il est légitime, il est nécessaire qu'une société emploie les moyens qu'elle trouve à sa disposition pour susciter les productions sérieuses, nobles, désintéressées, dans les lettres, les sciences et les arts; il ne l'est point qu'elle prenne indifféremment à sa charge tous ceux qui s'exercent aux lettres, aux sciences, aux arts. La pratique des arts du dessin, peinture, sculpture, gravure, autrefois renfermée dans un groupe extrêmement restreint d'hommes obscurs et pauvres poussés par une vocation déterminée, s'est étendue et s'étendra, avec une rapidité toujours croissante, du haut en bas du corps social. Pour les fortunés, c'est désormais une intelligente distraction, un luxe de bon goût, un complément agréable d'éducation ; pour les déshérités, c'est un moyen aléatoire, mais facile et tentant, d'arriver rapidement, par un chemin qu'on croit libre et joyeux, à la réputation et à la fortune. L'amour du beau et du vrai tient, en somme, une place très secondaire dans les préoccupations de ces deux catégories d'artistes, dont l'une, en exposant, vise aux joies d'amour-propre et l'autre aux satisfactions d'argent. Ce sont pourtant ces deux classes, soit d'amateurs, soit d'industriels, qui font d'ordinaire le plus de bruit autour du Salon. L'État n'a-t-il pas le droit strict de les renvoyer à leurs petites affaires ? La mission qu'il doit remplir, en ne s'occupant que des artistes sérieux, est assez considérable pour qu'il n'en veuille point d'autre. Le terrain est bien préparé, à la suite de tous ces tâtonnements, pour que chacun, se contentant de son rôle et reprenant sa place, contribue utilement à l'œuvre commune.

Soit donc que les artistes se forment en groupes indépendants, comme quelques-uns tentent de le faire, soit qu'ils se réunissent en une association générale, c'est à eux qu'il appartient désormais, dans leur propre intérêt, de trouver les moyens les plus favorables pour soumettre au jugement public leur production courante, déjà si considérable qu'aucun édifice public ne sera bientôt assez vaste pour la contenir. Le succès de toutes les expositions libres ouvertes en ces derniers temps est bien fait pour les encourager. Le succès probable du Salon qu'ils ont eux-mêmes organisé les déterminera mieux encore à persister dans une détermination qui leur assure l'indépendance et la dignité. Le jour où la situation libre des artistes sera définitivement établie, leurs rapports avec l'État seront singulièrement simplifiés, car l'État n'aura plus vis-à-vis de lui, au lieu d'une foule indéterminée fort difficile à satisfaire, que les hautes individualités désignées à son choix par leur talent pour la décoration des édifices nationaux ou pour l'enrichissement des musées français. Là où les situations s'éclaircissent, les difficultés cessent, et ce sont les bons comptes qui font les bons amis.

1er Mai 1881.

CORBEIL. — Typ. et stér. de CRÉTÉ.